KiWi

1805

Das Buch

Tanja Arnheim, deren Debütroman *PanoptikumNeu* Kultstatus genießt, wird in wenigen Wochen dreißig. Mit Blick auf den Berliner Volkspark Hasenheide wartet sie auf eine explosive Idee für ihr neues Buch. Ihr fünf Jahre älterer Freund, der gefragte Webdesigner Jerome Daimler, bewohnt in Maintal den Bungalow seiner Eltern und versucht sein Leben zunehmend als spirituelle Einkehr zu begreifen. Die Fernbeziehung der beiden wirkt makellos. Sie bleiben über Text und Bild eng miteinander verbunden und besuchen sich für lange Wochenenden in ihren jeweiligen Realitäten. Jerome und Tanja sind füreinander da, jedoch nicht aneinander verloren. Doch der Wunsch, ihre Zuneigung zu konservieren, ohne dass diese bieder oder schmerzhaft existenziell wird, stellt das Paar vor eine große Herausforderung.

Allegro Pastell ist Germany's next Lovestory, die Geschichte einer fast normalen Liebe und ihrer Transformationen. Ein Roman in drei Phasen, beginnend im Rekordfrühling 2018.

Der Autor

Leif Randt, geboren 1983 in Frankfurt a. M., schreibt vorwiegend Prosa. Bereits erschienen sind die Utopien *Planet Magnon* (2015) und *Schimmernder Dunst über CobyCounty* (2011) sowie der London-Roman *Leuchtspielhaus* (2009). Seit 2017 co-kuratiert er das PDF- und Video-Label tegelmedia.net.

Leif Randt

ALLEGRO PASTELL

Roman

Kiepenheuer & Witsch

Phase Eins

Phase Zwei

Phase Neu

»Der ›utopische Sexraum‹ war natürlich vor allem als Gag gemeint, das weiß ich auch heute noch, selbst wenn die Erinnerung bereits verklärt ist und mir meine Aussage im Nachhinein fast wahrhaftig vorkommt.«

∗ Wim Endersson

»Einige spirituelle Lehren sagen, dass aller Schmerz letztendlich eine Illusion ist, und das ist wahr.«

∗ Eckhart Tolle

»Vorauseilende Wehmut – ✊👻🤾‍♀️ – bester Zustand!«

∗ Tanja Arnheim

Phase Eins

I

Gründonnerstag, 29. März 2018. Der Frankfurter Hauptbahnhof wurde von milder Abendsonne geflutet, die wartenden Passagiere an Gleis 9 warfen lange Schatten. Auf die Minute pünktlich um 18 Uhr 30 fuhr Tanja Arnheim mit ICE 375 aus Berlin ein. Als Jerome Daimler, der eine Tüte mit frischen Backwaren in der Hand hielt, Tanja auf Höhe des Bordbistros aussteigen sah, überlegte er für einen Moment, ob er ihr entgegenlaufen sollte, aber dann fand er es charmanter, einfach stehen zu bleiben. Tanja, die ihr glattes Haar streng hinter die Ohren gewachst hatte und Kopfhörer trug, ging mit ihrem Rollkoffer direkt auf Jerome zu, ohne ihn zu sehen. Jerome konnte gar nicht anders, als zu lächeln, und als Tanja ihn zwischen den umhergehenden Passagieren endlich wahrnahm, strahlte auch sie, was für Jerome erneut ein Ereignis war, denn bei Tanja Arnheim hätte man annehmen können, ihr Gesichtsausdruck ändere sich nie. Und dann plötzlich: hellwach glänzende Augen, gerade Zähne. Tanja setzte ihre Kopfhörer ab, sie küssten sich.

»Wie sieht es aus, hast du Hunger?« Diese Frage musste

Jerome eigentlich gar nicht stellen, denn Tanja hatte meistens Hunger, und nach einer vierstündigen Zugfahrt gewiss.

»Ich habe lange im Bordbistro gesessen, die Maultaschen waren ganz okay.«

Sie küssten sich noch mal.

»Wollen wir gleich nachhause? Oder sollen wir uns hier irgendwo einen antrinken?« Jerome zwinkerte. Und Tanja zwinkerte auch.

»Lass uns zuhause trinken.«

Sie gingen Hand in Hand in Richtung U4. Jerome hatte sich nur selten zuvor dafür entschieden, an der Hand eines Girlfriends durch Menschenansammlungen zu gehen. An der Seite von Tanja hinterfragte er dieses Bild nicht einmal mehr. Vor einem Stand für frisch gepresste Fruchtsäfte hatte sich eine kleine Schlange gebildet, und es gab noch immer Kunden, die den riesigen Zeitschriftenhandel neben der Burger-King-Filiale besuchten, um Hochglanzmagazine zu kaufen.

Tanja hatte während ihres letzten Besuchs erzählt, dass es ihr deutlich mehr Spaß mache, kurze Videos und Fotos aus der Peripherie zu senden als aus der Hauptstadt, die jeder kannte. Aus beruflichen Gründen fuhr sie häufig mit Schnellzügen durch Deutschland, Österreich und die Schweiz, außerdem bemühte sie sich, jährlich mindestens eine Fernreise zu unternehmen. Ihre Meinung war, dass viele Menschen ihr Potenzial verschenkten, weil sie ihren eigenen Kosmos zu selten verließen. Jerome hatte ihr zugestimmt.

In der gut besuchten U-Bahn saßen sie nebeneinander und küssten sich mit geschlossenen Augen. Jerome kokettierte mit der Rolle des überglücklichen heterosexuellen Partners. In einem Moment machte er die U4 in Richtung Enkheim zu seiner eitlen Bühne, im nächsten vergaß er seine Umwelt komplett. Als er in einer Kusspause mit einer auffälligen Bewegung seinen rechten Arm um Tanjas vergleichsweise breite Schultern legte, setzte er ein sanftes Lächeln auf. Er merkte, dass er nicht die volle Kontrolle über seine Mimik hatte, und das empfand er als gutes Zeichen. Jerome mochte den Gedanken, dass er sich selbst gegebenenfalls unerträglich finden würde, könnte er sich hier in der U4 von außen sehen. Einen Gedanken zu mögen, der andere verunsichern würde – das war typisch für den neuen Jerome, der mittlerweile spielerisch unterschied zwischen einer inneren Persönlichkeit, die nur er selbst kennen konnte, und einer äußeren Persönlichkeit, die sich aus den Zuschreibungen der Umwelt zusammensetzte. Seine äußere Persönlichkeit konnte er auf Fotos und im Spiegel erahnen, da er dort die Blicke, Unterstellungen und Assoziationen anderer automatisch mitdachte. Seine innere Persönlichkeit spürte er besonders dann, wenn er einmal täglich die Augen schloss, um vorzugeben, dass er meditierte. Er hatte in den vergangenen elf Monaten zwar kein einziges Mal einen Zustand erreicht, den er als *klassisch meditativ* beschrieben hätte, weil er gar kein Interesse daran hatte, nicht nachzudenken, dennoch empfand er seine Meditationsversuche als wertvoll. Er glaubte, dass die Stimme, die währenddessen in ihm sprach und die ihn an die Vorleseautomatik seines Laptops erinnerte, die

Stimme seiner inneren Persönlichkeit war. Seit Jerome diese Stimme kannte, ließ er sich von den Blicken anderer Leute kaum noch irritieren, und so hielt ihn auch nichts mehr davon ab, gelegentlich auffälligere Accessoires zu tragen, wie in der vorletzten Freitagnacht eine orangefarbene Oakley-Sonnenbrille aus dem Jahr 1999.

Jerome wunderte sich, dass in der U4 verhältnismäßig wenige Passagiere auf ihre Telefone blickten. Eine Teenagerin starrte Tanja an. Das Mädchen war auffällig gut geschminkt. *»Ob die dir wohl auf Insta folgt?«*, flüsterte Jerome. Für die Aufmerksamkeit von Fremden hatte Tanja einen sicheren Blick entwickelt. *»Die mag nur meine Schuhe«*, sagte sie. Seit Tanja vor dreieinhalb Jahren den kurzen Roman *PanoptikumNeu* veröffentlicht hatte, kannten einige kunstinteressierte Menschen ihr Gesicht. Weil es in ihrem Buch um eine sinnstiftende Virtual-Reality-Erfahrung von vier befreundeten Männern in einem stillgelegten Landschulheim ging, war sie als Expertin für VR unter anderem in eine Talkshow von Markus Lanz eingeladen worden. Tanja hatte das Missverständnis dankend angenommen, dann in der Talkshow aber betont, dass sie selbst nur etwa so viel über Virtual Reality wisse wie jede andere Person, die den Begriff schon einmal nachgeschlagen habe. Diese Haltung wurde ihr wahlweise als kokett und überheblich oder als erfrischend ehrlich ausgelegt. Liam, die Hauptfigur in Tanjas Romanminiatur, hatte eine Achtsamkeits-VR gestaltet, durch die seine Freunde ihre Sucht nach sexueller Bestätigung zunehmend in den Griff bekamen, zumindest so lange, bis ein eifersüchtiger Exfreund das System hackte und die Protagonisten gegeneinander ausspielte. Jerome hatte während der Lektüre häufig gelacht. Die zahlreichen Kritiken zu dem Buch hatte er erst nachgelesen, als er Tanja schon persönlich kannte. Offenbar hatten zu *Panoptikum-Neu* viele verschiedene Menschen viele verschiedene Zugänge gefunden. Einige Fans gingen so weit, zu behaupten, dass sie die Lektüre verändert habe. Und diejenigen, die das Buch nicht mochten, wirkten peinlich stolz darauf, es nicht zu mögen, denn sie mochten ein Buch nicht, das anderen etwas bedeutete, was ihnen ein Gefühl dunkler Überlegenheit gab. Dass Tanja über Männer schrieb, obwohl sie eine Frau war, war in zwei Aufsätzen von Frauen kritisch thematisiert worden. Außerdem war im Essay eines Juniorprofs zu lesen gewesen, dass Tanja Arnheim, deren Gesichtszüge immer wieder als *apart* beschrieben wurden, für schwule Akademiker zwischen zwanzig und fünfundvierzig eine Art Ikone darstellte.

Jerome hatte seinen gemieteten Tesla-Jahreswagen an der U-Bahn-Station Kruppstraße geparkt, unweit des Hessen-Centers, einer vollends überdachten Shoppingmall am Stadtrand, an die Jerome zahllose, großteils positive Kindheitserinnerungen knüpfte. Im Hessen-Center war er oftmals zu Ferienbeginn mit seiner Mutter chinesisch essen gegangen, aber dieses Chinalokal gab es schon lange nicht mehr. Seinen letzten Lunch in dem tageslichtarmen Restaurant mit dem Aquarium datierte Jerome auf das Jahr 2004. Es war das Lokal einer völlig anderen Zeit, und doch hatte Jerome lebendige Erinnerungen daran. Während Tanjas letztem Besuch war er mit ihr durch das Hessen-Center gestreift und hatte erklärt, inwiefern sich die Mall verändert habe und inwiefern sich an diesen Veränderungen eine Transformation des generellen Konsumverhaltens ablesen lasse. Der Besuch in Vorstadt-Malls habe in den Neunzigerjahren auch für wohlhabende Städter noch einen gewissen Reiz gehabt, sodass sich im Hessen-Center anspruchsvollere Boutiquen hatten halten können wie auch Restaurants, in denen man gerne mehr als dreißig Minuten verbrachte. Während seines Monologs hatte Jerome die Wörter *Ente kross süßsauer* auf eine Weise betont, als läge etwas glühend Nostalgisches darin, und während des Sprechens war ihm aufgefallen, dass er manchmal Dinge erläuterte, die für Tanja nicht zwingend interessant waren. Tanja hatte geantwortet, dass sie genau das an ihm schätze. Dass so wenige Menschen sich trauten, ihre echten Erinnerungen zu erzählen, da diese naturgemäß arm an Pointen waren – darin erkannte sie ein strukturelles Problem, das eng mit der globalen Ökonomie verwoben war. *»Doch gegen Probleme dieser Art ist mein Boyfriend Jerome Daimler offensichtlich immun«*, hatte sie im Hessen-Center gesagt und Jerome angelächelt. Jerome hatte ein warmes Ziehen im Bauch gespürt und Tanja auf den Mund geküsst.

Immun hatte sich Jerome zu keinem Zeitpunkt seines Lebens gefühlt. Die Welt um ihn herum hatte ihn stets beschäftigt. In den Nullerjahren, mit Anfang bis Mitte zwanzig, war von der Gesellschaft aber noch ein größeres Belastungsmoment ausgegangen. Wenn er früher eine Mutter mit ihrem Kind streiten sah, hatte er sich zuerst überlegt, wie er als Kind reagieren, und kurz darauf, wie er als Mutter argumentieren würde. Beide Überlegungen hatte er als zehrend empfunden. Mittlerweile dachte Jerome an nichts, wenn er Mütter und Kinder streiten sah. Er hielt eine souveränere Distanz zu den Dingen, ohne dabei an Empathie einzubüßen, im Gegenteil, er konnte die Sorgen anderer heute leichter nachvollziehen, er war fairer und gütiger, aber er litt nicht mehr stellvertretend. Diese Verbesserung seines allgemeinen Lebensgefühls vergegenwärtigte sich Jerome immer dann, wenn er drohte nostalgisch zu werden. Denn Nostalgie war nur ein träger Reflex, der einem Mangel an Ideen entsprang – so ähnlich hatte es seine Mutter einmal formuliert, auf Englisch jedoch, vor etwas mehr als zehn Jahren.

Gerne hätte Jerome gewusst, wie viele Tesla-Fahrzeuge im Rhein-Main-Gebiet kursierten, aber er hatte nicht versucht, es zu recherchieren, denn so dringend wollte er es dann doch nicht wissen. Bei Jenny Köhler's Electric Rental, einer neuen Institution auf der Hanauer Landstraße, bekam er bereits Treuerabatt, obwohl er dort erst zum dritten Mal einen Wagen gemietet hatte. In dem Autoverleih, über dessen Parkplatz nach US-amerikanischem Vorbild farbige Wimpel wehten, arbeiteten ausschließlich junge Frauen in weiten, teils ölverschmierten Uniformen. Am Rückspiegel des Tesla hing ein grüner Duftbaum, bedruckt mit der blumig geschwungenen Unterschrift von Jenny Köhler. Jerome dachte gar nicht erst daran, den Duftbaum aus seinem Sichtfeld zu entfernen. Er mochte es, Dinge exakt so zu nutzen, wie sie ihm angeboten wurden. Er war auch immer ein Freund von Zwischenmieten in bereits möblierten Zimmern gewesen und von Restaurants, die nur wenige Tagesgerichte auf der Karte hatten. Diese Haltung hatte er eine Zeitlang als Bescheidenheit missverstanden, dabei beruhte sie auf einer Sehnsucht nach Ordnung und Struktur, die zu einem gewissen Maß auch sein Interesse an Gestaltung begründete. Den Drang, zu gestalten, sah Jerome eng mit dem Zwang verbunden, Dinge ordnen zu müssen. Und wenn mal nichts geordnet werden konnte, weil alles schon vorgegeben war, war die Erleichterung enorm. Die meisten seiner Eigenschaften konnte sich Jerome aus seiner Biographie ableiten – schon als Kind hatte er seine Spielsachen gerne in Reihen auf dem Teppich ausgelegt –, aber er war gemeinhin kein Freund klassisch psychologischer Ansätze. Die Fakten waren schnell benannt: Jerome Daimler, freier Webdesigner, im November 1982 geboren im Hospital zum Heiligen Geist in Frankfurt am Main, aufgewachsen in Maintal, Studium in Düsseldorf und Den Haag, Berufseinstieg in Offenbach, wohnhaft jetzt wieder in Maintal.

Auf der kurzen Fahrt über die A 66 gab es keine Komplikationen. Der grau-schwarze Innenraum des Tesla roch so, wie neue Autos auch früher schon gerochen hatten. Tanja benutzte Bluetooth, um ihr Telefon mit der Anlage zu verbinden, und spielte ihre Spotify-Playlist der Woche, die Jerome wie so oft besser gefiel als gedacht. *»Guter Track«*, sagte er über ein schwermütiges Lied, *»das ist Bladee.«* Tanja schaute nach. *»Ja. Der Track heißt Numb/Beverly Hills.«*

Auf dem Beifahrersitz las Tanja nun den Wikipedia-Eintrag zu Bladee und schaute sich Bilder von ihm an. *»Schwede, Jahrgang 1994. Die meisten Fotos sind gut inszeniert und andere gar nicht. Sympathisch.«* Jerome hatte Tanja gegenüber schon einmal erwähnt, dass ihm die Musik jüngerer Künstler meist mehr gebe als die von gleichaltrigen oder älteren.

»Ich bin froh, dass es jetzt schon wieder so viel länger hell bleibt«, sagte Tanja. Jerome wusste, dass sie Derartiges nicht etwa sagte, um Gesprächszeit zu füllen, sondern weil sie tatsächlich erleichtert war. Ihre Bereitschaft, auch gewöhnlichere Gedanken zu teilen, war etwas, das Jerome sehr an ihr schätzte.

Von Fremden wurde ihr mitunter ein Leidensdruck unterstellt, vermutlich weil sie selten lächelte. Dabei wusste Jerome, dass Tanja meistens in der Lage war, sich auf etwas zu freuen. Er konnte sich kaum vorstellen, dass es viele Menschen gab, denen es emotional besser ging als Tanja. Ihre jüngere Schwester Sarah, die Drehbuch in Potsdam studierte, litt hingegen an Depressionen. Tanja hatte einmal erzählt, dass der Jahrgang 1988 besonders anfällig für psychische Erkrankungen sei, keinem anderen Geburtenjahrgang der Achtziger und Neunziger würden angeblich mehr Antidepressiva verschrieben. Ausgerechnet in der Familie Arnheim sei es aber so, dass es Tanja, Jahrgang 88, meistens gut ging, während Sarah, Jahrgang 92, ohne medizinische Hilfe in akuter Selbstmordgefahr schwebte. Als Tanja dies als eine *statistische Kuriosität* bezeichnete, hatte Jerome zunächst keine Antwort gewusst. Später hatte er gesagt: *»Du kannst nichts dafür, dass Sarah traurig ist.«*

In Maintal sahen viele Gebäude aus, als wären sie von Grundschülern entworfen: symmetrische Dreiecke, die auf rau verputzten Fassaden saßen, darin Eheleute, die Kinder aufzogen. Die meisten Einfamilienhäuser der Kleinstadt, selbst die mit den bräunlich verwitterten Dachziegeln, mussten innerhalb der letzten vier bis sechs Dekaden entstanden sein – eigentlich war diese Welt neu. Dass sich jedoch nichts daran neu anfühlte, fand Jerome zu gleichen Teilen bedrückend und charmant. Es ging in Maintal weder um Aufbruch noch um Restauration, wahrscheinlich ging es primär darum, nicht gestört zu werden, und diesen Wunsch konnte Jerome – auch wenn es nicht sein größter war – durchaus nachempfinden.

Er parkte den Mietwagen in der Einfahrt seines Elternhauses, einem unterkellerten Bungalowbau aus dem Jahr 1978, der für Maintal ungewöhnlich war. Die anthrazitfarbenen Wände und das Flachdach fielen positiv aus der Reihe. Ab einem Alter von neunundzwanzig hatte sich Jerome weitgehend mit diesem Gebäude an der Grenze zum Naturschutzgebiet Hartig identifizieren können. Dass er noch immer *Elternhaus* dachte, schob er vor allem auf seine demütige Grundhaltung, dabei hatte es sicher auch etwas mit Scham zu tun. Rein formal gehörte der Bungalow ja mittlerweile ihm, auch wenn er ihn weder entworfen noch bezahlt hatte. Jeromes Vater war zurück nach Frankfurt gezogen, in eine kleine Wohnung mit Blick auf den Eisernen Steg, und seine Mutter, die in Cambridge (UK) geboren und aufgewachsen war, wohnte seit drei Jahren in Lissabon, wo Jerome sie seither fünfmal besucht hatte. Ursprünglich war es der Plan beider Elternteile gewesen, den gemeinsam erworbenen Bungalow, den sie als eine Art *Missverständnis aus der Mitte ihres Lebens* einstuften, wieder zu verkaufen. Die Frage, ob Jerome vielleicht dort einziehen wolle, hatte sein Vater eher rhetorisch gestellt, doch am ersten Weihnachtstag 2016 hatte Jerome plötzlich gesagt: *»Warum eigentlich nicht?«*

Über den Abend ihrer ersten Begegnung unterhielten sich Tanja und Jerome gern. Beide fanden, dass es eher ungewöhnlich war, eine Beziehung mit einem One-Night-Stand zu beginnen, denn wie ein solcher hatte sich das Abstürzen im Hotel Fleming's am Eschenheimer Tor zunächst angefühlt. Das allererste Screening der Webserienadaption zu *PanoptikumNeu*, gedreht mit Telefonen des Typs Samsung Galaxy S7, hatte in Frankfurt stattgefunden, in der Bar AMP, gegenüber dem großen Eurozeichen am Willy-Brandt-Platz. Im Publikum saßen mehr Männer als Frauen, und einige dieser Männer trugen auch im Spätsommer 2017 noch pedantisch gepflegte Vollbärte und dunkle Kleidung. Jerome, der selbst noch nie einen Bart getragen hatte, saß in der letzten Reihe und mochte Tanja sofort, stellte aber keine Publikumsfrage. Erst nach dem Screening, als Tanja mit der Moderatorin des Abends – einer Lehrbeauftragten der HfG Offenbach, die Jerome über Freunde kannte – bei einem Mineralwasser in Nähe des DJ-Pults stand, machte sich Jerome mit ihr bekannt. Er sagte, dass ihm die Präsentation der vierteiligen Miniserie gut gefallen habe, ohne dabei überschwänglich zu werden.

Die beiden waren im AMP geblieben, bis die Bar zumachte, und danach in die Terminus Klause gegangen, wo sie anfingen, sich zu küssen, und nach zwei großen sauer gespritzten Apfelweinen entschieden, sich vor dieser heiklen ersten Nacht nicht etwa zu schützen, sondern sie im Gegenteil mit einer gewissen Kälte durchzuziehen. Sie winkten ein Taxi herbei und fuhren in Tanjas Hotel. Der Sex im erstaunlich stickigen Zimmer war nicht besonders gut, aber es war spürbar, dass er einmal gut werden könnte, er trug ein Versprechen in sich, fand Jerome, also war es letztlich doch guter Sex.

Als sich Tanja am nächsten Vormittag nach nur vier Stunden Schlaf die Haare wusch, in einer gläsernen Duschkabine, die sich im Hotel Fleming's absonderlicherweise mitten im Zimmer befand – bedruckt mit einem halbtransparenten Fleming's-Schriftzug –, blieb Jerome die ganze Zeit respektvoll mit dem Rücken zu ihr auf der Bettkante sitzen und blickte auf sein Handy. Abends schrieb sie ihm aus München, dass es *›in ganz Bayern offensichtlich absolut niemanden zum Abstürzen gibt‹*. Und Jerome schrieb, dass das Abendessen mit seinem Vater erstaunlich harmonisch verlaufen sei. Seine Unausgeschlafenheit habe dafür gesorgt, dass er geduldiger gewesen sei als sonst. Jerome musste wenig darüber nachdenken, was er Tanja textete, es fühlte sich normal an, ihr mehrere kleine Messages hintereinander zu schicken, und aufregend war es trotzdem, sodass er ahnte, dass dies der Beginn von etwas Neuem war.

Bei Tanjas letztem Besuch in Maintal hatten sie zuerst eilig miteinander geschlafen, waren dann bei einsetzender Dunkelheit zum Tegut gefahren und hatten sich im Anschluss Sojasteaks gebraten. Insgeheim war Tanja vermutlich davon ausgegangen, dass sie diesen Ablauf als eine Art Tradition wiederholen würden, doch diesmal hatte Jerome den Einkauf schon erledigt. *»Espresso oder Drink?«*, fragte er, und dann tranken sie zuerst einen Espresso und danach mehrere Gläser des zweitpreiswertesten Crémants, den es bei Tegut zu kaufen gab. Sie saßen Arm in Arm auf Jeromes anthrazitfarbener Couch in Südhessen.

Zu keinem Zeitpunkt hatte Jerome das Gefühl, dass ihnen beiden dieses Bild vollends entsprach, er hatte auch nicht das Gefühl, auf seiner Couch in seinem Haus zu sitzen, aber er fühlte sich gut. *»Morgen soll es regnen«*, sagte Tanja mit Blick auf ihr Telefon. Sie wirkte überrascht. Auch Jerome war automatisch davon ausgegangen, dass sie ein ungewöhnlich sonniger und warmer Karfreitag erwartete. Gemeinhin herrschte bombastisch gutes Wetter, wenn er Zeit mit Tanja verbrachte. Sie fragte, ob sie im Laufe des Tages auch ein wenig an ihrer Webseite arbeiten wollten. Schon während ihres zweiten Treffens – das am Bahnhof von Hannover vor dem Imbiss Wurstbasar begann, sich in einem Bierpub am Südausgang des Bahnhofs fortsetzte, wo dann beide ihren jeweils letzten Zug verpassten – hatten sie sich darauf geeinigt, dass Jerome ihr eine Webseite bauen sollte – *tanja-arnheim.space* –, und zugleich darauf, dass sie von nun an ein Paar sein wollten. Tanjas Homepage, programmiert und gestaltet von Jerome Daimler, hatte unweigerlich den Charakter eines Love Commitments angenommen. *»Anstatt an der Page zu arbeiten, könnten wir morgen auch in die Schirn Kunsthalle und danach ins Kino gehen«*, schlug Jerome vor. Tanja war sofort einverstanden. *»Ja, das ist besser.«* Insgeheim hatte sie Angst vor ihrer Webseite, das wusste Jerome genau. Mit welchen Farben, Formen und Gesten konnte sie sich im Frühjahr 2018 identifizieren – diese grundsätzlichen Fragen setzten sie ziemlich unter Druck. Deshalb hatte Jerome längst entschieden, die Webseite alleine zu bauen und Tanja pünktlich am 30. April, dem Tag ihres dreißigsten Geburtstags, einen schlüssigen Entwurf zu präsentieren. Ein

Geschenk wie in längst vergessenen Zeiten, dachte er, die erste eigene Homepage. Jerome arbeitete mit Hochdruck daran.

»Werden in deinem neuen Text Figuren aus Panoptikum wiederkehren? Hast du dir eine Ausgangsfrage gestellt? Gibt es sowas wie ein thematisches Zentrum?« Als die erste Flasche Crémant leer war, fühlte sich Jerome ein wenig so, als würde er seine Freundin interviewen, und er ahnte, dass ihr das gefiel, denn sein Interesse war aufrichtig, er befragte sie als Partner und Fan. Als er in die Küche ging und neue Gläser aus dem Regal nahm, die er mit Eiswürfeln, Cranberrysaft und Sky-Wodka füllte, hörte er Tanja sagen: *»Ich glaube, man sollte sein Thema nie zu genau definieren.«* Und nach einer kurzen Pause: *»Die Figuren sind ähnlich, aber trotzdem neu. Sie kommen mir religiöser vor.«*

In *PanoptikumNeu* waren die durchweg männlichen Figuren emotional labil, sie verhielten sich mitunter zwanghaft und es gab einige Verweise auf die Eltern dieser Figuren. Dass es nun wohl verstärkt um Religion anstatt um Psychologie gehen sollte, hielt Jerome für einen sinnvollen Schritt. Irgendwie kam ihm das freier vor. Denn während man seiner Psyche oft schutzlos ausgeliefert schien, ließ sich die eigene Religiosität womöglich designen. Jerome hatte sich mit dreizehn gegen eine Teilnahme am Konfirmationsunterricht entschieden, zahlte aber bis heute Kirchensteuer. An Heiligabend 2017, als ihn seine Mutter in Maintal besuchte, waren die beiden zur Christmesse gegangen. Es war eine spontane Entscheidung gewesen, sich die Zeremonie einmal anzusehen, einfach, weil Jerome und seine Mutter das an Weihnachten noch nie zuvor getan hatten. Als sie in die Kirche kamen, gab es freie Sitzplätze nur noch auf dem Balkon im linken Seitenschiff. Von dort oben konnten sie den voll besetzten Innenraum überblicken, Jerome schickte Tanja ein kurzes Video, und Tanja, die bei ihren Eltern in Kiel war, antwortete umgehend: ›*Hübsche Kirche.*‹ Die regelrecht ausgelassene Stimmung unter den Besucherinnen und Besuchern des Gottesdienstes überraschte Jerome, was darin begründet lag, dass er Kirchen zuvor ausschließlich im Rahmen von Beerdigungen betreten hatte. Fünf Trauerfeiern insgesamt: seine beiden Großmütter Greta und Mary, der Vater seines Grundschulfreundes Mark, seine Düsseldorfer Kommilitonin Judith und sein Patenonkel Falk. Nach drei der fünf Beerdigungen hatte sich Jerome vorgenommen, aus der Kirche auszutreten, da ihn das christliche Ritual nicht getröstet, sondern wiederholt befremdet hatte. Schließlich hatte ihn wohl der Kommentar seines Vater, dass die Kirche auch viel Allgemeinnütziges leiste, davon abgehalten, tatsächlich auszutreten.

Mit einem cranberryfarbenen Glas in der Hand erzählte Jerome jetzt: »*Während des Gottesdienstes verspielte sich eine minderjährige Flötistin bei einem Solo sehr oft. Es war eigentlich zum Lachen. Aber anstatt zu lachen, hat sich die gesamte Kirchengemeinde geschämt. Man war mitleidig berührt. Ich glaube, in diesem Moment habe ich die protestantische Religion verstanden: einem biederen Flötenkonzert aufmerksam zuhören, hoffen, dass sich niemand blamiert, und dann mitleiden, wenn die Schülerin nicht gut genug geübt hat, weil man ahnt, dass ihr dieses Versagen lange nachhängen wird. Das ist Protestantismus.*«

Tanja grinste. *»Du schießt dich in letzter Zeit ziemlich auf deine Herkunft ein.«* Sie stellte das nur fest, dennoch fühlte Jerome sich angegriffen.

»Ja, sorry ... du hast recht. Ich rede zu oft darüber.«

»Jerome-Baby«, Tanja griff nach den weiten Ärmeln seines Hemdes, *»ich habe das nicht als Kritik gemeint. Es ist cute, wenn du Sachen mehrfach erzählst.«*

Als Jerome die Augen schloss, um Tanja zu küssen, wurde ihm schwindlig. *»Ist dir auch schwindlig?«*, fragte er. *»Total«*, lachte Tanja. *»Wird dir schlecht?«* – *»Nein.«* – *»Mir auch nicht.«*

In der Folge hatten sie leicht pathetischen Sex auf der Couch, bestimmt von der Überzeugung, dass sie nun etwas fraglos Gutes für ihren Geist und ihren Körper taten. Jerome glaubte in einem Moment sogar, dass sie durch ihren Akt an einer energetischen Verbesserung des gesamten Planeten Erde mitwirkten. Er bewegte sich ungewohnt eckig, und Tanja drängte sich ihm entgegen, in einem Rhythmus, der ihm neu erschien. Nachdem zuerst er und kurz darauf Tanja gekommen war, musste er über seinen Energiegedanken lachen. Jeromes erster Impuls war, Tanja sofort von seiner Energiethese zu erzählen, aber dann dachte er, dass man ja nicht alles gleich zerreden musste. Er würde ihren gemeinsamen Sex und den Planeten Erde einfach weiter beobachten. Tanja küsste seine linke Schläfe, dann lachte auch sie. Gemeinsam standen sie von der Couch auf und sanken sieben Schritte entfernt leicht benommen auf Jeromes 1 Meter 40 breite Matratze. Sie schliefen Rücken an Rücken.

2

Die Woche nach Ostern war sonnig und warm. Tanja kehrte am Dienstagabend in ihre Zweizimmerwohnung zurück, von deren Balkon aus sie auf den Volkspark Hasenheide blicken konnte. Hätte sie die gleichen depressiven Tendenzen gehabt wie ihre Schwester Sarah, hätte Tanja die Stimmung auf den Straßen womöglich als bedrückend empfunden. Die ersten warmen Tage eines Jahres trugen in großen Städten ein soziales Stresspotenzial in sich, in Berlin ging es darum, möglichst publikumswirksam eine gute Zeit zu haben. Tanja glaubte, dass es einer Vielzahl von Zugezogenen auch nach Jahren noch schwerfiel, zu akzeptieren, dass sie trotz wärmenden Sonnenlichts lieber im Schatten arbeiten wollten, anstatt neuerlich vor einem Spätkauf zu sitzen und Sekt zu trinken. Auch Tanja hatte einige Zeit gebraucht, um zu erkennen, dass es ihr auf Dauer nicht reichte, draußen abzuhängen und gemocht zu werden. Entscheidend für sie war, dass sie etwas herstellte, das einem möglichst strengen Publikum gefallen könnte. Dass dabei Texte entstanden, war eigentlich nicht zwingend, es hätte auch Kleidung oder Videokunst sein können, dachte

Tanja manchmal. In Wahrheit hatte sie aber immer nur geschrieben, es fiel ihr leicht, und es ging ihr besser, wenn sie es regelmäßig tat.

Im Nachhinein fand Tanja es positiv, dass sie sich mit Jerome am späten Karfreitag über *Call Me by Your Name* gestritten hatte. Der Streit zeigte, dass sie beide weiterhin eigene Gedanken und Perspektiven entwickelten und dass ihre Urteile nicht voneinander abhingen. Im Metropolis Kino am Eschenheimer Tor hatten sie auf einem Partnersitz ohne Zwischenlehne gesessen, teilweise Arm in Arm, und *Call Me by Your Name* dennoch sehr verschieden empfunden. Während Jerome sich hinreißen ließ von der offensichtlichen Schönheit der gezeigten Welt, so wie es den meisten Menschen ergangen war, die Tanja von dem Film über eine homoerotische Sommerliebe zwischen einem Teenager und einem Promotionsstudenten im Italien der Achtzigerjahre berichtet hatten, fühlte sich Tanja abgestoßen. Sie fand *Call Me by Your Name* schrecklich eitel. Die Spannung zwischen den beiden Hauptfiguren hatte sie zwar nicht völlig kalt gelassen, aber sie störte, dass der Film implizit erzählte, dass Glück, Toleranz und Menschlichkeit nur auf der Grundlage von Wohlstand und elitärer Bildung möglich waren. Als Jerome auf dem Heimweg im Tesla vermutete, dass ihr das alles vielleicht einfach zu schmerzhaft nah an ihrem eigenen Erleben war, als hübsche Tochter High-End-akademischer Eltern, und dass sie doch zumindest die perfekte Stilistik des Films anerkennen müsse, wurde Tanja laut. Jerome solle gefälligst akzeptieren, dass der Funke des Films nicht auf sie übergesprungen war. Und als Jerome dann noch etwas erwidern wollte, sagte Tanja: »*Halt jetzt die Fresse, Jerome.*« Für den Rest der Heimfahrt schwiegen sie.

Dass Tanja ausfällig wurde, kam vor. Ihre Mutter und ihre Schwester wussten das am besten. Doch abgesehen von ihrem Exfreund Max hätten wohl die allerwenigsten Menschen, die nicht mit Tanja verwandt waren, ihr eine cholerische Seite zugetraut. Tanja Arnheim wurde wahlweise für entrückt, lethargisch oder arrogant gehalten, aber nie für aggressiv.

Da es für Jeromes Selbstbild wichtig war, sich nicht nachtragend zu verhalten, war es rasch zu einer Versöhnung gekommen. Während Jerome die Tür zum Bungalow aufschloss und Tanja das Schweigen brach – »*Jerome, es tut mir leid*« –, hielt er für einen Moment inne, schaute ihr in die Augen und ließ sich im Anschluss intensiv umarmen.

Am 5. April roch es fast schon nach Sommer. Tanja setzte sich nach achteinhalb Stunden Schlaf mit einem zuckerfreien Red Bull in die Hasenheide, unweit des noch immer unfertigen hinduistischen Tempels, um den seit Monaten ein Gerüst stand. Nur die Tempelspitze war bislang vielfarbig angemalt. Tanja gefiel die Vorstellung, dass es in ihrer Nachbarschaft eines Tages repräsentative Bauten für sämtliche Religionen geben könnte. Alles, was sie über Hinduismus wusste, hatte sie in der neunten Klasse ihres Kieler Gymnasiums gelernt: dass man von Wiedergeburt zu Wiedergeburt zwischen verschiedenen Kasten und Lebensformen auf- und absteigen konnte und dass es viele Götter gab, die als Mischwesen zwischen Tier und Mensch dargestellt wurden. Das war im Grunde genommen sympathisch. Vielleicht würde

Hinduismus eines Tages eine Option werden, nicht unbedingt für Tanja, die ja nicht mal Yoga mochte, aber womöglich für irgendwen, den sie kannte.

In einer Textnachricht hatte Amelie erwähnt, dass sie verkatert sei und auf der Sonnenallee bei City Chicken essen gehen wolle, aber Tanja hatte gerade erst zuhause gefrühstückt. Dass sie Amelie einfach zum Essen begleitete, kam nicht infrage, da es für Amelie, die größer als 1 Meter 80 und dabei nicht völlig hager war, ausgeschlossen zu sein schien, im Beisein einer anderen Person zu essen, wenn diese nicht auch etwas aß. Tanja und Amelie hatten gelernt, auch die eher anstrengenden Eigenschaften der jeweils anderen zu mögen, Reibung war jederzeit möglich, aber es eskalierte nie. Häufig verwendete Amelie das Wort *austherapiert*, wenn sie von sich sprach, da ihr innerhalb von acht Jahren von drei verschiedenen Therapeuten Fortschritte bescheinigt worden waren. Tanja wusste, dass Amelie weiterhin unter einem gewissen Leidensdruck stand, aber immerhin schien sie nunmehr zu wissen, welche Ursachen dieser Druck hatte, und das war dann vielleicht schon viel. Alle zwei bis drei Wochenenden trafen sich Tanja und Amelie sonntags gegen 13 Uhr, tranken Negroni und gingen danach in eine Diskothek, die tagsüber geöffnet hatte. Da sie beim Ausgehen viel redeten und stark aufeinander fixiert waren, näherten sich ihnen die anderen Partygäste kaum, eine Art Schutzraum entstand, und in diesem hatten Tanja und Amelie oft eine verdammt gute Zeit.

Auf dem Weg zu City Chicken kam Amelie in der Hasenheide vorbei. Sie trug ein dunkles Kleid, es stand ihr, es wirkte zeitlos und entspannt. Generell blieb sie eher unbeeindruckt von Moden, nur ihre Turnschuhe wirkten meistens brandneu. Amelie war abends zuvor in der Bar Heiners und später noch im frisch renovierten Bäreneck gewesen. Das klang in Tanjas Ohren nach schrecklichen Kopfschmerzen und unnötig existenziellen Gesprächen. Es war eigentlich nicht typisch für Amelie, dass sie mitten in der Woche in Bars versumpfte, Tanja fragte nach dem Anlass, und Amelie sagte: »*Naja, Janis halt.*« Tanja hatte Janis, der eine auffällige Unterarmtätowierung trug, im Beisein von Amelie im Januar auf einer Party des Labels Trade kennengelernt. Noch unerträglicher als an Männern fand Tanja Tätowierungen an Frauen, es sei denn, es war gleich der ganze Körper bemalt. Tanja konnte es gutheißen, wenn sich jemand dafür entschied, eine *krass tätowierte Person* zu werden, so wie Justin Bieber, aber nicht, wenn jemand bloß tätowiert sein wollte. In Stilfragen wäre Tanja gerne toleranter gewesen, aber sie kam gegen ihr Empfinden einfach nicht an.

Amelie erzählte, dass sie in der Woche vor Ostern zweimal mit Janis geschlafen habe, sie könne sich von einem Crush nicht völlig freisprechen. Gestern Nacht habe ihr Janis jedoch im Bäreneck gestanden, dass er schon seit längerem auf Tanja stehe. Amelie zitierte Janis mit leicht nach unten verstellter Stimme: »*Hatte gedacht, dass ich es für mich behalte, aber es beschäftigt mich jetzt doch ... sonst kommt es vielleicht irgendwann zum Supergau.*« Amelie betonte, dass er wirklich das Wort *Supergau* benutzt habe, um 4 Uhr 30 im Bäreneck. Sie sei sauer und geschockt gewesen, kurz auch sprachlos. »*Dann habe ich ihm gesagt, dass du Tattoos nicht leiden kannst und fest vergeben bist. Ich glaube, er hat bald ziemlich bereut, dass er es überhaupt erzählt hat. Er hat sich entschuldigt, aber ich war erstmal raus.«* Als sie das sagte, schossen ihr Tränen in die Augen. Tanja saß neben ihr auf der Wiese, die leere Dose zuckerfreies Red Bull in der Hand, und suchte nach einer Aussage, die weder unsinnig noch verletzend war. Tanja wusste, dass Janis sich bei nahezu jedem Clubbesuch eine Frau mit nachhause nehmen konnte, er war drahtig und groß genug, er hatte eine angenehme Stimme, gerade Zähne, und soweit Tanja wusste, schrieb er an einer Doktorarbeit über ein feministisches Thema. Zudem traute sie ihm zu, unter seiner Understatement-Mode eine krass tätowierte Person zu sein. Vermutlich war er auch Fan von *PanoptikumNeu.* Eigentlich wollte Tanja das Thema wechseln, doch dann sagte sie: *»Gib ihm mal ein paar Tage Zeit. Es ist letztlich leicht für dich. Er muss sich verhalten. Er hat das Problem. Versuch zu entspannen.«* Amelie nickte und sah dabei sehr traurig aus. *»Ich geh jetzt mal essen«*, sagte sie. *»Mach das«*, sagte Tanja. Sie standen auf und umarmten sich. Tanja wollte zunächst noch fragen, ob sie am Wochenende wie geplant auf die Cocktail-d'Amore-Party gehen wollten, aber es schien nicht der richtige Zeitpunkt für diese Frage zu sein. Als sie schon einige Schritte gegangen war, drehte sich Amelie noch einmal um: *»Ich melde mich wegen Cocktail d'Amore.«* Und Tanja sagte: *»Cool.«*

Tanja und Jerome hatten keine Policies der Informationsvergabe vereinbart. Sie erzählten sich, wonach ihnen war, zumeist in langen iMessages, und in selteneren Fällen e-mailten sie. Die persönliche, lose vor sich hin erzählende

E-Mail, die man abschickte, ohne sie ein zweites Mal gelesen zu haben, mochte Tanja vielleicht von allen Textformen am liebsten. Seit jedoch im Jahr 2015 auch die letzten ihrer Freunde auf Smartphones umgestiegen waren, wurde die E-Mail zunehmend von ungleich unkonzentrierter formulierten Sprechblasen in diversen Messenger-Diensten verdrängt. Umso wertvoller fand Tanja es, dass sie in Jerome ein würdiges E-Mail-Gegenüber gefunden hatte. In seinen längeren Briefen, die er circa einmal pro Woche schrieb, schien er das Tagebuch zu kompensieren, das er nie geführt hatte, und das war stets unterhaltsam. Oft erzählte er von Freunden, die Tanja noch gar nicht persönlich kannte, theoretisch hätte er sich diese Charaktere also auch einfach ausdenken können, aber sie vertraute ihm, und sie war sich sicher, dass auch er ihr vertraute. In ihren E-Mails erzählten sie einander die Wahrheit, wenn auch nicht alles. Über die Gründe für Amelies Liebeskummer würde Tanja vorläufig schweigen.

Am Wochenende meldete sich Jerome mit einem Selbstportrait, das er beim Joggen aufgenommen hatte. Er war darauf mit einem weißen Stirnband zu sehen, im Hintergrund Windräder und ein wolkenloser Himmel. Unter das Bild textete er: *›300 % Joy‹*. Tanja gefiel die Nachricht. Das Foto war eitel und uneitel zugleich, da Jerome mit schweißnassem, leicht gerötetem Gesicht älter aussah als sonst, gleichzeitig war aber der Winkel vorteilhaft gewählt – von halb links unten, seine markante Kinnpartie betonend –, und der Gesichtsausdruck war auf eine gute Weise albern. Man sah Jerome an, dass er beim Joggen Freude empfand, und selbst Menschen, die noch viel älter waren als er, konnten attraktiv wirken, wenn sie Freude ausstrahlten.

An ihrem Schreibtisch sitzend, betrachtete Tanja Jerome für einen Augenblick nicht als den Mann, mit dem sie schlief und über fast alles redete, sondern als einen Mann aus Hessen, der Mitte dreißig war und sich beim Sport gut gelaunt selbst fotografierte. Sie dachte dann vergleichend an die Männer, die ihr während ihrer Probemitgliedschaft im Holmes-Place-Fitnessstudio am Hermannplatz begegnet waren. Viele dort hatten gut ausgesehen, mitunter auf eine aristokratische Weise, was auch damit zusammenhing, dass das Holmes Place einen hohen Monatsbeitrag verlangte. Jerome wäre dort positiv aufgefallen, als ein Mann, dessen Eitelkeit erfrischend anders gelagert war. Zwar mochte er sein Aussehen, doch war es nicht sein Ziel, eine Fitnessnorm zu erfüllen. Tanja hatte bei Holmes Place letztlich nicht Mitglied werden wollen. Stattdessen hatte sie im Mai 2017 Badminton für sich wiederentdeckt, ein Spiel, das sie noch aus ihrem Kieler Gymnasium kannte und in dem sie eine gewisse Aggressivität ausleben konnte, ohne dass der Sport in irgendeiner Weise gefährlich wurde.

›Liebe Tanja, hat Amelie mit dir gesprochen? Könntest du ihr sagen, dass es mir leidtut? Und dass sie sich bitte bei mir melden soll? Sie hat meine Nummer blockiert. Janis‹

Tanja war nicht sicher, woher er ihre Nummer hatte. Sehr wahrscheinlich nicht von Amelie, aber womöglich von ihrem Exfreund Max, denn Max leitete ihre Kontaktdaten stets bereitwillig weiter, um zu markieren, dass ihm Tanjas Privatsphäre nichts mehr bedeutete. Tanja hatte noch nie in ihrem Leben eine Nummer blockiert, sie hatte auch nie E-Mails oder Textnachrichten mit verletzendem Inhalt gelöscht, und sie hatte ihrerseits nie Abrechnungen formuliert, sie hatte nie die Notwendigkeit gesehen, einen pathetischen Schlussstrich zu ziehen, darauf war sie stolz. Anstatt Janis direkt zu antworten, schrieb sie Amelie eine Nachricht, was im Nachhinein betrachtet nicht klug war. Denn Amelie behauptete, dass sie Janis' Nummer gar nicht blockiert habe. Es folgte ein Anruf von Amelie, den Tanja als hysterisch bezeichnete, obwohl sie sich fest vorgenommen hatte, das Konzept Hysterie nicht mehr auf Frauen anzuwenden, weil sich das immer ein wenig billig anfühlte. Ihre Erfolge als Autorin hatten ihr jedoch den Eindruck vermittelt, dass die Wörter, die ihr spontan einfielen, zumeist treffend und richtig waren. Tanja glaubte, sich auch in diesem Moment auf ihre Wortwahl verlassen zu können. Amelie verletzte der Hysterievorwurf sehr.

In der Schlange der Cocktail-d'Amore-Party trug Tanja Badmintonschuhe der Decathlon-Eigenmarke Artengo. Sie war sich zu 100 % sicher, dass sie die einzige Person war, die in dieser Schlange, die am frühen Sonntagnachmittag aus circa vierhundert Menschen bestand, Badmintonschuhe trug. Das Modell leuchtete rotorange und es sah aus, als würde man darin stärker schwitzen als in vergleichbaren Hallenschuhen bekannterer Hersteller, doch das Gegenteil war der Fall. Dazu trug Tanja eine graue Leinenhose und ein ebenfalls graues Herrenhemd, darunter einen Sport-BH, für den Fall, dass sie das Hemd auf der Tanzfläche ausziehen wollte. Den komplett oberkörperfreien Look, der auf Berliner Raves vergleichbarer Art auch unter Frauen beliebter wurde, hätte sie als zu out-of-character empfunden. Mit einem Sport-BH und Badmintonschuhen konnte sie sich jedoch voll identifizieren. In der Schlange um sie herum standen überwiegend Männer mit dunklen, kurz rasierten Haaren, wenige trugen Make-up. Ihr eigenes Haar hatte Tanja mit so viel Gel bearbeitet, dass es eng am Kopf anlag und feucht glänzte. Nachdem sie vierzig Minuten angestanden hatte, fragte der zuständige Türsteher, ob sie schon einmal hier gewesen sei, womit er die Party Cocktail d'Amore meinte und nicht die Griessmühle. Tanja antwortete *»ja, vor drei oder vier Monaten«* – wobei sie eigentlich genau wusste, dass sie vor drei Monaten dort gewesen war – und schaute dem Mann dabei neutral ins Gesicht. Er zögerte kurz, dann durfte sie zum Bodycheck weitergehen und 15 € Eintritt bezahlen. Sie kaufte sich an der ersten Bar im Innenraum eine Cola Light, um den Pillenrest einzunehmen, den sie in ihrem Sportstrumpf in einer Klarsichttüte aufbewahrte. Das bereits vor sechs Wochen angeknabberte und seither im Kühlschrank gelagerte Teil war weinrot und hatte eine Logo-Prägung der Bekleidungsfirma The North Face. Der Webseite *saferparty.ch* zufolge hatte die Pille insgesamt 155 mg mdma enthalten, die noch übrige Hälfte sollte für Tanjas Rausch exakt genügen. Es gab gute Gründe dafür, eher selten Ecstasy zu nehmen. Tanja mochte den Effekt zwar lieber als jeden anderen Drogeneffekt, aber seit sie über siebenundzwanzig war, reagierte sie zunehmend sensibel auf die Nachwirkungen, nahm diese nur noch vier- bis sechsmal jährlich in Kauf, und vermutlich würde sie die Häufigkeit in Zukunft weiter reduzieren. Für heute hatte sie Jerome, der gleichzeitig in Offenbach ein ähnliches Experiment mit Ketamin unternehmen wollte, ein Rauschprotokoll angekündigt. Seit die beiden ein Paar waren, hatten sie die meisten Rauscherfahrungen zumindest auf einer Message-Ebene miteinander geteilt. Tanja ging für die Einnahme nicht mal aufs Klo, im Anschluss textete sie: ›*Einnahme am Tresen. 14 Uhr 14. Angenehme Gleichgültigkeit. Fernwärme soon.*‹

Draußen lief im Gegensatz zu Cocktail-d'Amore-Partys, die im Hochsommer stattfanden, noch keine Musik, aber viele der mehr oder weniger nackten Männer hatten sich in die Sonne gesetzt, um dort mehr oder weniger sichtbar Sex zu haben. Tanja vertrat die These, dass die zweite Hälfte der Zehnerjahre in Berlin als eine Phase erinnert werden könnte, in der Sexpartys den Sprung in den Mainstream geschafft hatten. Es war ja nicht so, dass die Gruppe von Menschen, die Veranstaltungen besuchte, auf denen für alle sichtbar Blowjobs stattfanden, klein war. Jedes Wochenende waren Tausende auf derartigen Events zugegen. Tanja konnte zwar nicht behaupten, ein Fan dieser Entwicklung zu sein, fand es generell aber gut, dass Menschen ihre Sehnsucht nach öffentlichem Sex an immer mehr Orten ausleben konnten, wenngleich sie davon ausging, dass ein hoher Prozentsatz der Gäste überhaupt kein Bedürfnis danach hatte, in Diskotheken vor zahllosen Fremden blankzuziehen.

Auf dem Weg zur Toilette traf sie ihre Schwester. Sarah hatte stark geweitete Pupillen und eine schweißnasse Stirn, sie kam Tanja mit zwei Typen entgegen, die schwarze Unterhemden und silberne Halsketten trugen, vermutlich Kommilitonen von der Filmhochschule. Eine Umarmung mit Kuss auf die Wange – das war nichts Ungewöhnliches zwischen den Geschwistern, Tanja wusste das, und doch spürte sie bei Sarah einen Extraschub Zuneigung. Sarah stellte ihre Begleiter – Tim und Jakob – hastig vor, und aus der Art und Weise, wie diese Tanja mit einem merkwürdig förmlichen Handshake begrüßten, schloss Tanja, dass die Jungs schon wussten, dass sie Sarahs erfolgreiche ältere Schwester war. Tanja und Sarah vereinbarten, dass man sich spätestens um 15 Uhr draußen an der Bar treffen würde, um gemeinsam Wasser ohne Kohlensäure zu trinken. In der Kloschlange fragte sich Tanja, ob es ihr ernsthaft Sorgen machte, dass ihre depressive Schwester Drogen nahm, und falls ja, zu welcher Art von Doppelmoral sie dann tendierte. Die Wechselwirkung von Antidepressiva und Molly war nicht optimal, soweit Tanja wusste, andererseits brauchte sie sich mit ihren neurologischen Kenntnissen auch nicht aus dem Fenster zu lehnen. Im Grunde leitete sie ihr Unbehagen nur aus dem Begriff *Wiederaufnahmehemmer* ab, den sie mit Antidepressiva in Verbindung brachte. Tanja blickte auf ihr Handy. Jerome hatte lediglich ein Emoji mit Sonnenbrille geschickt, was sie etwas enttäuschend fand. Sie überlegte, die Wartezeit in der Toilettenschlange zu nutzen, um sich online genauer über Wechselwirkungen zu informieren, aber ihr Datenvolumen war fast aufgebraucht und das Netz in der Griessmühle eher schlecht. Man lebte noch längst nicht in dem Zeitalter, von dem viele behaupteten, dass man bereits in ihm lebe. Tanja las einige der Kurznachrichten, die sie in den letzten Tagen erhalten hatte. Die meisten gefielen ihr gut. Eigentlich hatten alle Menschen, mit denen sie kommunizierte, einen souveränen Ton in ihren Nachrichten entwickelt. Selbst ihre Mutter war nunmehr in der Lage, mit einer gewissen Ausführlichkeit zu texten und dabei zunehmend sogar auf die formelle Anrede – *Liebe Tochter Tanja* – zu verzichten. Tanja war stolz auf ihre Mum, die als Therapeutin in Kiel arbeitete, so wie auch ihre Mum stolz auf sie war. Tanjas Vater, ein hanseatischer Internist, war ihrer Mutter zufolge ebenfalls stolz auf sie, aber definitiv nicht in der Lage, ihr das zu zeigen. Der Gedanke an ihren Vater rührte Tanja, er konnte nun mal nicht anders, er war eben weniger wortgewandt als die anderen Arnheims, aber trotzdem nicht weniger super. Tanja nahm sich vor, ihren Vater in den kommenden Tagen anzurufen, und sie freute sich jetzt regelrecht auf den stockenden Beginn des Gesprächs. In *PanoptikumNeu* hatte Tanja ihre Hauptfigur Liam sagen lassen: *»Man kann seinen Eltern entweder sehr ähnlich werden oder psychisch erkranken. Nur im Falle psychisch kranker Eltern klappt eventuell beides.«* Und obwohl Tanja den Satz bereits in drei Interviews verteidigt hatte, fühlte sich diese Einsicht jetzt wieder frisch an. Vielleicht hatte Sarah immer zu sehr gegen ihre Vorbilder angekämpft, vielleicht lag darin das ganze Problem. Aber war es überhaupt ein Problem? In dem Gang vor den Toiletten war es ziemlich warm. Als sich die Tür vor Tanja öffnete und eine gemischte Fünfergruppe – zwei Frauen, drei Männer – hinaustrat, fühlte Tanja sich wirklich gut. Sie nickte allen fünf aufgeschlossen zu und drehte sich danach noch einmal zu den wartenden Frauen und Männern um, die sich hinter ihr aufgereiht hatten. Für einen Moment überlegte Tanja, zu fragen, ob noch jemand vor ihr aufs Klo wolle, denn sie musste noch gar nicht so dringend, als ihr erstens auffiel, dass diese Frage nach der zehnminütigen Wartezeit reichlich bizarr wäre, und zweitens, dass sie gerade ziemlich high geworden war. Es zahlte sich aus, wenig gefrühstückt zu haben, die halbe North Face zündete schneller als gedacht. Tanja betrat die Toilettenkabine, als würde sie von einer Welle Schaumbad hineingespült, dann schloss sie die Tür. Den Toilettensitz legte sie präzise mit Taschentüchern aus und setzte sich. Sie ließ sich Zeit, sie musste lächeln, sie schloss beim Urinieren die Augen, es war schön.

Textnachricht an Jerome: ›*Sarah getroffen, abgehoben. Angenehm wattiges Herumspazieren im Toilettendunst. Viel zu viele Männer. Miss you.*‹ Und nur wenige Minuten später: ›*Miss U 😍 Miss U 😍 Miss U 👻 …*‹ Jerome schrieb, dass seine Verabredung mit Bruno und Julian ausgefallen war, wegen der Erkrankung von Julians Tochter, sodass Jerome nicht wie geplant unter Ketamineinfluss am Offenbacher Mainufer umherspazierte, sondern bei einfallender Sonntagssonne zuhause saß und programmierte. Ihr Rauschprotokoll würde er dennoch gerne lesen, wenn vielleicht auch etwas neiderfüllt. Tanja schrieb, dass er heute wenigstens Apfelwein trinken solle beim Arbeiten, ›*aus Solidarität mit deinem druffen Girlfriend unweit der S-Bahn-Station Sonnenallee.*‹ Jerome antwortete: ›*Das Wort Solidarität benutzt du nur, wenn du auf xtc bist. Dann aber immer* 😂‹

Tanja stand schwitzend auf der Tanzfläche, sie blickte auf ihr Handy, sah das Wort *Solidarität* vor sich und wusste, dass Jerome recht hatte. Sie liebte ihn, ja, sie liebte ihn wirklich, und genau das wollte sie ihm jetzt schreiben, aber sie sparte es sich dann doch. Ihre Situationen unterschieden sich zu sehr. Sie stand im Bass, er blickte ins Naturschutzgebiet. Und für Jerome war Ecstasy etwas Nostalgisches. Er hatte Tanja oft von seiner *E-Phase* zwischen 2009 und 2012 erzählt, von einer Zeit, die er hinter sich gelassen habe, aber auf ewig erinnern werde, so wie den Sommer 2001, als er gerade seinen Führerschein gemacht hatte und mit engen Freunden zum Zelten an die französische Atlantikküste gefahren war.

In der Griessmühle geschah, was meistens geschah, wenn Tanja auf Tanzflächen auf ihr Handy starrte – Leute gaben ihr durch Blicke und Gesten zu verstehen, dass sie doch jetzt bitte im Moment ankommen und das Handy wegpacken solle, aber diese Leute verstanden wenig. Sie hatten keine Ahnung, dass dies gerade für Tanja der schönste Moment war – high auf das Tor zur Welt in ihrer Hand blicken, mit denjenigen kommunizieren, die sie am meisten mochte, auf die Weise, die sie am besten beherrschte. Es war fantastisch, ein Handy zu besitzen, es war fantastisch, Menschen zu kennen, die man liebte. Tanja trug ihr Hemd nun um die Hüfte gebunden und tanzte im Sport-BH. Sie hob die Arme in die Luft, sie schloss die Augen. Ihr Telefon hielt sie die ganze Zeit fest.

»Sarah, ich bin high!« Dieser einfache Satz zauberte ein Strahlen auf das Gesicht ihrer Schwester. *»Wie geht es dir? Trinkst*

du einen Schnaps mit?« Sarah antwortete nicht, wirkte etwas zögerlich, aber Tanja hatte die beiden Wodkashots sowieso schon bestellt. Eigentlich hatte sie vorgehabt, die Party ohne Alkohol zu durchleben, aber die Vorstellung des leicht brennenden Abgangs einer Spirituose erfüllte sie mit so immenser Vorfreude, dass es schlicht falsch gewesen wäre, sich dieses Erlebnis zu verkneifen. Sarah war nur 1 Meter 69 und damit vier Zentimeter kleiner als Tanja, aber das fiel an diesem Nachmittag kaum auf, da Sarah höhere Stiefel trug und Tanja die flachen Badmintonschuhe von Artengo. So standen sich die Schwestern gegenüber und stießen mit ihren Wodkashots an, geflutet von einer Wärme, die Tanja an den magischen Moment erinnerte, als sie zum ersten Mal auf Ecstasy gewesen war. Sie war sogar versucht zu glauben, dass sich der Rausch, der sich gerade ereignete, genauso gut anfühlte wie der allererste, aber das stimmte wahrscheinlich nicht.

»Ich hab jetzt einen neuen Therapeuten«, sagte Sarah, *»der ist in meinem Alter und halb Inder. Ziemlich angenehm.«* – *»Wie oft triffst du den?«* – *»Zweimal die Woche ... Das ist schon viel cooler als Gruppentherapie.«* – *»Bestimmt!«*, sagte Tanja laut. Sie war in diesem Moment tausendprozentig davon überzeugt, dass Gruppentherapien Unsinn waren. Sarah wusste um diese Meinung ihrer älteren Schwester bereits und merkte an, dass dies nun doch nicht der richtige Zeitpunkt sei, um über ihre Therapiefortschritte zu sprechen, während Tanja dachte, dass es mittelfristig nie mehr so leicht werden würde, Derartiges zu bereden. Ihr letztes gemeinsames High lag vier Jahre zurück, kurz bevor Tanja *PanoptikumNeu* veröffentlicht und noch bevor Sarah ihr

Drehbuchstudium an der Filmuniversität Babelsberg aufgenommen hatte. Damals hatten sie im Keller des Hamburger Clubs Golem im Mollyvollrausch über ihre Eltern gesprochen und waren beide der Meinung gewesen, ihre Eltern hätten sich fünfzehn Jahre zuvor trennen sollen, was diese vermutlich wegen ihnen nicht getan hatten, und dann hatten Tanja und Sarah, bevor sie auf die Tanzfläche zurückkehrten, gehofft, dass ihre Eltern wenigstens einigermaßen glücklich waren. Einen vergleichbaren Moment der Wahrheit und Nähe verpassten Tanja und Sarah dieses Mal. Sarah war schon seit morgens um fünf in der Griessmühle und wurde langsam müde, während Tanja gerade auf ihren Peak zusteuerte und sich sogar vorstellen konnte, bei irgendwem noch ein weiteres Teil zu kaufen. Sarah verließ die Party um 16 Uhr 30. In der Folge erkundigte sich etwa alle zwanzig Minuten jemand bei Tanja, wie lange sie schon auf der Party sei oder ob sie was ziehen wolle, was Tanja jeweils wahrheitsgemäß beantwortete bzw. ablehnte. Trotz bester Laune blieb sie meist einsilbig und konzentrierte sich im Anschluss wieder darauf, mit geschlossenen Augen zu tanzen oder iMessages an Jerome zu formulieren. Als gegen 22 Uhr plötzlich Janis vor ihr stand, in einem weißen T-Shirt mit Vetements-Schriftzug auf der Brust, was Tanja eher negativ auffiel, war sie weniger einsilbig. Sie konnte sich daran erinnern, dass sie mit Janis im OHM seinerzeit ein durchaus interessantes Gespräch über *Good Time* von den Safdie Brothers geführt hatte, einen Film, den Tanja für den besten des Jahres 2017 hielt. Janis hatte den Film ebenfalls gemocht und Tanja den Vorgängerfilm des Regieduos empfohlen, den Tanja dann aber weit weniger mochte. Auf der Cocktail d'Amore gab sich Janis nun schüchtern und dezidiert besorgt um Amelie. *»Das ist jetzt natürlich komisch, dich hier zu treffen. Ich hab ziemlich Mist gebaut mit Amelie ...«* Sein Haar war länger als im Januar und er hatte es zu einem Mittelscheitel gekämmt, was absurd und attraktiv zugleich aussah. Tanja versuchte, sich nicht anmerken zu lassen, dass sie wusste, dass er für sie schwärmte. Sie stand high im Sport-BH vor Janis und konnte die Situation nicht wirklich unangenehm finden. *»Amelie steht krass auf dich«*, sagte sie, *»geh sorgsam damit um. Ich glaube, noch ist nicht alles verloren.«* Janis sah wacher und nüchterner aus als die meisten anderen auf der Party. *»Das hoffe ich«*, antwortete er und blickte Tanja in die Augen. Als sie erneut auf sein T-Shirt schaute, sagte er: *»Keine Angst, das Shirt hat zehn Euro gekostet. Ein Siebdruck-Fake aus Brandenburg.«* Er lächelte nicht, als er das sagte. Tanja fühlte sich ertappt. *»Was hast du genommen?«*, fragte Janis.

»E«, sagte Tanja. Janis lächelte. *»Das steht dir. Du bist offener als sonst. Fast herzlich.«* Diese Aussage war eindeutig übergriffig. *»Was hast du denn genommen?«*, fragte Tanja.

»Nichts. Legst du noch nach?« Tanja hatte Lust, dennoch schüttelte sie den Kopf. *»Ich lass das High jetzt auslaufen und geh dann nachhause.«* Janis nickte. *»Das klingt gut. Mach dir noch einen schönen Abend.«* Dann verschwand er in Richtung Toiletten.

Die letzte Textnachricht von Jerome erhielt Tanja um 1 Uhr 14. Als er schlafen ging, textete er: *›Enjoy, Baby. Ich träum jetzt von dir.‹* Im Taxi um 2 Uhr 15 fühlte sich Tanja noch immer selig. Im Rückspiegel betrachtete sie ihr Gesicht und stellte fest, dass sie unter Drogeneinfluss besser aussah als ihre Schwester. Vielleicht dosierte sie sorgsamer, oder sie profitierte einfach davon, im Gegensatz zu Sarah keine Stoffwechselerkrankung bzw. Depression zu haben. Auf dem Rücksitz des Taxis war sich Tanja sicher, dass sie in vielen Bereichen Glück hatte. Zuhause würde sie gut einschlafen können, aus einer ehrlichen körperlichen Erschöpfung heraus, sie würde nichts träumen und nach dem Aufwachen in einen angenehm ungeplanten Montag starten. Wahrscheinlich würde sie zum Imbiss gehen, telefonieren, Textnachrichten formulieren. *»Gut gefeiert?«*, fragte der Taxifahrer. *»Ja, voll«*, sagte Tanja und gab ihm beim Aussteigen zwei Euro Trinkgeld. Matt und demotiviert würde sie sich frühestens am Dienstag fühlen, und am Mittwoch wahrscheinlich noch einmal. Tanja nahm sich vor, auch diesem Zustand positiv entgegenzublicken.

3

Auf der Fahrt über die Hanauer Landstraße öffnete Jerome die Fenster des Tesla und wurde von der bisher wärmsten Luft des Jahres umweht. Er drehte das Radio laut. You FM spielte Rihannas Hit *Kiss It Better* aus dem Jahr 2016, der Jerome merkwürdig unverbraucht vorkam. Er bekam Lust, sich beim Mitsingen zu filmen. Sein von der Frühlingssonne hell ausgeleuchtetes Gesicht, ein passioniert vorgetragenes Rihanna-Playback und hinter den Fenstern vorbeiziehende Tankstellen, Autohäuser, Fastfood-Restaurants – wahrscheinlich wäre Jerome während der Aufnahme in Gelächter ausgebrochen. Weil jedoch keine der vielen Ampeln auf Rot sprang, ergab sich kein Moment, in dem Jerome das Telefon sicher aus seiner Hosentasche hätte ziehen können. Es war schade um ein Video, das Tanja potenziell amüsiert hätte, doch Jerome ärgerte sich nicht. Fließender Verkehr, frühsommerliche Luft.

Mit einem Gefühl der Zugewandtheit fuhr er an Jenny Köhler's Electric Rental vorbei. Er hatte den *Springtime-Week-Deal* genutzt, einen erstaunlich fairen Tarif, und nach dem Mittagessen mit seinem Vater würde er den

Wagen noch einmal aussaugen, um bei der Rückgabe erneut einen guten Eindruck zu hinterlassen. Dass er sich kein eigenes Auto kaufte, wurde von seinem Vater, der lang als Ingenieur tätig gewesen und mit Ende sechzig wieder zu den Idealvorstellungen seiner frühen Zwanziger zurückgekehrt war, befürwortet. Jeromes Vater fand, dass die Autoindustrie fraglos eine der problematischeren Industrien war, woraufhin Jerome in einem ihrer letzten Gespräche betont hatte, dass er sämtliche Industrien, in die er bisher Einblick erhalten hatte – also auch die Mode-, Kunst- und Musikindustrie –, als *problematisch* beschreiben würde. Jeromes Vater, der mit vollem Namen Jürgen Casper Daimler hieß, hatte dagegengehalten, dass er zwar Jeromes fatalistischen Blick auf modernes Wirtschaften teile, aber man eben doch differenzieren müsse, in der Popmusik gehe es sicher *ressourcenschonender* zu als bei Automobilen, und abschließend hatte er gesagt: *»Es ist jedenfalls löblich, dass du dir kein eigenes Auto kaufst. Du machst den Planeten damit nicht schlechter.«*

Diesmal trafen sich die beiden letzten lebenden Männer der Familie Daimler im Ruderrestaurant Borussia. Jürgen Casper, der ausschließlich dunkle Kleidung trug, hatte von seiner Innenstadtwohnung aus einen fünfundzwanzigminütigen Spaziergang zum Lokal unternommen und strahlte Jerome an, als dieser aus seinem Mietwagen stieg. Jerome hatte sich sein neues weißes Overshirt aus Jeansstoff angezogen, von dem er ahnte, dass es seinem Vater gefallen würde. Jürgen Casper lobte Jerome häufig für seine ausgefallenen Sportschuhe oder interessant geschnittenen Jacken, ohne Vergleichbares selbst tragen zu wollen. Zur Begrüßung umarmte man sich, klopfte einander dreimal auf den Rücken und lachte über dieses dreimalige Klopfen.

Das Borussia-Lokal lag direkt am Mainufer, es gab eine Terrasse, und es war schon warm genug, um draußen zu sitzen. Jürgen Casper, der sein noch immer volles Haar seit neuestem sehr kurz trug, war seit acht Jahren Vegetarier, er bestellte eine Pasta mit Ricottafüllung, Jerome bestellte Lammfilet. Jerome ging fest davon aus, Blutgruppe Null zu haben, weil man Menschen mit Blutgruppe Null unterstellte, dass sie Fleisch besonders mochten, aber er hatte seine Blutgruppe nie testen lassen. Als sein Vater nach Tanja fragte, erzählte er, dass Ostern sehr schön gewesen sei, eher ruhig, mit Museum und Kino, ohne ausschweifendes Ausgehen. Das Ausgehen der nach 1980 Geborenen konnte sich sein Vater nur bedingt vorstellen, aber es schien ihn auch nicht sonderlich zu interessieren. Er hatte als Frankfurter früh von Techno erfahren, in den späten Achtzigern war er Ende dreißig gewesen, aber Jürgen Casper kannte niemanden mehr persönlich, der am Wochenende ins Omen oder Dorian Gray gegangen wäre. Jeromes Eindruck war, dass sein Vater nachfolgende Generationen zu keinem Zeitpunkt abschätzig betrachtete, viel eher schien er auf eine gesunde Weise wehmütig zu sein. Jerome schätzte es, wenn Menschen in der Lage waren, Wehmut zu entwickeln. Nostalgie bewertete er deutlich kritischer. Jerome glaubte, dass Wehmut als politisch links und Nostalgie als politisch rechts einzustufen war. Im Aufkommen von Wehmut erkannte er ein Eingeständnis von Schwäche und Schutzbedürftigkeit, während Nostalgie die selbstgerechte und zumeist stolze Glorifizierung einer Vergangenheit war, die es nie gegeben hatte. Jerome äußerte diesen Gedanken aber nie, da er ihm nicht gänzlich valide vorkam.

Ein Thema, das Jürgen Casper Daimler seit einigen Monaten stark faszinierte, war Onlinedating. Er kannte sich damit deutlich besser aus als sein sechsunddreißig Jahre jüngerer Sohn, denn abgesehen von einer dreiwöchigen Testmitgliedschaft bei OKcupid im Jahr 2015 hatte Jerome keine Erfahrungen auf diesem Gebiet. Letztlich hatten sich immer ausreichend viele Flirts im Alltag ergeben, und das Connecten im Internet kam ihm wahlweise kindisch oder seniorenhaft vor. Mittlerweile hatte Jerome das Gefühl, einer sehr kleinen Generation anzugehören, die fast nur aus ihm selbst bestand, und für diese Generation waren Facebook-Profile, Dating-Apps und Spekulationen auf Kryptowährungen gleichbedeutend mit einer emotionalen Nähe zur CDU. Jerome hasste die CDU nicht, hatte mit ihr aber eine erstaunlich geringe Übereinstimmung, wenn er den Wahl-O-Mat durchspielte. Sein Vater, der Facebook nutzte und seine Bitcoins viel zu früh verkauft hatte, hatte sehr wahrscheinlich auch nie die CDU gewählt, wenngleich Jerome das nicht mit Sicherheit sagen konnte. Sicher war aber, dass ihm sein Vater nie wirklich unangenehm gewesen war. Als Tanja zuletzt von der Scham erzählt hatte, die sie empfand, als ihr eigener Dad sie und drei ihrer besten Freundinnen quer durch Kiel auf vierzehnte und fünfzehnte Geburtstage fuhr, hatte sich Jerome im Gegenzug nur an gute Momente auf dem Beifahrersitz erinnern können. Wenn Jürgen Casper am Steuer seines Volvo V70 in ausgestellt hessischem Dialekt fiktive Anekdoten über raue Männer erzählte, waren Jeromes Freunde auf der Rückbank oft in lang anhaltendes Gelächter ausgebrochen. Im Nachhinein kam Jerome das Lachen seiner Freunde wie hysterisches Gegacker vor, oft waren die Jungs mit hochroten Gesichtern aus dem Wagen gestiegen, und noch unterhaltsamer als im Volvo war es auf den Geburtstagspartys meistens nicht geworden. Manchmal dachte Jerome, dass sein Vater sich nicht allzu ernst nahm und dass ihm das eine Form von Humor ermöglichte, die freundlich und gewinnend war. Diesen spezifischen Humor konnte man vielleicht erst entwickeln, sobald man sich mit der Geburt eines Kindes selbst ein Stück aufgegeben hatte.

Das Portal, über das Jürgen Casper aktuell seine Dates in der Frankfurter City koordinierte, hieß Sunset-069 – ein Name, den Jerome nahezu genial fand. Auf dem Portal konnten Männer nur Frauen kontaktieren, die ihnen zuvor bereits eine Nachricht geschrieben hatten. Die Funktion diente dazu, Männern, die selbst online schüchtern waren, das Leben zu erleichtern und die Posteingänge attraktiver Frauen halbwegs sauber zu halten. Jerome hielt dieses Verfahren, das Sunset-069 von der überregionalen Datingplattform Bumble übernommen hatte, für sinnvoll.

»Ich habe Beate kennengelernt, sie lebt in Bockenheim und unterrichtet am Schiller-Gymnasium in Sachsenhausen. Sie hat keine Kinder und ist sehr entspannt.«

Die vegetarische Pasta stand bereits auf dem Tisch, als Jeromes Vater diese Information teilte.

»Wie viel jünger ist sie?«

»Es müssten zwölf Jahre sein.«

»Das ist ja voll okay«, sagte Jerome, *»ein gesunder Abstand.«*

Sein Vater lachte. *»Sie arbeitet noch zwei Jahre komplett, dann will sie in Altersteilzeit gehen. Sie ist ziemlich sportlich.«*

»Yoga?«

»Pilates! Und Radfahren.«

Jerome wusste, dass sein Vater eigentlich nicht gerne Fahrrad fuhr. Er erinnerte sich an gemeinsame Touren in den frühen Neunzigerjahren, von Maintal nach Bruchköbel oder Hammersbach, während derer sein Vater unverhältnismäßig oft geflucht hatte. *»Willst du jetzt auch öfter Rad fahren?«*, fragte Jerome.

Sein Vater schüttelte den Kopf. *»Auf keinen Fall. Ich bleibe Schwimmer. Aber ich könnte mir vorstellen, etwas Pilates zu machen. Beate meint, neben der Kräftigung hätten die Übungen auch eine psychohygienische Funktion.«*

»Hat sie wirklich das Wort Psychohygiene benutzt?«

Sein Vater zögerte. *»Wahrscheinlich habe ich es so nur für mich übersetzt ... Sie sagte, dass es ihre Laune verbessert, wenn sie sich dehnt und voll auf ihre Atmung konzentriert.«*

Jerome blickte seinen Vater an. *»Wie lange geht das jetzt schon zwischen euch?«*

»Viereinhalb Wochen.«

»Habt ihr jeden Tag Kontakt?«

»Erstaunlicherweise ja.«

Zum Abschluss des Mittagessens teilte man sich das Dessert des Tages, ein Tiramisu, und bestellte zwei Espressi. Danach fuhr Jerome seinen Vater zu dessen Hausarzt, wo er die Ergebnisse einer obligatorischen Vorsorgeuntersuchung abholen sollte, eine Maßnahme, die Jürgen Casper eher widerwillig durchführte, da er die gesamte Krebsfrüherkennung für eine Initiative der Pharmaindustrie hielt. Bevor er aus dem Mietwagen stieg, lobte er das Auto für seine Geräuschlosigkeit und kündigte an, sich bald telefonisch bei Jerome zu melden. Jerome fuhr erst weiter, als sein Vater in der Arztpraxis verschwunden war.

Tanjas zukünftige Homepage definierte Jerome vorerst als *bewegliches Archiv*. Auf keinen Fall sollte ein bibliophiler Anspruch auf Vollständigkeit spürbar werden, keine Listen bisheriger Veröffentlichungen, kein tabellarischer Lebenslauf, keine Pressezitate. Jerome empfand Pressestimmen auf Homepages, die einen Anspruch auf Schönheit hatten, als anachronistisch. Er notierte: ›*wechselnde kurze Texte, fünfsekündige Videos, Bildergalerien*‹. Tanjas Webseite sollte sich zu gleichen Teilen hermetisch geschlossen und flexibel verspielt anfühlen. Als Platzhalter für die Texte, die Tanja regelmäßig austauschen sollte, nutzte Jerome Passagen aus *PanoptikumNeu*, die ihm noch immer gut gefielen. Die Intro-Animation, die er an diesem Nachmittag einfügte – Tanjas Unterschrift in kindlich großen Druckbuchstaben, die Jerome einmal nach einer Lesung in Berlin gefilmt hatte –, vermittelte den Eindruck, als würde sich Tanja Arnheim, die ihre Homepage mit ihrem eigenen, wenig eleganten Autogramm eröffnete, nicht allzu ernst nehmen. Jerome fragte sich für einen Moment, ob Tanja tatsächlich über sich selbst lachen konnte, er blickte über seinen Laptop hinweg ins Naturschutzgebiet und dachte: *Ja!* Tanja konnte wahrscheinlich sogar am besten über sich selbst lachen, leichter als über alles andere, denn sie war ein Fan von sich selbst, was Jerome stark begrüßte. Mit wie vielen Frauen hatte er schon geschlafen, die sich selbst die größten Feindinnen waren? Mit dreien bestimmt, vielleicht sogar mit fünfen, doch von den meisten seiner One-Night-Stands wusste er gar nicht, in welchem Verhältnis diese zu sich selbst standen.

Die Möglichkeit, dass er keine Frau jemals mehr gemocht haben könnte als Tanja Arnheim, begeisterte ihn noch immer. Zum vierten Mal in seinem Leben fühlte er einen akuten Crush, es war ganz offensichtlich die Wiederholung bereits erlebter Gefühle, doch die Bedingungen waren neu. Mit zwanzig war Jerome in Juliane verliebt gewesen, eine Düsseldorfer Kommilitonin, die damals unerreichbar blieb, und die er dann, als er sie mit fünfundzwanzig plötzlich doch leicht hätte erreichen können, überhaupt nicht mehr wollte. Wirklich fasziniert war Jerome überwiegend von Frauen, die hartnäckig für ihn schwärmten, obwohl sie in festen Beziehungen waren, von denen Jerome annahm, dass sie nur aus einer tiefen Angst vor Veränderung noch weitergeführt wurden. Jerome ging Affären ein, die früher oder später auf eine Entscheidung gegen ihn und zugunsten der alten Beziehung hinausliefen. Nach der dritten Wiederholung dieses Verlaufs entwickelte er die Theorie, dass ein Energiefeld der Love Interests über Europa lag, in dem jedem Protagonisten eine Aufgabe zufiel. Jeromes Aufgabe in diesem Energiefeld bestand offenbar darin, anderer Leute Paarbeziehungen zu retten, indem er die Verheißungen eines neuen Lebens an der Seite eines liberaleren Partners als leeres Versprechen entlarvte. Indirekt hatte er wohl die Ehen von Nadine und Laura C. sowie die Kleinfamilie von Laura W. überhaupt erst möglich gemacht. Rückblickend wusste er auch, dass diese Frauen, die letztlich genauso leben wollten wie ihre Eltern, ohnehin nicht zu ihm gepasst hätten.

Das Frühjahr 2017 begriff er im Nachhinein als spirituellen Wendepunkt. Mit dem Einzug in den Bungalow seiner Eltern hatte er entschieden, Bestätigung für seine äußere Persönlichkeit nur als Bonus zu begreifen, das tatsächliche Enjoyment musste von seiner inneren Persönlichkeit ausgehen. Seit er sich so sah, hatte sich Jerome oft unabhängig gefühlt. Freunden gegenüber sprach er aktuell von einer *außergewöhnlich schönen Phase mit Tanja*, so als wäre diese zeitlich ebenso begrenzt wie die Geschichten der vorangegangenen fünfzehn Jahre. Jerome versuchte, nicht zu viel zu hoffen, nicht zu weit zu planen und vermehrt auf die Stimme seiner inneren Persönlichkeit zu hören, wenngleich diese oftmals nur zwei Wörter zu sagen wusste, nämlich *Tanja Arnheim.* Es war ein Geschenk, Tanja zu kennen, aber die Zeit vor ihr hatte er ebenfalls gemocht. Er war einverstanden gewesen mit dem Selbstbild des oftmals umgarnten, wenn auch nie langfristig geliebten Charismatikers. Unter zwei Abweisungen hatte er lange Zeit gelitten, mit drei bis vier Frauen würde er nicht wieder schlafen, einige hatte er im Nachhinein betrachtet doch getäuscht, hatte falsche Erwartungen geweckt und zumindest Lena und Isabella ziemlich verletzt, aber das fiel in eine Zeit, die Jerome im Rückblick ohnehin als düster empfand. Nach der Zurückweisung durch Laura C. – für einen cholerischen und augenscheinlich talentlosen Christian, der viel zu viel trank – hatte Jerome eine Kränkung gefühlt, die er im Jahr 2011 durch möglichst viele Partnerinnen zu kompensieren suchte. Er ließ sich das Haar im Nacken kurz schneiden und entwickelte ein kühleres Bewusstsein für seine Attraktivität. Er lächelte häufiger und ging beim Ausgehen offensiv auf Frauen zu, was er nie davor und nie danach getan hatte. Es war ihm seinerzeit gar nicht daran gelegen, irgendwen wirklich kennenzulernen, und selbst die Nächte machten nur selten Spaß, da es dem Sex meist an Aufladung fehlte. Dennoch war seine äußere Persönlichkeit bis heute ein wenig stolz auf diese Periode, da die vielen Partnerinnen damals – vor der flächendeckenden Einführung von Dating-Apps – nicht völlig selbstverständlich gewesen waren. Zudem hatte ihm das Jahr 2011 endgültig vor Augen geführt, wie leicht Bestätigung für einen halbwegs eloquenten Mann von 1 Meter 91 zu erreichen war. Heute war Jeromes innere Persönlichkeit froh um jeden One-Night-Stand, den er 2011 nicht verwirklicht hatte.

Wenn er sich hingegen fragte, welche nie ausgelebte Liaison ihm nachhing, fiel ihm zuallererst Marlene Seidl ein. Marlene war in Jeromes Grundschulparallelklasse gewesen, und man war sich in den zweieinhalb Dekaden seither ab und zu begegnet, wenn auch ausgesprochen selten. Marlene hatte in mehreren Städten verschiedene Studiengänge ausprobiert und schließlich – soweit Jerome wusste – in Wirtschaftswissenschaften abgeschlossen. Die einprägsamste Begegnung war wohl jene im Hamburger Schanzenviertel im März 2009 gewesen, eines Donnerstagabends in der Bar Saal 2. Marlene und Jerome grüßten einander nicht, doch dass sie sich gefielen, stand völlig außer Frage. Das konnten wahrscheinlich auch andere Menschen in der Bar feststellen, so offensichtlich war es, aber diese Anziehung, die auch schon ein Jahr zuvor auf einem Konzert der Crystal Castles in Frankfurt spürbar gewesen war, vermischte sich mit einer peinlichen Intimität, die daher rührte, dass man sich aus Grundschulzeiten kannte. Als wäre die Anziehung folglich verboten oder auf eine abgründige Weise konservativ. Jerome und Marlene schauten sich damals im Saal 2 mehrfach direkt ins Gesicht, über viele Tische hinweg, doch sie unterhielten sich nicht. Zu einem Gespräch kam es erst im Jahr 2012, während eines Ricardo-Villalobos-Abends im Robert Johnson in Offenbach. Jerome schämte sich ein wenig, auf dieser Party zu sein, zu Ricardo Villalobos kamen seinerzeit im Großraum Ffm überwiegend Leute vom Dorf, und mit denen feierte Jerome ungern, da er aufgrund der absonderlichen Lebensentscheidung seiner Eltern, einen Bungalow in Maintal zu erwerben, ja selbst aus dem Umland stammte. Der Villalobos-Abend fiel in seine späte E-Phase, also war Jerome gerade wieder high, wenngleich sich dieses High längst nicht mehr magisch anfühlte. Der Zustand erleichterte es jedoch, Marlene Seidl anzusprechen. *»Hey, wir kennen uns, ich bin Jerome …«* Marlene war ebenfalls high, zumindest kam es Jerome so vor, sie reagierte wahnsinnig nett, und beide erwähnten sehr bald, dass sie einander auch in Hamburg mal gesehen hatten. Jerome wusste noch genau, wann, nämlich drei Jahre und zwei Monate zuvor, und als Marlene darauf gerade reagieren wollte, trat ihr Begleiter neben sie in die Barschlange. Es war offenkundig ihr Freund. Marlene stellte Jerome als *Grundschulkommilitonen* vor, der Freund wirkte angespannt, das kurze Gespräch zerstreute sich rasch. Wenig später verließ das Paar den Club. Jerome wogte noch bis morgens um zehn in der Menge.

Zu einer weiteren Begegnung kam es im September 2016, man sah sich eher von weitem, Marlene im Beisein ihrer Mutter, auf dem Parkplatz des Rewe in Maintal-Ost. Jerome hatte es eilig, man grüßte sich nicht. Sein Freund Bruno, der damals mit bei Ricardo Villalobos gewesen war und ziemlich präzise um Jeromes alle paar Jahre erneut aufflackernde Faszination für diese Frau aus der Grundschule wusste, hatte Marlene seither mehrmals im Frankfurter Bahnhofsviertel gesichtet. Angeblich wohnte sie dort mit ihrem Freund in einer Eigentumswohnung und arbeitete für eine Unternehmensberatung. Doch wenn Jerome an Marlene Seidl dachte, sah er keine fünfunddreißigjährige Hessin vor sich, die in Frankfurt am Main einem Geldjob nachging, sondern eine sechsundzwanzigjährige Studentin, die im Hamburger Schanzenviertel vor einem Longdrink sitzend den Blick schweifen ließ. März 2009 wäre der Moment gewesen.

Nach knapp drei Stunden am Laptop, in denen Jerome vier verschiedene Versionen des Sliders für die Arnheim-Bildergalerie getestet, eine vorläufige Reihenfolge festgelegt und das Video von Tanjas Autogramm gut vierzig Mal angesehen hatte, wurde er müde und entschied, an die frische Luft zu gehen. Er hatte immer öfter das Bedürfnis, sich zu bewegen. Zuweilen dachte Jerome auch darüber nach, seine Tätigkeit als Webdesigner um körperlich forderndere Nebenjobs zu ergänzen. Er glaubte, dass er sich die Freude an seinem Primärberuf länger erhalten könnte, wenn er zwischendurch als Landschaftsgärtner oder als Kellner in einer Apfelweinwirtschaft arbeiten würde. Die fest engagierten Landschaftsgärtner würden vermutlich skeptisch reagieren, wenn sich der Akademiker Jerome Daimler in ihrem Betrieb als Teilzeitkraft einarbeiten ließe. Aber die pure Freude, die Jerome an der ungewohnten Tätigkeit entwickeln könnte, würde tendenziell auch die Kollegen mitreißen. Jerome würde den anderen Gärtnern mit Empathie und Interesse begegnen, die Gespräche wären interessant, und so wäre der eine Tag in der Woche, an dem Jerome mitarbeitete – idealerweise der Dienstag –, ein guter Tag für alle.

Strukturell war das sporadische Mitarbeiten in Betrieben aber schwer zu realisieren – ein Umstand, der aus Jeromes Sicht gegen das gegenwärtige Wirtschaftssystem sprach. Viel mehr Menschen sollten viel mehr verschiedene Dinge tun, fand er, der Staat könnte Jahresverträge für ungewohnte Tätigkeiten ausstellen, sodass jeder Bürger die Möglichkeit bekäme, sich in zyklisch wechselnden Arbeitsumfeldern immer neu kennenzulernen, mit Berührungspunkten zu allen Gesellschaftsteilen. Neue Impulse wären bis ins hohe Alter garantiert, lebenslanges Lernen, gleiche Bezahlung für alle, vier Tage Wochenende. Wer reich werden wollte, könnte die langen Wochenenden nutzen, um eine Bonuskarriere voranzutreiben, alle anderen würden sich privat verwirklichen – in Beziehungen, in der Kunst, im Gaming, im Sport. Jerome hörte sich das alles in Gedanken immer weiter ausführen und nahm sich vor, Tanja in einer E-Mail davon zu erzählen.

Die Kirchenuhr hatte dreimal geschlagen, was bedeutete, dass es 16 Uhr 45 war, dreiviertel fünf, und dass es stark nach Frühling roch, stand außer Frage. Jerome spazierte in Richtung des Eiscafés am unteren Ende der kopfsteingepflasterten Hauptstraße. Dort wurden auch hausgemachte Kuchen verkauft, u.a. New York Cheese Cake, aber Jerome bestellte bloß schwarzen Tee und setzte sich ans Fenster, er war der einzige Gast. Um Punkt 17 Uhr rief sein Vater an. Jerome fragte: *»Hast du die Ergebnisse?«* Er hörte seinen Vater mit heller Stimme sagen: *»Ja.«* – *»Und?«* – *»Der Arzt meinte, für Anfang siebzig seien die Werte allesamt erstaunlich gut. Mein biologisches Alter wurde auf fünfundfünfzig geschätzt. Ich bin gesund.«*

4

ABSENDER: Tanja Arnheim

BETREFF: --- **09.04.2018, 22:43 Uhr**

Jerome Baby, ich glaube, dein Staat würde uns alle zu besseren Menschen machen. Aber ich muss zugeben, dass ich keinen anderen Beruf ausprobieren möchte als den, den ich habe. Ich bin viel zu sehr in den Eigensinn hinein sozialisiert worden. Und die Erfahrung zeigt, dass ich für andere nur erträglich bin, wenn ich ausschließlich das tue, was ich mag. Ich würde wahnsinnig ungern im Service arbeiten. Oder im Theater. Oder bei Nahkauf. Eigentlich will ich gar nicht arbeiten. Allerdings fühle ich mich heute auch besonders leer, bin rastlos und müde zugleich. Es kommt mir vor, als müsste alles sofort passieren, gleichzeitig habe ich gar keine Lust, dass irgendetwas sofort passiert. Fühle mich reizbar. Ich wusste, dass es so kommen würde. Tag zwei nach einer halben North Face und dreimal dippen.

#

Es ist okay. Ich lauere auf den Moment, in dem ich wieder fähig sein werde, Freude zu empfinden. Morgen nach dem Aufwachen könnte es so weit sein. Und abends werde ich

Badminton bei TiB spielen. Spätestens danach werde ich lachen und mich freuen.

#

Es gibt in Berlin momentan eine Tendenz, die mir nicht gefällt. Die jungen Leute suchen wieder feste Partnerschaften. Die kurze Phase, als die Smartphones eine Schleuse hin zu einem ständig wiederkehrenden Anfangsprickeln öffneten, scheint vorüber. Viele sind darüber nur pragmatischer geworden. Die Menschen haben Angst. Man darf von der Großstadt nicht zu viel erwarten. Das gilt heute wieder stärker als früher.

#

Ich finde, wir schreiben uns in letzter Zeit zu selten E-Mails! Dir zu schreiben, gibt mir in der Regel mehr, als mir mein Tagebuch je gegeben hat. (Ich hoffe, dir ist klar, dass das ein gewaltiges Kompliment ist.)

#

Am Sonntag dachte ich, dass mein neues Textprojekt eine Beschreibung des Glücks sein sollte. Ich dachte, dass ich erzählen könnte, wie wir beide einige Wochen in Hongkong verbringen. Kurz bevor wir dann wirklich nach Hongkong reisen, um meinen Text mit der Realität abzugleichen. Ich weiß noch, dass ich Folgendes gedacht habe: ›Hongkong – ein Text über das Glück‹.

#

Habe versucht, Sarah anzurufen, aber sie war nicht zu erreichen. Es ist davon auszugehen, dass es ihr erheblich schlechter geht als mir. Bzw. könnte der Zustand, den ich heute durchleide, ihre Normalität sein. Letztes Jahr sagte sie mal, dass sie sich von Stunde zu Stunde schleppen würde und dass sie ständig versuche, Leute zu treffen, weil es ihr unter Leuten leichter falle, sich zusammenzureißen und nicht ständig zu heulen. So schlecht geht es mir selbstverständlich nicht. Ich glaube, ich könnte gar nicht so hoch wegrauschen, um so tief zu fallen. Für Glücksmenschen wie uns ist es biographisch sinnvoll, die von chemischen Drogen induzierten Downs kennenzulernen, findest du nicht? Sie machen uns wenigstens ansatzweise erfahrbar, wie sich ein klinischer Serotoninmangel anfühlen könnte. Ein Down ermöglicht Empathie und Solidarität (beachte: Ich nutze das Wort jetzt auch abseits des Rauschs). Ich werde Sarah gleich noch mal schreiben. Und dann wird sie antworten und sagen, dass alles okay ist. Und morgen werde ich wach und glücklich sein.

#

Wie geht es dir? Wann wirst du den Crush deines Vaters kennenlernen?

Kuss!

ABSENDER: Jerome Daimler

BETREFF: RE: --- **10.04.2018, 21:10 Uhr**

Hat Sarah sich gemeldet? Zu große Sorgen solltest du dir nicht machen, finde ich. Ich denke, dass sie um genügend Notfallstrategien weiß, falls ihre Lage wirklich eskalieren sollte.

Gibt es bei euch in der Familie eigentlich eine Disposition zu klinischer Düsternis? Ich weiß, du magst solche Fragen nicht, ich auch nicht, und trotzdem käme ich mir unaufrichtig vor, wenn ich dich das nicht fragen würde.

Ich fühle mich, was das Erbmaterial angeht, relativ gut geschützt. Meinen Eltern zufolge hatte meine Großmutter väterlicherseits depressive Züge, meine Eltern sprachen von Phasen, und die fielen fast immer in den August. Das wiederum kann ich gut verstehen. Den späten Hochsommer finde ich auch bedrückend. Könnte sein, dass ich dann deine Unterstützung brauche. Vielleicht müssen wir dann in den Urlaub fahren 😉

Meine Großmutter lebte in einer ziemlich dunklen Zweizimmerwohnung in Ffm-Eschersheim. Ich glaube, ich war nur ein einziges Mal bei ihr, als es ihr psychisch schlecht ging. Ich war in diesem Alter, in dem man die Erwachsenen auf die fieseste Weise nachahmt, ungefähr zwölf. Ich habe meiner Großmutter erzählt, dass am kommenden Wochenende der Disneyclub ausfällt, und normalerweise gab sie immer vor, dass sie alles interessiert, was ich sage, aber weil sie depressiv war, hat sie in diesem Moment anders reagiert: »Warum erzählst du mir das? Warum soll mich das interessieren?« Das war ein krasser Schock damals. Als es ihr besser ging, war sie wieder nett. So richtig lang dauerten ihre Phasen nie. Spätestens im Oktober war sie meistens wieder stabil und lud mich zum Essen ein. Die Depressionen, von denen ich aus Berlin ständig höre, scheinen hartnäckiger zu sein als die von den Weltkriegsüberlebenden.

Mein Dad hat vorläufig noch kein Meeting mit Bettina angeboten. Vielleicht sollte ich darauf drängen und vorschlagen, dass du mitkommst. Double-Date. LAUGHING OUT LOUD! Findest du es eigentlich bedenklich, dass ich so ein zutiefst gutes Verhältnis zu meinen Eltern habe?

Beim Verhältnis zu meinem Dad könnte man schon fast von einer Bromance sprechen 😂 Und meine Mutter erzählt mir am Telefon in letzter Zeit auch erstaunlich viele private Sachen. Ich frage mich, seit wann das alles so unbehaglich gut läuft. Mit fünfundzwanzig war es schon mal so ähnlich. Bevor ich mit Ende zwanzig noch mal mehr auf Distanz gegangen bin und vor mir selbst Partyrebellion mit Koks und E gemacht hab. Aber seit meine Eltern beide nicht mehr arbeiten müssen, ist das Verhältnis sauber und gut. Keinerlei Abnabelungskämpfe mehr = Gespräche auf Augenhöhe = Senioren unter sich! ROLLING ON THE FLOOR LAUGHING.

In gut zwei Wochen wirst du dreißig. Bist auch du bereit für ein stabiler werdendes Band zwischen dir und deinen Eltern?

Damn – ich würde jetzt sehr, sehr gerne mit dir rummachen. J.

ABSENDER: Tanja Arnheim
BETREFF: Freitag, der 13. **11.04.2018, 11:21 Uhr**

Sarah meint, dass es ihr diese Woche erstaunlich gut geht. Sie schreibt: ›Hail to the Wechselwirkung!‹

#

Familiäre Disposition … Let's not talk about it! Will mich darüber gar nicht erst informieren.

#

Ich habe in den letzten zwei Jahren mehr darüber nachgedacht, wie es sein würde, dreißig zu werden, als jetzt. Es fühlt sich zu Ende gedacht an. Die Antwort ist die gleiche

wie vor jedem anderen Geburtstag. Es wird darum gehen, das neue Alter zu ästhetisieren. Und mit dreißig geht es vielleicht sogar darum, eine ganze Dekade zu ästhetisieren. Das ist durchaus attraktiv. Stell dir vor, vor dir liegen deine Dreißiger und du weißt, dass du keine Kinder willst. What a playground!
#
An welchem Tag kommst du genau? Miss you!

ABSENDER: Jerome Daimler
BETREFF: 27. April! **11.04.2018, 11:38 Uhr**

ABSENDER: Tanja Arnheim
BETREFF: RE: 27. April! **11.04.2018, 11:40 Uhr**

Sehr gut.

ABSENDER: Jerome Daimler
BETREFF: RE: 27. April! **11.04.2018, 11:46 Uhr**

Die Freundin meines Vaters heißt Beate. Nicht Bettina. Hatte mich da gestern vertippt.
KissKISS!

5

Während des leicht verspäteten Landeanflugs auf Wien blickte Tanja auf die Häuser der Stadt. Sie hatte längst entschieden, sich nicht für Wien zu begeistern. Der Rede von einer *ästhetischen Achse* zwischen Berlin und Wien, die seit circa 2015 die Runde machte, wollte sie sich keinesfalls anschließen. Zu Amelie hatte sie einmal gesagt: »*Keine europäische Großstadt sollte ihre Selbstgefälligkeit mit der Selbstgefälligkeit einer zweiten europäischen Großstadt multiplizieren.*« Als die Reifen der EasyJet-Maschine auf österreichischem Grund aufsetzten, war Tanja dennoch positiv gestimmt. Man musste eine Stadt ja nicht lieben, um eine gute Zeit in ihr zu haben. Hatte sie Berlin jemals geliebt? Der Flug war trotz leichter Verspätung gut gewesen, viel besser als alle Ryanair-Flüge, die Tanja jemals erlebt hatte. Sie hatte beim freundlichen Bordpersonal einen Wrap mit Hähnchen und eine Coke Zero bestellt – beides hatte ihr gut geschmeckt.

Aufgrund der Verspätung finanzierte ihr das Literaturhaus Wien eine Taxifahrt direkt zum Veranstaltungsort, und so saß Tanja keine neunzig Minuten nach ihrer Landung bereits im gelben Scheinwerferlicht vor einem Bücherregal und blickte auf ein brandneues Taschenbuch von *PanoptikumNeu.* Ihr war oft unangenehm aufgefallen, dass die meisten Autorinnen und Autoren stets aus ihren uralten Hardcoverausgaben vorlasen, in denen teilweise – und das war das Unerträglichste – auch noch Post-it-Zettel die liebsten Vorlesestellen markierten. Autorinnen und Autoren, die wie pedantische Streberinnen und Streber wirkten, das war die Norm. Doch die Gegenbewegung – Schreibende, die von ihren Smartphones lasen – fand Tanja ebenso pathetisch. Die beste Option schien ihr das unversehrte Taschenbuch zu sein, für jede dritte Lesung ein neues.

Im Publikum versammelten sich Studierende aus mutmaßlich geisteswissenschaftlichen Fakultäten sowie Seniorinnen und Senioren aus mutmaßlich gehobenen Einkommensverhältnissen. Tanja fühlte sich von diesem Publikum einerseits an ihre eigenen Eltern und andererseits an die Frühphase ihres Studiums erinnert, als es ein Anliegen vieler Kommilitoninnen gewesen war, erwachsen und seriös zu wirken. Zwar war niemand anwesend, der heute noch zu ihrem Freundeskreis hätte zählen können, dennoch musste sie akzeptieren, dass diese Zuhörenden letztlich sehr gut zu ihr passten. Tanja erzählte, wie sich das Buch für sie selbst durch die Wahrnehmung der Öffentlichkeit schon mehrfach verändert und dass sie an den Schreibprozess nur noch vage Erinnerungen habe. *»Keine Ahnung, wie sich das angefühlt hat, Kapitel 5 zu schreiben, das ich jetzt vorlesen werde.«* Sie wisse nicht einmal mehr, wo sie es geschrieben habe. Nach einem kurzen Schweigen fügte sie an: *»Ich glaube, ich war in Kiel.«* Es gab keine Moderation seitens des Literaturhauses,

Tanja musste alleine durch den Abend führen und fühlte sich wider Erwarten okay damit. Das Vorlesen machte ihr Spaß, weil das Mikrophon gut eingestellt war und weil sie Kapitel 5 nicht schon nahezu auswendig kannte wie zum Beispiel Kapitel 1. Im Anschluss an 5 las Tanja die Hälfte von 6 und danach erzählte sie von der Webserienadaption und wies darauf hin, dass sich diese auf Vimeo finden lasse. Die Menschen im Publikum verhielten sich ruhig. Es war eine Ruhe der Aufmerksamkeit, vermutete Tanja, und weil sie sich wohl fühlte und spontan Lust darauf hatte, las sie zum Abschluss das komplette 14. Kapitel. In diesem sitzt Liam als halb gebrochener junger Mann sprachlos im Wohnzimmer seiner Eltern, die offenbar nichts von seinen Erlebnissen in der VR ahnen und seine Niedergeschlagenheit nicht zu deuten wissen. Seine Eltern verhalten sich so, als wäre alles okay, woraufhin auch Liam zu dem Schluss kommt, dass letztlich alles okay ist.

Tanja hielt die vorgesehenen sechzig Minuten Vortragszeit exakt ein, am Ende gab es warmen Applaus. Nur zwei junge Frauen – vermutlich Studentinnen, die eines Tages selbst Autorinnen werden wollten – hatten die Lesung vorzeitig verlassen. Tanja musste neun Bücher signieren und fünf Fragen beantworten. Zwei Fragen bezogen sich auf die Wahrhaftigkeit ihrer Figuren – kannte sie tatsächlich junge Männer, die sich so verhielten wie die Helden ihrer Prosa –, ein älterer Herr wollte wissen, ob sie sich auch schon an Theaterstücken versucht habe, und eine ältere Dame, die sich Sorgen um Tanja zu machen schien, fragte, ob Tanja manchmal auch Geschichten schreibe, in denen sie *einfach ganz unmittelbar* das sage, was sie *auch wirklich* denke. Die ältere Dame machte Tanja aggressiv. Sie antwortete dennoch wahrheitsgemäß: *»Ich schreibe eigentlich immer das, was ich denke.«*

In einem Interview mit dem Wiener Radiosender FM4 hatte Tanja wenige Tage vor ihrer Lesung behauptet, dass sie sich zunehmend vor heterosexuellen Paaren ekele. Das Verb *ekeln* hatte sie dabei bewusst gewählt, in dem Wissen, dass es eigentlich viel zu hart war. Echten Ekel empfand sie nämlich nicht, wenn sie Dinge sah, die als normal galten – dafür war ihre Kindheit viel zu glücklich gewesen. Dennoch hatte sie ihre helle Freude daran, im Radio auszusprechen, dass von zufriedenen Hetero-Paaren kein Fortschritt ausgehen könne. *»Eine Vielzahl von Staaten unterstützt langfristige Lebensgemeinschaften zwischen Mann und Frau – was soll das?«* Im selben Interview hatte sie zugleich nicht verheimlicht, dass sie selbst schon mit mehreren Männern recht klassisch liiert gewesen war. *»Faktisch lebe ich Dinge aus, die ich ideell ablehne. Ich glaube, das ist normal. Man muss in der Lage bleiben, derartige Widersprüche zu genießen.«* Der Interviewer ließ die meisten ihrer Aussagen unkommentiert stehen, er hakte nie nach, es war, als interessierte ihn gar nicht, was Tanja sagte. Nach ihrer Lesung wollte nun ein jüngerer Typ eine Unterschrift in seine *Panoptikum-Neu*-Taschenbuchausgabe und sagte dabei mit fast aufdringlichem Wiener Akzent: *»Ich ekele mich auch vor meiner Beziehung. Gestern habe ich mit meiner Freundin Arm in Arm ferngesehen. Eigentlich wollte ich das vermeiden, aber ich kam nicht dagegen an, es war, als müssten wir es tun.«* Tanja lächelte. Der Typ sah sympathisch aus. Er fügte an: *»Außerdem ist sie* *schwanger. Und seit deinem Interview schäme ich mich dafür, dass mich das glücklich gemacht hat.*« Das Lächeln, das er zuvor noch aufgesetzt hatte, war jetzt verschwunden. Tanja unterschrieb seine Ausgabe von *PanoptikumNeu* mit dem Wort *Pardon*, darunter ihre Unterschrift in Druckbuchstaben. Als der Typ sich schon wieder umgedreht hatte, sagte sie noch: »*Nimm nicht alles so ernst, was ich sage.*«

In ihrer bisherigen Arbeit als Autorin hatte Tanja versucht, ihr persönliches Sentiment zum Thema Liebe außen vor zu lassen. Ihr Ziel war es, die Erwartungen einer breiten Leserschaft, die von einer fotogenen Frau u-dreißig doch am ehesten offenherzige Geständnisse über Liebe und Sex lesen wollte, zu unterlaufen. Dass ihr Roman über schwule Männer unter VR-Brillen dennoch als *sexy* wahrgenommen wurde, begrüßte sie. Privat hatte Tanja sich die Frage, wie es mit Timo/Lars/Ernesto/Max laufe, oft verboten – keinesfalls wollte sie wie eine Person wirken, die ständig von ihren Liaisons erzählte. Anregender als die Nähe zu ihren Partnern war – das musste sich Tanja eingestehen – die Erleichterung gewesen, die jeweils auf einen kurzen Trennungsschmerz gefolgt war. Nach dem Abschied von Max im Oktober 2016 hatte sie sich wie neugeboren gefühlt, so als wäre sie wieder ganz bei sich, bereit, ihr Leben als autarke Autorinnenfigur vollends zu umarmen. Eines Sonntagnachmittags sagte Amelie dann – sie war auch gerade Single und leicht high –, dass Tanja sehr wahrscheinlich einfach die Motivation fehle, sich ernsthaft mit jemandem auseinanderzusetzen, der sich von ihr unterschied. Amelie wollte nicht behaupten, dass Tanja unfähig sei zu lieben, es gelte für sie lediglich, eine Person zu finden, die ihr maximal ähnelte und die zugleich wenig von ihr verlangte. Tanja nahm diese Aussage Amelies zu 0,0 % als Beleidigung wahr, sondern war überzeugt, dass Amelie recht hatte. Ähnlichkeit war dann ja auch ein wichtiger Faktor gewesen, als sie im September 2017 an der Seite Jeromes die Terminus Klause verließ und sie mit einem Taxi ins Hotel Fleming's fuhren. Mittlerweile ging Jerome in Tanjas Augen als ihr etwas älteres männliches Pendant durch.

Die Leitung des Literaturhauses lud Tanja in ein traditionelles Wiener Lokal ein, in dem unprätentiöse Holztische standen, man Weißwein aus kleinen Wassergläsern trank und die Schnitzel fantastisch waren. Hätte Tanja die Einladung ausschlagen sollen, um alleine durch Wien zu spazieren? Sie fand, dass die Leitung des Wiener Literaturhauses wirklich sympathisch war, und während des Essens war Tanja froh darüber, dass sie es vermeiden konnte, über andere Werke der Gegenwartsliteratur zu sprechen. Als das Gespräch einmal drohte, in diese Richtung zu kippen, begann sie von neueren Filmen zu erzählen, sie äußerte ihre Kritik an *Call Me by Your Name*, den aus der Runde aber niemand gesehen hatte, und empfahl *Good Time* mit Robert Pattinson. Als das Gespräch zu versanden drohte, berichtete sie von ihrer neuen Leidenschaft für Badminton-Content auf YouTube. Die vogelgleichen Bewegungen der Superstars aus Asien und Dänemark hätten eine enorm beruhigende Wirkung auf sie. Tanja erwähnte das Malaysia-Masters-Finale zwischen Viktor Axelsen und Kenta Nishimoto sowie Highlight-Reels von Lee Chong

Wei. Beatrix, die Leiterin des Literaturhauses, stellte Fragen zu Tanjas Social-Media-Gewohnheiten, wahrscheinlich weil Tanja auch während des Essens ab und zu auf ihr Handy blickte. Beatrix sagte, sie sei auf Twitter, leide teils unter der Grundaggressivität des Mediums, könne sich aber auch nicht vollends davon lösen. Tanja erzählte, was sie auf diese Frage hin immer erzählte, nämlich, dass sie das Snapchat von 2015 vermisse, die Story-Funktion sei damals neu und aufregend gewesen, mittlerweile hätten sich in ihrem Umfeld aber alle auf Instagram geeinigt. Twitter habe sie nach einer kurzen Episode wieder verlassen, weil sie das Gefühl hatte, dass das Nachdenken über möglicherweise beliebte Tweets zu viel Zeit vom Nachdenken über längere Texte abzog. Diesen Punkt fanden alle interessant. *»Sollen wir noch Wein nachbestellen?«*, fragte Beatrix in die Runde. Die meisten am Tisch waren dafür. Tanja hatte mehr Lust auf ein Dessert und bestellte Apfelpfannkuchen, die hier Palatschinken genannt wurden.

Für den Heimweg verzichtete Tanja auf ein Taxi und ging zu Fuß durch die ruhige Wiener Innenstadt zu ihrem Hotel. Erst jetzt merkte sie, wie erschöpfend der Abend gewesen war. Tanja hatte den Eindruck, dass man in Wien sicher entspannter wohnte als in Berlin, wusste aber, dass sie an Orten, die man als entspannt empfinden konnte, öfter nachdenklich und unglücklich wurde. Jerome hatte sich den ganzen Tag nicht gemeldet. Unmittelbar vor gemeinsamen Wochenenden fuhren sie ihren Austausch an Kurznachrichten oft zurück, wahrscheinlich, um halb bewusst neue Spannung aufzubauen, oder auch, um sich von den vielen Kurznachrichten zu erholen, die sie schrieben, wenn sie sich eine Weile nicht sehen konnten. Tanja hatte vor Ostern definiert, dass ihre Fernbeziehung zyklisch in drei Phasen verlief: erstens im Ausleben physischer Nähe während der gegenseitigen Besuche. Zweitens im intensiven Dialog aus der Ferne. Und drittens in der gespannten Erwartung der neuerlich anberaumten Nähe. Jede dieser Phasen hatte ihre Berechtigung, und solange sich Tanja voll auf alle drei Situationen einlassen konnte, würde sie mit Jerome glücklich bleiben. Trotzdem hätte sie sich heute über eine Nachricht gefreut.

Das Hotelzimmer erfüllte einen soliden Standard, dreieinhalb bis vier Sterne, Tanja schätzte die sterile Behaglichkeit des Raums. Das Literaturhaus Wien versuchte sympathischerweise nicht, durch eine besonders charmante Hotelwahl zu punkten. Noch matt vom langen Abend hatte Tanja Lust, sich TV-Nachrichten anzusehen. Sie stapelte einige der vielen Kissen zu einer Sitzstütze und warf sich die irrsinnig voluminöse Decke über die Beine. Wahrscheinlich, dachte Tanja, hatte das Fernsehen aufgehört, ihr ein Gefühl von Heimat und Normalität zu vermitteln, seit sie wiederholt öffentlich erzählt hatte, dass ihr gelegentliches TV-Schauen in Hotelzimmern oder bei ihren Eltern ein Gefühl von Heimat und Normalität vermittelte. Tanja schaltete nach den ARD-Tagesthemen langsam von Programm zu Programm und wünschte sich einen Spielfilm aus den Neunzigern oder frühen Zweitausendern herbei, der bestenfalls schon angefangen haben sollte. Die Fernsehwerbung überraschte sie positiv. Auf die meisten Nahrungsmittel, die präsentiert wurden, bekam Tanja tatsächlich Appetit, obwohl sie heute Abend ja wirklich genug gegessen hatte. Zwischendurch griff sie nach ihrem Handy und entdeckte eine vierminütige Sprachnachricht von Amelie. Amelie beherrschte die Form der Sprachnachricht beneidenswert gut. Tanja blickte auf die nun stumm geschaltete TV-Werbung und lauschte Amelies angenehm klingender Stimme wie einem Podcast. *»Ich glaube, ich will mich bei dir entschuldigen«*, sagte Amelie. Sie habe ihre Krise wegen Janis deutlich zu hoch gehängt und Tanja da unnötig mit reingezogen. Er sei einfach gut im Bett, und die Information, dass er auch auf Tanja stehe, habe Amelie inmitten ihres Eisprungs erwischt, als sie gerade *unausgelastet horny* und *bedürftig nach seiner Nähe* gewesen sei. Aber eigentlich könne sie, Amelie, ihm, Janis, ja nicht vorwerfen, dass er auch auf andere Frauen stehe, sie selbst stehe ja auch auf verschiedene Männer, und es sei zuletzt ja auch mit anderen Typen ziemlich schön gewesen. *»Wir sollten wirklich lernen, damit sinnvoll umzugehen«*, sagte Amelie kurz vor dem Ende ihrer Nachricht, so als wäre dieses Thema auch Tanjas Thema, obwohl sie fest mit Jerome liiert war. Am Ende fragte Amelie: *»How is Wien? War die Lesung cool?«* Tanja tippte umgehend eine längere Nachricht, in der sie auch den gekränkten jungen Wiener erwähnte.

Später lag sie noch lange wach. Etwas an Amelies Nachricht – die sich mittlerweile von selbst gelöscht hatte, da Tanja nur ungern auf *behalten* drückte – hatte sie verstimmt. Amelies Gerede von *Eisprüngen* und daraus folgender *Hornyness* störte sie nicht zum ersten Mal. Tanja hielt diesen biologistischen Blick nicht für zielführend. Zwar kannte auch Tanja das Gefühl, mal mehr und mal weniger Lust zu haben, aber sie wehrte sich dagegen, dies in einen definitiven Zusammenhang mit ihrem Zyklus zu setzen. Ebenso nervte sie das offensive Thematisieren guter und schlechter Liebhaber. Tanja war der festen Überzeugung, dass die Qualität von Sex zu 85 % von der Spannung zwischen den Beteiligten abhing und nur zu 15 % von den Skills der Liebhaber. Dass Amelie in den letzten zwei Jahren immer häufiger das Gespräch über diese Themen suchte, mochte damit zusammenhängen, dass es Mode war, sich über Intimitäten auszutauschen, da ja auch das intime Leben eine politische Dimension hatte usw. Zudem gab es viele Hinweise darauf, dass Amelies Eltern ihr nie genug Aufmerksamkeit geschenkt hatten, sodass Amelie nun, da sie Anfang dreißig war, die Aufmerksamkeit häufig wechselnder Partner benötigte, mit denen sie den Sex nachholte, den sie mit Anfang zwanzig verpasst hatte. Tanja hatte seit ihrem siebzehnten Lebensjahr im Schnitt alle drei bis vier Wochen Sex, manchmal kam es zu längeren Pausen von bis zu einem halben Jahr, dann wieder zu intensiven Affären oder Beziehungen, die sie immer zu genießen wusste, wenn auch nur für einen bestimmten Zeitraum. Fair wäre gewesen, einfach zu tolerieren, dass andere Menschen andere Bedürfnisse hatten, Tanja hingegen unterstellte denjenigen, die verglichen mit ihr entweder mehr Lust hatten oder deutlich gehemmter waren, ein tiefer liegendes Problem. Als wäre sie, Tanja Arnheim, die einzig emotional gesunde Person auf der Welt. Das Licht im Hotelzimmer hatte sie längst gelöscht, doch ihre Augen waren offen. *Ich bin schon ein Arschloch*, dachte sie und musste beinahe lachen. Mit dieser Einsicht wiederum sah sie sich auf dem richtigen Weg.

6

Sein Sparticket nach Berlin konnte Jerome zur Kontrolle auf dem Handy vorzeigen. Dass er nur einen kleinen Handgepäcktrolley dabeihatte, berauschte ihn regelrecht: vier leichte Shirts, seinen Laptop, Laufschuhe, zwei Hosen, eine dünne Jacke, Kopfhörer, frisches Ketamin, eine Zahnbürste, eine Musikzeitschrift für die Reise. Jerome hatte ein wirklich gutes Verhältnis zur Deutschen Bahn. Seit seinem einundzwanzigsten Geburtstag hatte er überdurchschnittlich viele Zugreisen unternommen und diese fast nie bereut. Die vergangenen vierzehn Jahre hatten ihm deutlich besser gefallen als seine Kindheit und Jugend. Jerome fand es merkwürdig, dass sich so viele Menschen nach ihrer Vergangenheit zurücksehnten. Auf der Höhe von Fulda dachte er, dass in der Erwachsenenwelt offenbar ein ideelles Vakuum herrschte. Die meisten Passagiere im ICE 598 schienen mit etwas Ernsthaftem befasst. Einige schauten Filme, andere hatten bedrucktes Papier vor sich, wenige versuchten zu schlafen. Vielleicht war Jerome tatsächlich der Einzige, der einfach nur dasaß und positiv gestimmt nachdachte. Er hob sein Handy, um sich in der Kamera zu spiegeln. Er sah blass und unausgeschlafen aus. Bezogen auf seine äußere Persönlichkeit mussten die anderen Passagiere annehmen, dass er bedrückt war, dabei hatte er doch jetzt gerade – im ICE bei Sonnenschein über Eisenach in Richtung Berlin reisend – die allerbeste Laune. Es war wenig zulässig, anderen Unglück zu unterstellen. Jerome kaufte einen Kaffee beim Kaffeeverkäufer.

Dass Tanja am Südkreuz auf ihn wartete, war nicht verabredet. Jerome spürte ein Tippen auf seiner Schulter, und als er sich umdrehte, sah er niemanden, da Tanja an seiner anderen Schulter vorbeigegangen war, sodass sich Jerome noch weiter um die eigene Achse drehen musste, um Tanja zu sehen. Im allerersten Affekt fühlte er sich davon leicht genervt, doch als Tanja ihn zu sich zog und lange mit geschlossenem Mund küsste, dachte er, dass die Sache mit dem Antippen eigentlich extrem charmant gewesen war. In der Ringbahn zur Station Hermannstraße erzählte Tanja, dass sie für ihren Geburtstag einen Tisch im Diener Tattersall in Charlottenburg reserviert habe, aber den vielleicht noch canceln wolle, falls das Wetter so warm bliebe wie jetzt. Tanja trug Shorts. Drei Tage später sollte sie dreißig werden.

Der erste Sex, der bald nach dem Betreten von Tanjas Wohnung stattfand, im grellen Nachmittagssonnenlicht, das um diese Zeit direkt auf Tanjas sandfarben bezogenes Bett fiel, hatte etwas Formelles. Jerome spürte, dass sie sich erst wieder einige Stunden aneinander gewöhnen mussten, und fragte sich, ob sie eigentlich jemals komplett nüchtern wirklich guten Sex gehabt hatten. Er beantwortete sich die Frage in Gedanken mit: *Doch, eigentlich schon oft.*

Im Anschluss kochte Tanja grünen Tee. Das gemeinsame Ritual bestand darin, innerhalb von dreißig Minuten genau drei Aufgüsse zu trinken und währenddessen schweigend auf dem Balkon zu sitzen. Diese Variante einer Teezeremonie hatte Tanja im vergangenen November vorgeschlagen, während der fünf schönen Tage von Jeromes erstem Besuch. Eigentlich redeten sie ja beide schrecklich gern, und Jerome war überzeugt, dass die Fähigkeit, miteinander quasi endlos sprechen zu können, noch vor jeder körperlichen Anziehung die Grundlage für ihr Zusammensein bildete. Mithilfe der Teezeremonie hatten sie sich bewiesen, dass sie auch gemeinsam schweigen konnten. Auf Tanjas schmalem Balkon blickte Jerome Tanja oft in die Augen, während diese an ihrem hellgrauen chinesischen Teebecher nippte. Tanjas Wasserkocher sah wertvoll und futuristisch aus, mit einem leuchtenden Reif am Unterboden. Für grünen Tee erhitzte sie das kalkige Berliner Leitungswasser auf nur 70 Grad. Jerome und Tanja tranken in einem sehr ähnlichen Tempo. Tanja hatte einmal positiv hervorgehoben, dass Jerome nicht rauchte. Mit ihrem Exfreund Max habe sie ebenfalls oft auf dem Balkon gesessen, aber diese Momente seien untrennbar mit Max' Zigarettenkonsum verknüpft gewesen, und manchmal habe Tanja seinen blauen Pueblo-Tabak sogar mitgeraucht. Als Paar nach dem Sex auf dem Balkon zu sitzen und schweigend grünen Tee zu trinken, war einfach schöner, als zu rauchen, dachte Jerome. Er musste schmunzeln, was Tanja sofort bemerkte, sodass auch sie zu lächeln begann. Tanja drohte fast in Gelächter auszubrechen, riss sich dann aber zusammen, um die Regeln der Teezeremonie nicht zu verletzen. Jerome dachte, dass er eines Tages wehmütig an diesen Moment zurückdenken würde, und als dieser Gedanke auch noch während der dritten Tasse Tee präsent war, war er nicht mehr sicher, ob ihn nicht schon jetzt ein wehmütiges Gefühl eingeholt hatte. Eine allgemeine Traurigkeit über das Verstreichen der Zeit mischte sich mit einer warmen Euphorie, die sich vom Magen her hinauf in seinen Brustkorb ausbreitete. *»Vorauseilende Wehmut«*, sagte er plötzlich, Tanja blickte ihn an – die Wendung stammte aus *PanoptikumNeu* –, sie nickte und sagte: *»Genau.«*

Jeromes fünftägiger Berlinaufenthalt hatte folgende Struktur: ein Abend mit chinesischem Essen und einem Film auf Tanjas Beamer, einmal Ausgehen, ein Abend im Kino Neues Off, ein Abend, an dem man Tanjas dreißigsten Geburtstag feierte, und ein Abend, an dem man die Feierlichkeiten zum Ersten Mai offiziell ignorierte. Für tagsüber wollte sich Jerome nicht zu viel vornehmen. Sehr früh in ihrer Beziehung hatte er erleichtert festgestellt, dass Tanja ein ebenso starkes Bedürfnis wie er danach hatte, sich regelmäßig schweigend an ihren Laptop zurückzuziehen. Tanja fand Einkehr im Tippen von Sätzen, Jerome im Tippen von Codes. Jerome war klar, dass es ihm und Tanja dabei gar nicht wirklich um Arbeit ging, sondern darum, sich ruhig und sicher zu fühlen. Wichtig war, entspannt vor dem eigenen Screen zu sitzen, lose fokussiert, mit den Händen auf der Tastatur. Jerome und Tanja hatten sich darauf geeinigt, gegen diesen Drang nicht etwa anzugehen, sondern ihn bei ihren Planungen stets mit zu berücksichtigen.

In der U7 auf dem Weg zum Chinalokal DaJiaLe fragte Jerome, ob Tanja schon einen Textauszug an ihre Agentin Ellie Reinert geschickt habe, und als Tanja, ohne eine Sekunde zu zögern, mit *»nein«* antwortete, bereute Jerome seine Frage. Er kannte Tanja gut genug, sie litt sehr darunter, wenn sie selbst gesetzte Arbeitsziele nicht einhalten konnte. Ellie Reinert war zudem ein beinahe heikles Thema. Die U7 passierte den Mehringdamm, dann die Möckernbrücke, und Tanja schwieg. Erst als die beiden an der Yorckstraße ausstiegen, erklärte sie: *»Bis Ende Juni baue ich einen Auszug zusammen. Ellie meinte, das sei kein Problem.«* Jerome sagte: *»Ist doch cool«*, und spürte dabei, dass Tanja spürte, dass er nicht das sagte, was er wirklich dachte.

Tanja pflegte seit mittlerweile sechs Jahren einen engen beruflichen und nahezu freundschaftlichen Kontakt zu Ellie, die sich als moderne Agentin definierte, die Autor*innen nicht als Menschen mit Schreibzwang betrachtete, sondern als Künstler*innen, die Geschichten mithilfe vieler verschiedener Medien erzählten. Jerome hatte sie am Abend vor Silvester kennengelernt und glaubte seither, dass diese kinderlose zweiundvierzigjährige Frau nicht etwa aus Kalkül und Angst gut vernetzt war, wie mutmaßlich die meisten Menschen in Agenturen, sondern weil sie sich tatsächlich für Geschichten interessierte. Während des gemeinsamen Dinners hatte Ellie einige Details aus ihrem Privatleben erzählt und im Anschluss persönliche Fragen gestellt. Jerome hatte sich gerne darauf eingelassen. Tanja schien in der Folge tatsächlich etwas eifersüchtig auf ihre Agentin zu sein. *»Lustig, wie sie dich um den Finger gewickelt hat«*, sagte sie nach dem Abendessen. Jerome habe in Ellies Beisein Dinge erzählt, die Tanja noch gar nicht gewusst habe, so, als würde Ellie Reinert die interessanteren Fragen stellen oder als bestünde eine Art Wahrhaftigkeitszwang in ihrer Gegenwart. Zwei Tage später zitierte Tanja aus einer E-Mail ihrer Agentin: Sie freue sich sehr für Tanja, es fühle sich an, als ginge von Jerome und ihr ein Strahlen aus, aber nicht etwa dieses exkludierende, zerstörerische Strahlen, das von schwachen Paaren ausgehe, sondern ein Strahlen, das anderen ein gutes Gefühl gebe. Tanja hatte Jerome erklärt, dass dies die sonderbarste E-Mail gewesen sei, die sie je von Ellie Reinert erhalten habe.

Bei DaJiaLe gab es neben authentischen Szechuan-Speisen auch mehrere Starkbiersorten. Jerome fand, dass Bier gut zu chinesischem Essen passte, wenngleich er nur selten Bier trank. Tanja lobte das Interieur des Lokals. Die Wände waren blass mintgrün gestrichen, und an der Decke hing ein Kronleuchter, dessen Material billig erschien. Tanja behauptete, in diesem Interieur eine Art kommunistische Nostalgie zu empfinden, sozusagen stellvertretend, und das Essen war wirklich gut. Sie bestellten absichtlich zu viel – Gurkensalat, Auberginen, Rindfleisch mit Kreuzkümmel, zudem ein sehr scharfes Hühnchengericht mit Chilis und Erdnüssen – und spätestens mit dem zweiten Bier zerstreute sich die Anspannung der vorangegangenen U7-Fahrt. Vielleicht war es gar nicht notwendig, dass sie ihre Probleme ständig besprachen, dachte Jerome, vielleicht half es bereits, gemeinsam dazusitzen und viel zu essen.

»Hast du Lust, Badminton zu spielen?«, fragte Tanja am Samstagvormittag, als Jerome gerade vom Duschen aus dem Badezimmer kam. Er hatte sich ein blaues Handtuch um die Hüfte gebunden.

»Gegen dich? Ich habe das ewig nicht gespielt.«

»Wir könnten Doppel spielen. Mit Rosa und Max.«

»Dein Exfreund?«

»Nein, ein anderer Max. So ein Übersetzer. Der ist lustig. Und er spielt auch nicht gut.«

»Aber ich habe halt keine Hallenschuhe.«

Tanja hatte ein leidenschaftliches Verhältnis zum Decathlon-Store am Alexanderplatz entwickelt. Sie postete so regelmäßig Instastories von dort, dass man hätte glauben können, die Autorin von *PanoptikumNeu* habe einen Werbevertrag mit dem Sportgroßmarkt abgeschlossen. Vermutlich gefiel Tanja die Idee, dass einige ihrer dreieinhalbtausend Follower annehmen mochten, sie werde von Decathlon gesponsert. So wie man bei seinem ersten New-York-Besuch das Gefühl bekam, durch ein wohlvertrautes Filmset zu spazieren, so überkam Jerome im Decathlon-Store das Gefühl, er liefe durch die Instastory seiner Freundin. Auf dem Weg in die Badmintonabteilung erzählte Tanja, dass sie mittlerweile Sportsgear von insgesamt vier Decathlon-Eigenmarken besaß – sie hatte Oberteile von Kalenji, Shorts von Domyos, Wanderschuhe von Quechua und Hallenschuhe von Artengo.

»Ich finde diese hier ja ziemlich gut«, sagte sie und verwies auf einen klobigen Herrenschuh, der knapp 80 € kosten sollte. Jerome nahm den lila-blauen Schuh in die Hand und

betrachtete ihn. Er konnte nachvollziehen, warum er Tanja gefiel, er erinnerte zu gleichen Teilen an einen Geländewagen wie an ein Raumschiff und sah extrem teuren chunky Fashion-Schuhen der letzten Jahre nicht unähnlich. Jerome fand das Modell etwas schwer. *»Ich bin nicht sicher, ob ich wirklich Hallenschuhe brauche.«*

»Dann kannst du dir nachher vielleicht welche von den Squashern ausleihen.« Tanja hatte schon mal erwähnt, dass es bei TiB neben dem Volkspark Hasenheide gar keine Squash-Plätze gab, doch um Jerome begreiflich zu machen, worauf er sich einließ, wenn er sich Sportschuhe auslieh, war das Wort *Squasher* deutlich besser geeignet als *Tennis-* oder *Badmintonspieler.* Jerome probierte die Schuhe an, dann kaufte er sie. Es war das Modell Shadow Spirit von Babolat.

Beim Spielen bescheinigte Tanja ihm Talent. Rosa und Max waren die optimalen Doppelgegner, da Max in etwa so unbedarft, aber engagiert spielte wie Jerome und Rosa in etwa so YouTube-Tutorial-gebildet wie Tanja. Tanja und Jerome spielten zwei Sätze gemeinsam, ein Satz ging verloren, den zweiten gewannen sie. In einem Doppel Männer gegen Frauen holten Max und Jerome durch bedingungslosen Einsatz immerhin elf Punkte, vier davon resultierten aus Aufschlagfehlern von Tanja.

Nach dem Duschen spazierte die Gruppe in den Volkspark Hasenheide und kaufte sich an einem Kiosk in der Mitte des Parks, der sogenannten Hasenschänke, Radler in braunen Glasflaschen. Jerome fiel auf, dass er Tanjas Haare am liebsten mochte, wenn sie nass waren. Sie hatte sich im

TiB nicht geföhnt, aber die Gefahr, sich zu erkälten, ging nun, da warmer Wind durch den Volkspark wehte, gegen null.

Auf dem Heimweg nickte Tanja einem Jogger und einer Joggerin zu. Der Jogger hieß Marc und hatte die Postproduktion der *PanoptikumNeu*-Webserie betreut, Jerome sei ihm angeblich schon im November begegnet, hatte ihn in Sportkleidung aber nicht wiedererkannt, und die Joggerin sei Leonie gewesen, eine Freundin von Freundinnen. Dass Leonie ziemlich gut aussah und erstaunlich schnell joggte, stand außer Zweifel. Jerome sparte es sich, darauf hinzuweisen, zumal er den Eindruck hatte, dass Tanja sehr genau um die Attraktivität der Frauen in ihrem Freundeskreis wusste. Plötzlich nahm Tanja seine Hand. Ihnen kam ein Mann mit Kinderwagen entgegen, ein drahtiger Typ, der ein helles Hemd mit hochgekrempelten Ärmeln trug. Tanja grüßte ihn im Vorbeigehen, und der Typ grüßte Tanja, musterte dabei aber Jerome.

»Wer war der Daddy?«

»Ich glaube nicht, dass der wirklich Daddy ist«, sagte Tanja, *»eher ausgeliehenes Kind ... Janis heißt der. Der hat Amelie gerade das Herz gebrochen.«*

»Schicke Tätowierung«, spottete Jerome. *»Gibt es noch viele Dreißigjährige in Berlin, die keine Tattoos haben?«*

Er wusste, dass Tanja Tätowierungen ebenso wenig mochte wie er. Sie legte den Arm um seine Hüfte. Jerome erwiderte die Geste.

Am Abend betranken sie sich. Direkt nach einem Reisgericht, das sie gemeinsam gekocht hatten, wollten sie mithilfe von Longdrinks die Resteuphorie verlängern, die der Sport hinterlassen hatte. Zwar hatte sich Amelie, die eigentlich mitmachen sollte, kurzfristig abgemeldet, dafür kamen Ben und Celia vorbei. Zwischen den Getränken wurden kleine Portionen von Jeromes aus Frankfurt importiertem Ketamin von Briefkastenschlüsseln geschnupft. Tanja lobte das Keta, sie sprach von einem *Highfidelity-Gefühl*, und Jerome erklärte, dass es sich um sogenanntes Stäbchen-Ketamin handelte, das eher halluzinogen wirkte und weniger in die Beine ging. Jerome fühlte sich auf eine freundlich-skurrile Weise verschoben, und die anderen waren auch wirklich gut gelaunt jetzt, wobei niemand Ambitionen hatte, in einen Club zu gehen. Also gingen sie einfach high nach draußen und fielen mehr oder weniger wahllos in Bars ein, zuerst ins viel zu hell erleuchtete Brinks, wo unweit des Tresens ein echter Baum stand, danach ins O Tannenbaum, wo kein Baum stand und man es bald zu verraucht fand. Zuletzt besuchten sie auf Celias Vorschlag hin das Laidak, eine Bar am Boddinplatz, die angeblich in einer antideutschen Tradition stand. Für Ben und Celia schien das Thema des Antideutschseins mal eine Rolle gespielt zu haben. Jerome, der der Älteste am Tisch war, wusste wenig bis nichts darüber. Er nahm an, dass Antideutschsein eine Art Antifa war, und die Antifa, das waren diese schwarz gekleideten Kampfsportler, die bei Bedarf Nazis verprügelten. Je weiter die Zehnerjahre voranschritten, desto einverstandener war Jerome damit, dass es eine Antifa gab. Das waren schließlich Menschen, die sich einer halbwegs sinnvollen Aufgabe verschrieben hatten, und solange sie niemanden missionieren wollten, fand Jerome das in Ordnung. Er traute sich zuzugeben, dass er keine Ahnung vom Antideutschsein hatte, und fragte, was das überhaupt sei. Tanja versuchte es zu erklären: »*Man ist gegen den deutschen Staat und pro Israel. Man ist Kommunist, aber nicht Antikapitalist, weil man im Antikapitalismus immer auch Antisemitismus vermutet. Wenn man so will, sind Antideutsche sehr geschichtsfixiert. Sie sind der Meinung, dass es seit dem Zweiten Weltkrieg eigentlich kein Deutschland mehr geben dürfte.*« Als sie ausgeredet hatte, fragte sie die anderen: »*Richtig?*«

Tanja hatte mal erklärt, dass sie sich nur ungern einer politischen Richtung verschreiben wolle, da sie das Gefühl habe, dass ein klares politisches Bekenntnis ihre Fähigkeit, ergebnisoffene Geschichten zu schreiben, zwangsläufig ersticken würde. Nach zahlreichen wohlmeinenden Rezensionen zu ihrem Buch war sie gefragt worden, ob sie nicht dem PEN-Club beitreten wolle. Tanja hatte abgelehnt, was Jerome gut nachvollziehen konnte. Er persönlich spürte schon ein Unbehagen, wenn er seinen Namen neben andere Namen auf Petitionslisten setzen sollte, auch bei Vorschlägen, die er zu 100 % unterstützte. Jetzt fand er es hochinteressant, Celia und Ben bei ihren Ausführungen zum Antideutschsein zuzuhören, zumal nun jener körperliche Fremdheitszustand anbrach, der häufig auf ein Ketamin-High folgte. Jerome schätzte den Zustand, der nie viel länger als zwei Stunden anhielt, wenngleich er ihn niemals als völlig angenehm beschrieben hätte. Celia erklärte, dass aktuell zwei Strömungen in der antideutschen Szene auszumachen seien: Dogmatismus und Pragmatismus. Ben widersprach, viele Antideutsche seien momentan auch einfach durcheinander. Jerome sagte, dass man es vielleicht auch positiv sehen könnte, dass sich in der antideutschen Szene etwas verschiebe. Ben stimmte ihm zu.

Der letzte Sonntag im April brachte Temperaturen von über 25 Grad und einen zehrenden Kater. Jerome fand es fair, dass sich Tanja offenbar genauso schlecht fühlte. Er wusste, dass es nicht am Stäbchen-Ketamin lag, sondern daran, dass das Reisgericht nach dem Sport zu klein gewesen war, um im Anschluss so wahnsinnig viele Getränke zu sich zu nehmen. Glücklicherweise befand sich ein halb volles Päckchen Ibuprofen 400 in Tanjas Badezimmerregal. Tanja ging sich zuerst übergeben und nahm die Tablette danach, Jerome schätzte seine Situation falsch ein, nahm erst die Tablette und übergab sich dann. Als Tanja einen feuchten Lappen auf ihre Stirn legte, sagte sie: *»Der letzte Tag in meinen Zwanzigern.«* Jerome, der längst ahnte, dass sie beide, sobald der Schmerz nachlassen würde, noch einen schönen Abend haben würden, konterte: *»Keine Angst. In den Dreißigern passiert einem sowas nicht mehr.«*

Aus dem geplanten Kinobesuch wurde nichts. Stattdessen führte Tanja Jerome zu einem Imbiss namens Burgerzimmer since 2015, wo sie zwei große Portionen Curley Fries, dänische Hot Dogs und Limonade bestellte. Es war Jerome schon vorher wieder okay gegangen, doch nach dem Essen fühlte er sich nahezu selig. Tanjas Freundin Amelie fragte per Kurznachricht, ob sie gegen zwölf vorbeikommen solle, um anzustoßen, sie habe gute Laune, aber Tanja bat sie, ihre Motivation für den nächsten Abend aufzusparen, was Jerome erleichterte. Ihm war es lieber, mit Tanja allein zu sein, in ihrer Wohnung, deren Balkon

Jerome nunmehr als den energetisch besten Ort ganz Berlins einstufte. Als die Datumsanzeige auf den 30. April sprang und Tanja Arnheim ihr dreißigstes Lebensjahr vollendet hatte, lag Jerome Daimler nackt auf ihr und hielt sie fest. Sie schliefen auf eine Weise miteinander, die ihm neu vorkam. Dem Akt haftete eine gewisse Lethargie an, eine Entscheidung zu absoluter Langsamkeit und demonstrativer Nähe. Dass sie zeitgleich zum Höhepunkt kamen, war nicht außergewöhnlich, und doch erneuerte Jerome daraufhin in Gedanken seine Energiethese. Eine Weile hielt er die Augen geschlossen und dachte an nichts. Dann gratulierte er Tanja zum Geburtstag und küsste sie an fünf Stellen im Gesicht.

Knapp zehn Stunden später schälte er sich als Erster aus den sandfarbenen Laken, deckte den Frühstückstisch und stellte seinen geöffneten Laptop in die Mitte. Tanja hatte die Decke bis über den Kopf gezogen und bewegte sich nicht. Generell schien sie in der Lage zu sein, ihren Schlaf beliebig zu verlängern, was vermutlich ein Grund dafür war, dass sie noch so jung aussah.

Jerome setzte Filterkaffee auf und ging duschen. Er zog sich im Bad ein frisches T-Shirt an und rieb Deodorant in seine Achselhöhlen. Als er das Bad verließ, stand Tanja bereits vor dem Küchentisch und blickte auf seinen Laptop. Auf dem Screen lief die Intro-Animation zu *tanja-arnheim.space* in Endlosschleife.

»Klick mal drauf«, sagte Jerome, *»sollte selbsterklärend sein.«*

»Das ist aber nicht online?«

»Natürlich nicht! Aber wenn sie dir gefällt, musst du nur noch ein paar Lücken mit Text füllen und wir können sie hochladen.«

Jerome hielt einen Schritt Abstand zu Tanja, während sie auf die Animation klickte und sich dann durch das Kachelsystem aus Zitaten und Fotos navigierte. Jerome hatte teils private Bilder eingefügt, teils Screenshots von Tanjas Instagramseite, teils Blindtext, teils Zitate aus *Panoptikum-Neu.* Er goss Tanja eine Tasse Kaffee ein und fragte: *»Hast du Lust auf Rührei?«*

Während des Frühstücks wirkte Tanja durcheinander. Etwas an der Homepage schien ihr grundsätzlich nicht zu behagen. Um sie zu beruhigen, sagte Jerome: *»Das ist nur ein erster Entwurf. Wir können auch alles anders machen.«*

Plötzlich sagte Tanja: *»Ich glaube, ich finde es ziemlich gut …«*

Jerome war überrascht, er schwieg.

»Nein. Ernsthaft. Ich habe das Gefühl, ich denke über mich selbst nach, wenn ich über diese Webseite nachdenke.«

»Du findest den Entwurf nicht zu clean?«

»Clean? Nein. Das ist doch voll verspielt für deine Verhältnisse.«

»Zu verspielt?«

Tanja schüttelte den Kopf. Sie stand auf, ging um den Tisch herum und setzte sich auf Jeromes Schoß. *»Danke.«*

»Du musst da morgen noch mal mit Abstand draufschauen.«

Tanja nickte. *»Ich war einen Moment sauer auf dich …«*

»Warum?«

»Wir haben ewig nicht mehr über die Homepage gesprochen. Und jetzt trifft es mich irgendwie, dass du mich so genau lesen

kannst. Als hättest du mich ausgehorcht …« Sie küsste ihn auf die Wange. »*Good job!*«

Der 30. April war ein sonniger Tag. Tanja entschied sich dafür, die Reservierung im Diener Tattersall zu stornieren und stattdessen ihre Gäste in den Garten der Pizzeria Masaniello zu bitten. Tanja reservierte am frühen Nachmittag persönlich eine ganze Tischgruppe für insgesamt vierzehn Personen und Jerome hatte den Eindruck, dass diese Reservierung wahrscheinlich nur noch durchging, weil der gerade zuständige Kellner Tanja schon öfter bedient hatte und leicht für sie schwärmte.

Am Abend gab es im Garten der Pizzeria ein Wiedersehen mit Rosa und Max, mit Celia und Ben, mit Amelie, mit Tanjas Schwester Sarah, mit Luca und mit Ersan – das waren die Freundinnen und Freunde von Tanja, die Jerome bereits kannte. Vier weiteren stellte er sich vor. Tanja hatte ausschließlich Menschen eingeladen, denen sie in den vergangenen zwölf Monaten häufiger als zweimal begegnet war und mit denen sie eine gute Zeit gehabt hatte. Soweit Jerome wusste, war unter den übrigen drei Männern kein Exfreund von Tanja, wenn er auch bei Teddy, einem hageren schwarzen Amerikaner, davon ausging, dass diese Freundschaft einst als Affäre begonnen hatte. Jerome glaubte, das an der vergleichsweise steifen Umarmung zwischen Tanja und Teddy abgelesen zu haben. Jerome nahm sich vor, mit Teddy zu bonden. In der Regel konnten sich Männer, denen dieselben Frauen gefielen, potenziell sehr gut verstehen, es waren nur die meisten

Männer nicht intelligent genug, um diese Sympathien auch auszuagieren.

Niemand schien ernsthaft Walpurgisnacht feiern zu wollen, die Mehrheit der Gäste wirkte vom gerade vergangenen Wochenende etwas mitgenommen, was womöglich aber Jeromes Projektion war, da er, wenn er genau genug in sich hineinfühlte, die Folgen des Samstagabends noch immer spürte. Es wurde Wein und Bier bestellt, Prosecco und Aperol. Sarah trug das auffälligste Make-up aller Gäste, und Jerome unterstellte ihr insgeheim, dass sie mit dieser Maske ihren seelischen Zustand überdecken wollte. Sarah fragte ihn nach seinem Berlinwochenende, und Jerome berichtete sämtliche Stationen. Er erwähnte das chinesische Essen, die Alkoholnacht am Samstag, die Teezeremonien, das Badmintonspielen und den sonntäglichen Kater. Nur vom Sex mit ihrer Schwester erzählte er nicht. Sarah hatte ganz offensichtlich kein Interesse, im Gegenzug die Erlebnisse ihres Wochenendes zu berichten, entweder schämte sie sich ob der Fakten, oder sie empfand die Dinge, die man tat, generell als leer. Als Jerome sich bereits damit abgefunden hatte, dass Sarah nichts erzählen wollte, sagte sie plötzlich: *»Ich arbeite gerade an meinem Zweitjahres-Drehbuch. Ein Kurzfilm. Es fällt mir nicht leicht. Ich verkrampfe sehr stark und finde keinen Zugang zur Hauptfigur.«*

»Was macht die Hauptfigur?«

»Das bin mehr oder weniger ich selbst.«

»Das stelle ich mir relativ anstrengend vor«, sagte Jerome, obwohl er es sich nicht unbedingt anstrengend vorstellte. Viel eher fand er es naheliegend und normal, eine Hauptfigur an sich selbst anzulehnen.

»Es ist für ein Kurzfilmprojekt der falsche Ansatz. Man hat da keine Zeit, eine Figur zu erzählen«, sagte Sarah in einem definitiven Tonfall, ohne verzweifelt zu wirken. *»Ich werde die Hauptfigur austauschen.«* In diesem Moment erinnerte sie Jerome an Tanja, und er fragte sich, ob die Mutter der beiden wohl auch diese Sätze sprach, die keinerlei Raum für Spekulationen ließen. Das Aufflammen einer unumstößlichen und makellosen Klarheit – vielleicht war das der Arnheim-Effekt.

Teddy, der schräg gegenüber von Jerome saß, wohnte seit zwei Jahren in Rixdorf und studierte Kunst und Medien an der UdK. Jerome dachte, dass er, würde er selbst noch mal studieren, sich ebenfalls für diesen Studiengang bewerben würde, oder für Jura. Im Schnitt kam er mit bildenden Künstlern und Juristen ähnlich gut zurecht. Jerome befragte Teddy, der sieben Jahre jünger war als er, zu seiner Arbeit, und Teddy lobte die Webseite, die Jerome für das Düsseldorfer Modelabel ComprondeVT gestaltet hatte. *»Do you wear Compronde?«*, fragte Jerome, woraufhin Teddy lachte: *»It's way too expensive for me ... but I like some of their pieces.«* – *»Same here«*, sagte Jerome, der von Compronde genau zwei Teile besaß, nämlich jene, die er sich von der Label-Betreiberin als Honorar hatte zuschicken lassen – eine Nylonhose mit schmaler Knopfleiste am Fußende und eine lange, weiße Fleecejacke mit Logoprint auf dem Rücken. Jerome zeigte Teddy Fotos von der Hose und der Jacke, Teddy kannte die Stücke und fand sie super. Die Stimmung zwischen den beiden war jetzt richtig gut.

Jerome bewunderte Tanja, da sie während des Essens dreimal den Platz wechselte, sich mit jedem ihrer Gäste intensiv unterhielt, darüber aber zu keinem Zeitpunkt in Hektik verfiel. Jerome hatte den Eindruck, als führte sie ständig neue, gute Gespräche. Dass fast alle Gäste betonten, wie gespannt sie auf die Webseite waren, machte Jerome ein wenig verlegen. Tanjas Welt war schwer in Ordnung, dachte er, es war schön, ein Teil davon zu sein.

Einmal saß Tanja nur zwei Plätze entfernt, direkt neben Amelie, die ein Glas Ramazotti in der Hand hielt. Jerome hörte Amelie sagen: *»Ich glaube, ich werde Janis vorläufig verzeihen. Er war wirklich süß in den letzten Tagen.«*

Tanja sagte, dass sie Janis einen Kinderwagen durch die Hasenheide hatte schieben sehen. Amelie nickte. *»Ja, das ist sein Sohn. Barnabas. Der wird übernächste Woche zwei.«*

Jerome merkte, dass er aufgehört hatte, Teddy zuzuhören, was wiederum Teddy merkte, der es Jerome anscheinend nicht übel nahm.

Amelie fragte: *»Alles okay, Tanja?«*

»Ja, klar ... kennst du die Mutter?«

»Er hat mir Fotos gezeigt. Die haben sich noch vor der Geburt getrennt. Aber die sind einigermaßen cool miteinander. Janis hat Barnabas jede Woche an drei Tagen. Den Rest der Woche arbeitet er an seinem PHD. Gute Struktur eigentlich.«

Eine achtköpfige Gruppe – Sarah und Teddy waren nicht darunter – ließ den Abend in der 24h-Kneipe Schlawinchen ausklingen. Jerome stellte fest, dass Amelie ungewöhnlich gut gelaunt war. Sie forderte alle dazu auf, sich etwas an der Jukebox zu wünschen. Tanja wollte sich nichts wünschen, und Jerome hatte das Gefühl, sich um seine Freundin kümmern zu müssen. Sie wirkte nun etwas erschöpft. Bens Angebot, mit ihm eine Linie Koks zu ziehen, lehnte sie ebenso ab wie die Runde Wodkashots, die Amelie spendierte. Tanja und Jerome verließen die Bar als Erste. Auf dem Heimweg lobte Jerome die gute Stimmung des Abends, er lobte Teddys offene Art, er lobte Tanjas entspannten und würdevollen Umgang mit allen, letztlich lobte er ihren ganzen Lebensentwurf, ihre Freundinnen und Freunde, ihren Stil, ihre Aufrichtigkeit, ihre Ausstrahlung.

Tanja sagte: *»Sorry, könntest du still sein, bitte? Ich fand den Abend ziemlich anstrengend. Muss da erstmal drüber schlafen.«*

7

»Eine Art Blackout. Jerome ging mir plötzlich auf die Nerven. Ich hatte gehofft, dass es über Nacht besser würde. Aber am Morgen war es nur noch schlimmer.«

Dass sich Tanja mit ihrer Mutter Ulla über emotionale Themen austauschte, kam vor. Seit Tanja ü-zwanzig war, hatten sie versucht, wie Freundinnen miteinander umzugehen. Meistens, wenn Tanja in Kiel war, gingen sie gemeinsam essen oder ins Kino. In ihrer gegenwärtigen Situation, die Tanja als *Ausnahmezustand* begriff, wollte sie erstmalig auch vom therapeutischen Fachwissen ihrer Mutter profitieren. Ulla hatte sie dafür in den Multimediaraum gebeten, der sich im Erdgeschoss des dreistöckigen Hauses befand. Ulla saß auf dem dunkelgrauen TV-Sofa, das härter war als gewöhnliche TV-Sofas, und Tanja auf dem kupferroten Teppich, der jedes Jahr im Oktober professionell gereinigt wurde. Schon als Kind hatte Tanja gerne auf diesem Teppich gesessen, um Nintendo zu spielen oder zu lesen, nun erzählte sie.

»Ich wusste überhaupt nicht mehr, wie ich mit ihm umgehen sollte ... Jerome spürte das sofort und ging körperlich auf Distanz.

Ich kann mich an keine vergleichbare Situation erinnern. Max habe ich öfter mal beschimpft, aber ich habe mich ihm gegenüber nie so ohnmächtig gefühlt. Ich kann auch nicht sagen, dass ich wütend auf Jerome war. Ich brauchte nur plötzlich dringend Zeit für mich allein.« Tanja bemerkte, dass sie sich beim Erzählen mehr Mühe gab als sonst, und zugleich kam ihr das eigene Sprechen stereotyper vor. Sie fragte sich, ob sie im Falle regelmäßiger Therapiesitzungen auch jene Patientensprache entwickeln würde, die sie von einigen Freundinnen und Freunden kannte, und ob sich diese gegebenenfalls für ihre Prosa nutzen ließe. Dann fiel ihr ein, dass sie Teile dieser Rhetorik, in der oft die Rede von *Grenzen* und *Räumen* und *Themen* war, schon in *PanoptikumNeu* verwendet hatte und dass sie diese Begriffe nun eigentlich dringend hinter sich lassen sollte.

Ulla fragte: *»Und Jerome ist dann ohne Widerrede abgereist?«*

»Wir haben beide fast gar nicht mehr gesprochen.«

»Hattet ihr seitdem Kontakt?«

»Er hat mir geschrieben …« Tanja zog ihr Telefon aus der Hosentasche.

»Ich brauche seine Nachricht nicht zu kennen.«

Tanja blickte ihre Mutter an. Dass sie genau das beruflich machte, schon seit Jahrzehnten, ruhig dasitzen und Fragen stellen, war irgendwie absurd. *»I know«*, sagte Tanja und las Jeromes Text: *»›Das war heute mehr als strange für mich. Es geht mir nicht besonders. Melde dich, wenn du wieder klarkommst.‹ … Da muss er noch im Zug gewesen sein. Später schrieb er noch mal: ›Ich möchte mich entschuldigen, falls ich etwas Schlimmes gemacht habe. Ich habe nur leider keine Idee,* *was das gewesen sein soll. Falls es wirklich die Webseite ist – vergiss sie einfach.‹ Darauf habe ich dann geantwortet, nach elf Minuten: ›Ich bin im Augenblick ziemlich gelähmt. Ich halte dich auf dem Laufenden. Bin fast sicher, dass es mein Problem ist. Es tut mir schrecklich leid.‹ …«*

Beim Vorlesen ihrer eigenen Nachricht war Tanja positiv überrascht. Es war eigentlich in Ordnung gewesen, das so zu schreiben.

»Mehr konntest du in dem Moment nicht leisten«, bestätigte Ulla, *»wie denkst du jetzt an Jerome? Fehlt er dir?«*

»Ich könnte ihn jetzt nicht sehen. Aber ich vermisse das Gefühl, gerne an ihn zu denken.« Tatsächlich hatte die Option, sich jederzeit mit Jerome auszutauschen und ein nächstes Treffen zu planen, ein Gefühl dauerhafter Vorfreude und enormer Stabilität erzeugt. Dass sie sich aktuell nicht mit ihm austauschen wollte, machte Tanja beklommen. *»Ich fühle mich beklommen«*, sagte sie.

»Hast du die Webseite noch mal angeschaut, seit er abgereist ist?«

Tanja schüttelte den Kopf. *»Damit hat es nichts zu tun.«*

»Warum nicht?«

Tanja nahm erneut ihr Telefon in die Hand, so als wollte sie die Webseite öffnen, was aber gar nicht nötig war. Sie erinnerte sich noch präzise an die Intro-Animation mit ihrem Autogramm, auch an die Zitate und Bilder, die Jerome ausgewählt hatte, und sagte ehrlich: *»Die Webseite ist ziemlich nice.«*

»Du fühlst dich von Jerome nicht bevormundet?«

»Nein.«

»Warum möchtest du ihn dann abstoßen?«

»Ich möchte ihn nicht abstoßen«, sagte Tanja.

»Aber du willst momentan deine Ruhe?«

Tanja atmete durch. *»Ja.«*

»Gibt es jemand anderen?«

»Wieso fragst du das jetzt?«

»Ist die Frage nicht naheliegend?«

Tanja war genervt. Ulla hielt ihrem Blick stand.

»Vielleicht gibt es da sogar jemanden, der mich ein bisschen interessiert. Aber ich mag ihn letztlich nicht.«

Ulla schwieg.

»Außerdem ist eine gute Freundin in ihn verliebt.«

Ulla schwieg.

»Aber ich weiß, dass er mich toll findet.«

Ulla sagte: *»Steh dazu, dass dich das beschäftigt.«*

»Der Typ nervt.«

»Aber es schmeichelt dir, dass er dich mag.«

»Wahrscheinlich.«

»Würdest du gerne mit ihm schlafen?«

»Mum!«

Tanja hatte Ulla seit vielen Jahren nicht mehr *Mum* genannt.

»Das frage ich als Therapeutin, nicht als Mum.«

Tanja merkte, dass ihre Mutter es genoss, mal nicht beim Vornamen genannt zu werden. Das missgönnte sie ihr. *»Könnten wir eine Pause machen?«*

»Tee oder Kaffee?«, fragte Ulla.

»Wasser«, sagte Tanja.

Im Multimediaraum der Familie Arnheim stand ein großer internetfähiger Flatscreen, an den ein DVD- und ein VHS-

Player angeschlossen waren. Auf dem Beistelltisch lag ein Sony Tablet mit mehreren Zeitungsabonnements, außerdem befanden sich in einer Schublade drei Spielkonsolen – eine Playstation 4 Pro, eine Xbox One und das Nintendo 64, an dem Tanja und Sarah als Kinder gespielt hatten. Tanjas Vater hatte ein Faible für Videospiele, schon seit den späten Achtzigern. Es hätte Tanja nicht gewundert, wenn ihr Vater Konstantin, geborener Hillma, der den Nachnamen seiner Frau angenommen hatte, unter Pseudonym im Internet sein Spielen gestreamt hätte. Doch auf Tanjas Frage hin hatte ihr Vater nicht einmal gewusst, dass es diese Art des sozialen Spielens auf Onlineplattformen überhaupt gab.

In der Küche hatte Ulla eine Karaffe mit stark sprudelndem Mineralwasser und Eiswürfeln auf den Esstisch gestellt, dazu einen Teller mit Früchten. Sie selbst trank Espresso ohne Milch. Tanja war unsicher, ob man sich jetzt, während offiziell Pause war, über andere Themen unterhalten sollte. Ulla wäre dafür wahrscheinlich offen gewesen. Leider fiel Tanja kein Thema ein, das sich nicht direkt oder indirekt auf ihren Konflikt mit Jerome hätte beziehen lassen. Sie aß mehrere Apfelschnitze und eine ganze Mandarine. Nach dem zweiten Glas Wasser sagte sie: *»Hey, wollen wir vielleicht weitermachen? Ich glaube, ich möchte das gerne hinter mich bringen.«*

»Was willst du hinter dich bringen? Die unbezahlte Stunde?«

Tanja fand den Seitenhieb auf eine theoretisch denkbare Bezahlung daneben. *»Wenn du willst, kann ich dir die Stunde gerne bezahlen«*, sagte sie.

»Versteh mich nicht falsch … Die Sache hier macht nur Sinn, wenn du dich drauf einlässt. Du musst offen sein.«

»Ich weiß.«

»Möchtest du wieder auf den Teppich oder auf Augenhöhe?«

Wenig später saß Tanja auf der Couch, von der sie annahm, dass sie ihre Haltung begradigte, und Ulla saß im Schneidersitz auf dem Teppich, ohne dass es unbequem aussah.

»Eigentlich willst du was von diesem anderen Mann, richtig?«

»Nein ... nicht wirklich.«

»Du willst ihn nicht als Lebenspartner, aber du stehst heimlich auf ihn.«

Tanja dachte an Janis, wie er neben ihr am Tresen des OHM etwas zu ausführlich für Robert Pattinson mit wasserstoffblondem Haar geschwärmt und wie er Monate später halb schüchtern auf der Cocktail d'Amore vor ihr gestanden hatte, eine Erinnerung, die Tanja zwangsläufig mit der Wärme des Ecstasys verknüpfte. Tanja wurde ein wenig horny, was sie in Ullas Anwesenheit durchaus befremdete. *»Wahrscheinlich stehe ich auf ihn, ja.«*

»Warum ist das so ein großes Problem?«

»Weil ich damit Jerome betrügen und eine Freundin verletzen würde.«

»Ist das wirklich dein Thema? Moral?«

Tanja hasste es, auf ihre Themen angesprochen zu werden. Menschen taten oft so, als hätten sie ihr Buch besser verstanden als sie selbst. Da Tanja nicht laut werden wollte, sagte sie einfach: *»Wahrscheinlich ist Moral mein Thema, ja.«*

»Habt ihr eine Vereinbarung über andere Partner – du und Jerome?«

»Wir haben nie wirklich darüber gesprochen.«

Tanja glaubte Ulla anzusehen, dass sie ihre Tochter in Beziehungsfragen für abgeklärter gehalten hätte.

»Wie eng bist du mit der Freundin?«

»Ziemlich eng. Wir gehen oft zusammen aus.«

»Gehst du auch mit anderen Freundinnen aus?«

»Ja.« Tanja hatte jetzt Lust, die Sitzung abzubrechen.

»Jerome und du – habt ihr Geheimnisse voreinander?«

Tanja blickte in Richtung des Flatscreens, der matt und entspiegelt war. Sie dachte nach. *»Bestimmt. Das hat mich aber nie gestört.«*

»Meinst du, er hat in Frankfurt was mit anderen Frauen? Oder Männern?«

»Nein.«

»Bist du sicher?«

»Ziemlich.« Tanja fragte sich, ob es sie verletzen würde, wenn Jerome mit anderen Frauen schliefe. Es enttäuschte sie etwas, dass sie sich diese Frage doch recht eindeutig mit *Ja* beantworten musste. Dann schaute sie Ulla an. *»Willst du darauf hinaus, dass ich mir unnötig viele Gedanken mache?«*

Ulla schwieg.

»Ich soll einfach mit Janis was starten, ohne an die Konsequenzen zu denken? Nur weil ein Teil von mir auf ihn steht? Einfach mal dem Impuls nachgeben – ist das dein Tipp?« Tanja störte sich an der Aggression in ihrer Stimme.

»Das ist eine von mehreren Möglichkeiten«, sagte Ulla, *»eine andere ist, dass du dich mit Jerome über deinen Konflikt austauschst. Dass du dich selbst damit konfrontierst. Begleitend könntest du eine Gesprächstherapie erwägen. Oder mal eine Weile Urlaub machen.«*

Tanja assoziierte mit dem Wort *Urlaub* unmittelbar die Option, sich ein Airbnb mit schnellem WLAN auf einer kanarischen Insel zu mieten, einige Wochen in einem intensiveren Modus als sonst zu schreiben und anderen Menschen nur beim Essengehen zu begegnen. Mit diesem Plan kokettierte sie seit Jahren. Sie hatte eine gewisse Sehnsucht danach, aber es war auch nicht zwingend. Tanja sagte: *»Ich schreibe maximal vier Stunden am Tag.«*

»Die effektive Arbeitszeit ist nicht entscheidend, Tanja. Ich habe Burn-out-Patienten, die noch nie in ihrem Leben einen Job hatten. Du stehst unter Druck.«

»Woher willst du das wissen?«

Ulla blickte Tanja einen Moment lang schweigend an. *»Ich vermute es. Basierend auf meinen Eindrücken aus den letzten Jahren. Basierend auf Erfahrungen mit Patienten.«*

Tanja dachte daran, dass sie an vielen Tagen ihre Wohnung nur verließ, um Freundinnen und Freunde zu treffen oder ins Kino zu gehen. *»Ich kenne eigentlich niemanden, der einen entspannteren Alltag hat als ich.«*

»Findest du diese Aussage nicht überheblich?«

»Dass ich überheblich bin, solltest du mittlerweile wissen.«

Ulla fragte: *»Schreibst du auch über Jerome?«*

»Nein.«

»Warum nicht?«

Tanja stockte. *»Ich habe das Tagebuchschreiben vor einem Jahr aufgegeben, weil es zu viel Zeit eingenommen hat.«*

»Das ist der einzige Grund? Zeitökonomie?«

»Es kam mir zwanghaft vor ... Seit ich damit aufgehört habe, fühlt sich die Freizeit wieder besser an. Es muss nichts Aufschreibenswertes mehr passieren.«

»Hast du ohne Tagebuch nicht das Gefühl, die Übersicht zu verlieren?«

»Selten.«

»Wie weit bist du eigentlich mit deinem neuen Manuskript?«

Als Ulla das fragte, wurde Tanja bewusst, dass dieses Thema in Kiel für gewöhnlich ausgespart wurde. In düsteren Momenten hatte Tanja manchmal das Gefühl gehabt, dass sich ihre Familie nicht für ihre Arbeit interessierte, meistens war sie in Kiel aber einfach entspannt gewesen. Sie hatte zeitweise sogar angenommen, dass ihre Eltern nie online nach ihrem Namen suchten.

»Ich würde sagen, ich habe vielleicht ein Viertel vom späteren Gesamttext«, sagte Tanja, an die fünfzig Seiten denkend, die sie unter drei verschiedenen Arbeitstiteln in drei verschiedenen Pages-Dokumenten gespeichert hatte.

»Würdest du schon darüber sprechen?«

»Nein. Also mit dir auf keinen Fall.«

Tanja wusste, dass sie Ulla mit dieser Aussage verletzte. Es fühlte sich dennoch richtig an, das so streng festzustellen.

»Sprichst du mit Jerome viel über deine Arbeit?«

»Zuletzt seltener.«

»Würdest du mir sagen, warum?«

Ulla saß noch immer vollkommen aufrecht im Schneidersitz auf dem kupferroten Teppich. Sie wartete.

»Ich will das Projekt nicht so früh zerreden. Es ist eine heikle Phase.« Tanja wusste, dass sie gerade nur ihre professionelle Antwort gab. Zudem wusste sie, dass sie mehr zu diesem Thema nicht sagen wollte. Es machte ihr schlechte Laune.

»Nimm das jetzt nicht als Wahrheit. Ich spekuliere nur …«

»Schon okay. Schieß los.«

»Du hast dich in den vergangenen Monaten sehr stark mit Jerome identifiziert. Er spiegelt dich. Und du magst es, gespiegelt zu werden. Das hat dich getragen. Aber ich glaube, du wirst zunehmend hart ihm gegenüber, weil du dir selbst gegenüber schon längere Zeit zu hart bist.«

Tanja kam es jetzt vor, als sähe sie den Text, den Ulla sprach, ausgedruckt vor sich.

»Du hast so viele Regeln für dich aufgestellt, so viele Stilgebote und Kodizes, sie fallen dir gar nicht mehr auf ...«

Das musste Ulla gerade sagen, dachte Tanja.

»... vielleicht sind einige dieser Regeln gar nicht notwendig. Vielleicht reagiert die Welt gar nicht so streng, wenn du mal mit einer Regel brichst ... Und ich glaube ...«

»Ja?«

»Es könnte dir guttun, ab und zu doch wieder Tagebuch zu schreiben. Ich hatte immer das Gefühl, das hilft dir. Es braucht ja keinen Anspruch auf Vollständigkeit zu haben.«

Tanja fragte sich, wie es wäre, wenn sie am nächsten Morgen im ICE zwischen Kiel und Hamburg ein Dokument öffnete, überschrieben mit *›Jerome – Emotionen vor und nach dem Blackout‹*. Sie zuckte mit den Schultern. Dann wechselte sie das Thema: *»Findest du, du hättest Konstantin irgendwann verlassen sollen?«*

Ulla stand, ohne sich mit den Händen vom Teppich abzustützen, aus dem Schneidersitz auf und setzte sich neben Tanja.

»Es gab einige Situationen, da wäre das möglich gewesen, ja. Aber ich habe anders entschieden. Es geht mir heute gut, also ist es in Ordnung.«

Tanja mochte es nicht, neben ihrer Mutter zu sitzen. Sie saßen eher wie gute Bekannte als wie Freundinnen da, aber dann doch eher wie Freundinnen als wie Therapeutin und Patientin. Im Endeffekt, dachte Tanja, saßen sie wahrscheinlich einfach wie Mutter und Tochter nebeneinander. Es war legitim, das unbehaglich zu finden.

»Du kannst mich gerne auf dem Laufenden halten, wenn du magst«, sagte Ulla, *»ich drücke dir die Daumen.«* Sie stand auf und ging in die Küche. Tanja war jetzt nicht mehr sauer. Einige von Ullas Fragen waren sicher berechtigt gewesen, auch wenn es keinen Spaß machte, nach Antworten zu suchen. Tanja hatte Menschen, die viel über ihre Emotionen nachdachten, immer abgelehnt. Schließlich hatte sie sich meistens gut gefühlt, sie hatte Figuren erfunden, sie hatte selten gelitten. Das Verliebtsein in Jerome war vielleicht entstanden, weil auch er selten gelitten hatte, weil er ihre Arbeit exakt so verstand, wie Tanja sie am liebsten verstanden wusste. Es hatte wenig zu verhandeln gegeben. Für einen Moment dachte Tanja, dass sie jetzt gerne Badminton spielen würde, im Einzel gegen jemanden, der einen Tick besser spielte als sie.

Ursprünglich wollten die Eltern Arnheim ihre Tochter am Abend ins Restaurant Ahlmanns einladen, um ihren dreißigsten Geburtstag nachzufeiern, aber Tanja war nicht nach einem Restaurantbesuch zumute, sie wollte lieber zuhause essen. Als Vater Konstantin aus der Klinik kam, gab es eine Minestrone und später zwei Sorten Brot, dazu Weich- und Hartkäse sowie Serrano-Schinken. Ulla zog sich bald nach dem Essen ins Schlafzimmer zurück, da sie ihre Praxis am nächsten Morgen früh öffnen musste. Sie gab Tanja einen Gutenachtkuss auf die Wange. Tanja und Konstantin, der angeblich weniger Schlaf brauchte als seine Frau, spielten noch eineinhalb Stunden Mario Kart 64. Tanja hatte das Spiel zwischen ihrem zehnten und zwölften Lebensjahr so häufig gespielt, dass sie kaum Anlaufzeit benötigte, um wieder ein gewisses Niveau zu erreichen. Es kam zu Rennen auf Augenhöhe und zu packenden Duellen im Battle-Modus. Ihr Vater hatte offenbar vermehrt seine PlayStation und Xbox verwendet, er schien sich erst wieder an den Controller des N64 gewöhnen zu müssen. Zumindest behauptete er das. Vielleicht – dachte Tanja später im Gästebett – hatte ihr Vater sie auch einfach gewinnen lassen.

»Könntest du mir bitte ein Zeichen geben, sobald sich etwas für dich verändert? Oder nein – gib mir besser kein Zeichen. Ich will von dir keine Hoffnung auf ein diffuses Später. Diese Hoffnung will ich mir selbst erarbeiten.«

∗ Jerome Daimler

»As long as you're going up and down you're all good.«

∗ Yung Lean

Phase Zwei

8

Im sonnigsten Juni der Zehnerjahre meditierte Jerome so häufig wie noch nie. Zweimal täglich setzte er sich auf die Couch und schloss die Augen, zuerst nach einem doppelten Espresso am Morgen und dann noch einmal zwischen 17 und 19 Uhr. Er steigerte sich von fünfzehn auf zwanzig auf fünfundzwanzig Minuten, er kontrollierte seinen Atem, er dachte momentweise wirklich an nichts. Unter keinen Umständen wollte er sich mit Vergangenheit und Zukunft befassen, denn Vergangenheit – darin sah er sich zuallererst als Tanjas Boyfriend – und Zukunft – darin sehnte er zuallererst eine Neubegegnung mit Tanja herbei – hielten vorwiegend Schmerz bereit. Die Gegenwart jedoch, die sich aus enormer Helligkeit, beruflichem Erfolg und erstaunlichen Euphorieschüben beim Joggen zusammensetzte, war ziemlich in Ordnung.

*

Wenn Tanja sich im Internet bewegte, musste sie zwangsläufig an Jerome denken. Jedes Interface, das ihr positiv auffiel, erinnerte sie an ihn. Und ständig kamen ihr Dinge in den Sinn, die sie ihm normalerweise mitgeteilt hätte. Manchmal hielt sie ihr Handy in der Hand, um eine Nachricht zu schreiben, noch bevor ihr einfiel, dass sie dem Adressaten für diese Nachricht aktuell nicht schreiben sollte. Dass sich Jerome Daimler nicht ersetzen ließ, fühlte sich in den besten Momenten wie eine Zäsur an, die sich ästhetisch nutzen lassen würde. In vielen anderen Momenten fand Tanja es traurig. Sie bat Janis darum, etwas Geduld mit ihr zu haben. Einmal ging er mitten in der Nacht wie unter Schock nachhause, um vierzehn Stunden später zu texten, dass er *alle Geduld der Welt* für sie aufbringen werde.

*

Am Vormittag des 4. Juli äußerte sich Jeromes innere Persönlichkeit mit einer Stimme, die ihn nun kaum mehr an die Vorleseautomatik seines Laptops erinnerte, sondern wie er selbst in einer iMessage-Sprachnachricht klang: *»Es ist der Sommer deines Lebens.«* Und: *»Lass sie machen, was sie muss. Mach auch du, was du musst.«* Und: *»Mach, was du musst.«* Und: *»Mach, was du musst.«* Und: *»Du musst nichts. Gar nichts.«* Und: *»Draußen gehen offenbar gerade Menschen mit Hunden vorbei. Menschen, die den warmen Kot ihrer Hunde mit dunklen Plastiktüten umfassen. Sie tun das jeden Tag. Sie tun es jetzt.«* Jerome war bislang nie ein Fan purer Gegenwart gewesen. Seine Großmutter väterlicherseits hatte ihn gelehrt, dass Vorfreude die schönste Freude sei. Daran hatte er gut fünfundzwanzig Jahre lang geglaubt. Dabei gab es keinen Grund, verschiedene Formen von Freude qualitativ zu unterscheiden. Das Lob eines Auftraggebers, eine zugewandte Kurznachricht, ein Wodka Red Bull – all das waren Auslöser von Hochgefühlen, aber brauchte es diese Auslöser überhaupt? Jerome wollte Freude nunmehr als eine stetige Option begreifen.

*

Dass die Affäre zwischen Tanja und Janis einen kompletten Monat lang vor Amelie geheim gehalten worden war, hatte das Verhältnis der beiden Freundinnen vermutlich für immer zerstört. Tanja konnte sich kaum erinnern, dass sie sich jemals schäbiger gefühlt hatte. Zugleich war sie fasziniert von ihrem eigenen Kontrollverlust. Ihr plötzlicher Erfolg als Autorin, diverse Rauscherfahrungen, Reisen nach Indonesien, Russland, Marokko und Südafrika – all das hatte sie überstanden, ohne je ernsthaft überrascht zu werden. Tanja hatte stets ihre Stabilität bewahrt, sie hatte eine Ästhetik der Ruhe und Ausgewogenheit kultiviert. Dann war sie dreißig geworden.

*

Vergleichsweise früh hatten Tanja und Jerome sich über vergangene Beziehungen ausgetauscht. Auch über Prominente, auf die sie standen, und über Affären, die sie bereuten. Dass man schon vorher einmal verliebt gewesen war, dass man schon früher begehrt hatte und weiterhin begehrte, hatte beide eifersüchtig gemacht. Es war eine Eifersucht, die sich auf Zeitpunkte bezog, zu denen man sich noch nicht einmal gekannt hatte, und dennoch war die Eifersucht für das Gegenüber spürbar gewesen – daran hatten Tanja und Jerome gemerkt, dass sie ernsthaft aneinander interessiert waren. Wenn Jerome nun jedoch an die Gespräche über vorangegangene und fiktiv-potenzielle Partner zurückdachte, tat das uneingeschränkt weh.

An den Wochenenden bemühte er sich zu feiern. Er spürte, dass Julian und Bruno sich extra Zeit für ihn nahmen. Besonders Julian, der an die Kräfte familiärer Bindung glaubte und Vater einer vierjährigen Tochter war, schaufelte sich Partyzeit für Jerome frei. Einmal textete er: *›Party as if it was 2011.‹* Und einmal: *›Today: Party as if it was 2008!‹* Jerome missfiel das Moment der Nostalgie, das Julian performte, Jerome hatte das Ausgehen schließlich nie aufgegeben. Die Abende begannen zumeist in einem Freiluftlokal mit einer großen Menge Apfelwein, setzten sich dann mit Wodka auf Eis am Mainufer fort und endeten spät im Robert Johnson, denn der gebürtige Offenbacher Julian besaß sogar eine grüne Clubkarte, dank der er immer freien Eintritt erhielt. Das Tanzen brachte nun, da sie deutlich älter waren als das Kernpublikum des Clubs, erstaunlicherweise mehr Spaß als zehn Jahre zuvor. Es ging nun weniger um die anderen Menschen als um das Tanzen selbst. An einem Abend Mitte August dachte Jerome, dass er in diesem Club, den er mittlerweile seit sechzehn Jahren regelmäßig besuchte, noch nie zuvor mehr Spaß gehabt hatte. Er hielt es zugleich für möglich, dass er sich das nur einredete. Vielleicht war er aber auch begeisterungsfähiger als früher.

*

Eine Umdeutung des Erwachsenenlebens – diesem Thema wollte sich Tanja immer dann annehmen, wenn sie besonders selbstbewusst war. Mit Erwachsenenleben meinte sie die Zeit zwischen fünfunddreißig und fünfundsiebzig, die verlorenen vierzig Jahre, über die ihrer Meinung nach nur ermüdende Erzählungen kursierten. Geschichten von Dekadenz und Einsamkeit auf der einen, die Fleißerzählung von Arbeit, Familie und Verantwortung auf der anderen Seite. An guten Tagen wollte Tanja alle Storys dieser vierzig Jahre erleben, sie aufschreiben und das narrative Vakuum als Chance begreifen. Im Normalzustand interessierte sie sich jedoch noch immer stärker für Jugendkulturen. An ihren Küchentisch gelehnt sagte sie zu Janis: *»Ich bin generell faul und frage mich, ob ich jemals nicht faul gewesen bin. Ich bin viel zu träge, um Alternativen zu denken. In letzter Instanz werde ich wohl einfach weiter mitmachen.«*

Jerome hätte ihr in diesem Moment Mut zugesprochen, er hätte ihren pessimistischen Blick als eine Folge ihrer Müdigkeit gedeutet und prophezeit, dass sie schon bald wieder die Kraft haben werde, optimistisch Pläne zu machen. Janis saß hingegen in all seiner Drahtigkeit auf ihrem Bett, oberkörperfrei, und stimmte ihr zu. Er sagte: *»Keine Frage. Wir werden alles mitmachen. Bis alles zusammenbricht. Und das ist schon bald.«* Janis vertrat die Annahme, dass ein nachhaltiger Kollaps des Finanzsystems notwendig war, um diverse Gesellschaften aufzurütteln. Viele Menschen, die viel Zeit aufs Feiern verwendeten, hatten sich diese Sichtweise angeeignet. Dass Janis diese Haltung auch als junger Dad noch kultivierte, überraschte Tanja eher positiv.

*

Den Erwerb eines hochwertigen Vaporizers zur bekömmlicheren Inhalation von Cannabis hatte sich Jerome schon vorgenommen, während er täglich mit Tanja in Kontakt gestanden hatte. Das von ihm ausgewählte Gerät – ein silberner PAX 2 – war jedoch erst nach dem Kontaktabbruch als Päckchen bei ihm eingetroffen, sodass Jerome, um sich nicht als verlassener Stoner zu begreifen, in den Monaten Juni und Juli gänzlich auf den Konsum von Marihuana verzichtet hatte. Als mit dem Monat August jedoch auch die Zeit einer gewissen Spätsommerschwermut hätte beginnen müssen, es dafür aber viel zu heiß war, genoss Jerome es plötzlich, sich nachts auf das Dach seines Bungalows zu setzen und mit Blick ins Naturschutzgebiet kleine Portionen verschiedener Hybridsorten zu vapen.

*

Am letzten Sonntagabend im August besuchten Tanja und Janis erstmals zu zweit die Klubnacht in der Panorama Bar. Beide empfanden diesen Ausflug als einen nächsten Schritt. Wenige Minuten nach ihrer Ankunft auf der Tanzfläche trafen sie Zara, die Mutter von Janis' Sohn Barnabas. Die getrennten Eltern begrüßten sich mit einer kollegialen Selbstverständlichkeit, die durchaus herzlich war und Tanja überraschte, auch der Handshake zwischen Zara und ihr verlief erstaunlich spannungsarm. Zaras Lächeln wirkte ehrlich. Tanja fragte sich, was wohl mit Barnabas geschah, wenn Zara und Janis gleichzeitig feiern gingen. Von Janis erfuhr sie, dass Zaras Eltern, die in Friedenau lebten, das Babysitting am Sonntag übernahmen. Zara hatte kurzrasiertes Haar und trug ein rotes Sportoberteil. Tanja fragte sich, ob Zara wirken wollte, als wäre sie noch gar keine Mum, was unmöglich zu beantworten war, und Tanja ärgerte sich, dass sie sich diese Frage überhaupt stellte.

*

Seit Mitte Juli arbeitete Jerome an einer Webseite, die er wahlweise als *kommunikativen Rückzugsort* oder als *soziale Plastik* betrachtete. Noch fehlte ihm ein Domainname, doch seine Vision wurde täglich schärfer. Die Nutzeroberfläche stellte er sich wie das Innere einer Lavalampe vor, aber nicht im Sinne eines Zitats alter Esoterik, sondern in dem Sinne, dass Jerome das Innere einer Lavalampe endlich ernst nehmen wollte. Als Jugendlicher hatte er nachts mitunter vor dem Fernseher gesessen und sich die HR-Spacenight angesehen, eine Art Bildschirmschoner im TV, der von Radiomusik unterlegt war. In anderen Nächten waren es MTV-Musikvideos in Endlosschleife oder die schönsten Zugstrecken der Welt gewesen. Die Klang-Ton-Installationen, die Jerome für seine Webseite vorschwebten, sollten sich vom Nutzer individuell einrichten lassen, man sollte eine Stimmungsfarbe – z. B. Aufbruch, Herbst, kalifornische Osterferien – oder ein Motiv – z. B. Gebirge, Felder, westdeutsches Wohnzimmer in den späten Sechzigerjahren – mit einem Klangbeispiel kombinieren und dessen Geschwindigkeit festlegen können. Zudem wollte Jerome eine kommunikative Ebene anbieten. Nutzerinnen und Nutzer sollten Wünsche und Individualutopien in eine dafür vorgesehene Textmaske tippen können, und die interessantesten davon würden vom Webmaster veröffentlicht. Letztlich, dachte Jerome, sollte mithilfe dieser Webseite ein Ort zeitgemäßer Spiritualität entstehen, der Menschen aller religiösen und nicht religiösen Ausrichtungen dabei half, eine intensive Begegnung mit sich selbst zu erleben.

*

Tanja ging davon aus, dass ein erster öffentlicher Kuss auf der Klubnacht Janis womöglich mehr bedeuten würde als ihr erster Sex eineinhalb Monate zuvor. Die vorangegangenen sechs Wochen, in denen sie zehnmal miteinander geschlafen hatten, waren reich an kleinen Grenzverschiebungen gewesen, doch jeder nächste Schritt schien aufgeladener als der vorherige. Im Laufe des Abends legte Tanja Wert darauf, auch Zeit für sich alleine zu haben. Sie tanzte daher auf der dunklen Tanzfläche zu Matrixxman – einem DJ, den sie schon seines Namens wegen mochte –, während Janis ein Stockwerk darüber im rötlichen Licht bei DJ Prins Thomas blieb. Es war nicht typisch, dass Tanja tanzend ihre Texte infrage stellte, typischer war die Antizipation großer Erfolge. Nun sorgte sie sich jedoch darüber, ob ihre neue weibliche Hauptfigur womöglich zu viele spürbare Ähnlichkeiten mit ihrer Schwester aufweisen könnte. Vielleicht sollte sie gar nicht erst versuchen, über Verzweiflung zu schreiben, denn wirklich verzweifelt war sie auch in den schwierigen letzten Wochen nur selten gewesen. Dann dachte Tanja an Jerome. Sie glaubte, dass ihm die schnelle Musik von Matrixxman gut gefallen würde. Manchmal, wenn Jerome sich lang genug warm getanzt hatte, nahmen seine leicht stockigen Bewegungen eine Eigenart an, die Tanja jetzt wieder genau vor Augen hatte und die ihr wirklich gut gefiel. Sie überlegte, Jerome eine Textnachricht zu schicken, verwarf diesen Gedanken aber rasch. Eine Kontaktaufnahme am Sonntagabend wäre sentimental, eigensinnig und unfair gewesen. Gegen halb zwei, als das Set von Matrixxman mit viel Applaus zu Ende gegangen war, fragte sie Janis via iMessage, wie lange er noch bleiben wolle. ›*Für immer!! ... Lass mal kurz auf der Treppe treffen.*‹ Tanja hatte vor, Janis noch einen schönen Abend zu wünschen und alleine nachhause zu fahren. Sie trafen sich leicht verschwitzt auf der Treppe, Tanja berührte Janis am Oberarm, er lächelte. Dann fuhren sie mit einem Taxi zu seiner Einzimmerwohnung an der Gneisenaustraße und hatten Sex. Janis kam dabei zum ersten Mal auf Tanjas Oberkörper, was sie durchaus erregend fand, zumal Janis seinen Höhepunkt offensichtlich unsagbar genoss, wenig später jedoch, während Janis sie vorsichtig mit einem Frotteehandtuch säuberte, dachte Tanja, dass sie das so schnell nicht wieder zulassen würde.

*

Jerome verwendete täglich mindestens eine Stunde auf sein spirituelles Projekt, bezogen auf seine Arbeit hielt er Kontinuität für wichtiger als Intensität. Wie er die Webseite in Zukunft bewerben wollte, wusste er noch nicht. Und vermutlich würde es Jahre dauern, bis sich eine nennenswerte Nutzer-Community gebildet hatte. Für die Erstellung immer neuer Motive und Klänge würde er ebenso

Hilfe brauchen wie für das Marketing. Selbstverständlich musste er in diesem Zusammenhang auch an Tanja denken. Wahrscheinlich wäre sie die Person, der ein passender Name für die Domain einfallen würde.

Jeromes offizielle Formulierung war, dass Tanja und er *gerade etwas Abstand brauchten.* Als ihn sein Vater an der Seite seiner neuen Lebensgefährtin Beate besorgt anblickte, versicherte ihm Jerome: *»Nein, wirklich. Es ist okay. Indem wir aktuell den Kontakt meiden, beschädigen wir ihn nicht langfristig. Es ist alles offen.«* Während eines Kinobesuchs mit Bruno wiederum sagte er zu Bruno, dass er anfange, eine gewisse Dankbarkeit für die Zeit zu empfinden, die er mit Tanja habe erleben dürfen. *»Wir mögen vielleicht nur neun Monate zusammen gewesen sein. Aber diese Zeit war gut. Ich bin froh, das erlebt zu haben.«* Mit diesen Sätzen im Hinterkopf war Jerome in der Lage, seine nächtlichen Mietwagenfahrten über die Hanauer Landstraße zu genießen.

9

22. September 2018, der Wetterdienst prognostizierte den ersten relevanten Regen seit Juni. Es war ein windiger Samstagabend, Jerome besuchte Bruno im Frankfurter Bahnhofsviertel. Bis vor wenigen Monaten hätten sie noch nicht auf Brunos Balkon im dritten Stock gesessen, sondern an den Plastiktischen auf dem Bürgersteig vor der Terminus Klause. Jerome bemühte sich, die Schließung jener preiswerten Bar, in der er Tanja zum allerersten Mal geküsst hatte, nicht metaphorisch zu lesen. Er sagte sich, dass gewiss zahllose Menschen mit der Terminus Klause große und kleine Emotionen verknüpften, die Geschichte von Tanja und ihm war nur eine von vielen.

Bruno, der auf dem nördlichen Teil der Elbestraße lebte und von seinem Balkon täglich freie Sicht auf Junkies und Prostituierte und am Wochenende auch auf dörfliche Partytouristen hatte, behauptete, dass er mittlerweile ernsthaft erwägen würde, nach Berlin zu ziehen. Dabei hatte Bruno jahrelang jeden Hessen angefeindet, der mit einem Umzug in die Hauptstadt auch nur kokettierte. Zeitweise hatte er sich sogar dazu hinreißen lassen, den Spruch ›*Berlin kann jeder, Frankfurt ist Kunst‹* in diverse Telegram-Gruppen zu posten, und seit seinem dreiundzwanzigsten Geburtstag vor neun Jahren trug er die Silhouette eines Apfelweinglases auf seinen Oberschenkel tätowiert. Jerome war nach einer Phase des Nachdenkens zu dem Schluss gekommen, dass er dieses kleine, schlichte Tattoo auf Brunos Oberschenkel tatsächlich charmant fand.

»Vielleicht reicht es auch, wenn du den Stadtteil wechselst«, sagte Jerome auf Brunos Balkon, *»stell dir vor, du würdest in Bockenheim wohnen.«*

Nie nach Berlin gezogen zu sein, fühlte sich für Jerome so an, wie nie auf Facebook gewesen zu sein. Beide Entscheidungen hatten ihm viel Vergleichsdruck und narzisstische Kränkungen erspart, ihn vielleicht aber auch zu einem weniger akkuraten Zeitzeugen gemacht. Bruno trug ein glänzendes kunstseidenes Hemd und wirkte etwas müde. Er wollte offensichtlich nicht über Bockenheim sprechen. Wahrscheinlich suchte er bloß nach Exitstrategien, weil der Herbst vor der Tür stand, dachte Jerome, die zunehmende Dunkelheit änderte die Stimmung, und anstatt diese Veränderung zu genießen, begannen einige Menschen, aktionistisch Pläne zu machen, die sie nie in die Tat umsetzen würden. Unten auf der Elbestraße fuhr eine weiße Stretchlimousine vor. Bruno filmte das Aussteigen einer Gruppe untersetzter Blondinen mit seinem Nokia Sirocco. *»Das ist wohl ein Junggesellinnenabschied«*, sagte Jerome, während sich die Blondinen gegenseitig fotografierten. Das Bahnhofsviertel hatte sich endgültig zum Negativen verändert, davon war Bruno überzeugt, es sei nun zu gleichen Teilen bedrückend kriminell und steril aufgewertet. Jerome fragte, ob das nicht eine spannende, da doch eigentlich unmögliche Kombination sei. Bruno antwortete *»nein«* und fragte dann: *»Hat dich Julian eigentlich gefragt, ob du sein Best Man sein willst?«*

»Zum Glück nicht«, sagte Jerome.

»Mich auch nicht«, sagte Bruno.

Dass Julian in wenigen Wochen tatsächlich heiratete – in einer gemieteten Mehrzweckvilla an der Grenze zu Thüringen, weswegen alle Familienmitglieder und engeren Freunde sich ein ganzes Oktoberwochenende lang Zeit für dieses Fest nehmen mussten –, war für Bruno und Jerome kaum nachvollziehbar. Sie vermuteten, dass Julian dem Druck seiner Freundin Jana nachgegeben hatte. *»Ich glaube, er wollte einfach nicht diskutieren«*, wiederholte Bruno. *»Jana geht auch für romantische Komödien ins Kino. Sie mag die Ehe. Und wegen Elena sind die beiden doch sowieso aneinander gebunden.«*

Julian erzählte nie von seiner Tochter Elena, wenn er mit Bruno und Jerome Zeit verbrachte. Stattdessen kreisten die Gespräche um Filme und Musik. Jerome hatte den Eindruck, dass Julian mit Bruno und ihm vorwiegend Urlaub in der eigenen Vergangenheit machen wollte. Vielleicht funktionalisierten sich Freundschaften zwangsläufig, sobald Familien gegründet wurden, und vielleicht reichte es dann auch, sich in den verbleibenden Zeitfenstern gegenseitig Ablenkung und Trost zu spenden. Mit Tanja hatte Jerome zweifellos auch eine intensive Freundschaft verbunden. Es hätte nicht gereicht, sich in regelmäßigen Abständen auf den neusten Stand zu bringen, Jerome wollte an ihren Gedanken teilhaben, er wollte sich in ihrer Nähe wohl und bestätigt fühlen. Außerdem wollte er mit ihr schlafen. Jerome war weiterhin verliebt, dieses Gefühl hatte sich in den kontaktlosen Monaten zwar mehrfach verändert, es war aber nicht verschwunden.

Vom Bahnhofsviertel aus spazierten Bruno und Jerome in die Innenstadt, zum Dortmunder Pils-Treff, den einige am Städel Studierende als adäquate Alternative zur Terminus Klause ausgerufen hatten. Bruno bestellte Jerome einen großen Apfelwein und für sich ein kleines Bier. Seine Oberschenkeltätowierung war eher symbolisch zu lesen, Bruno hatte Apfelwein in Wahrheit nie wirklich gemocht. Er nickte einer dunkelhaarigen Frau zu, die etwas älter war als die Studentinnen, die sie umringten. *»Ich war mal auf einer Ausstellung von ihr«*, meinte Bruno, woraufhin Jerome auffiel, dass er die Frau ebenfalls kannte. *»Krass, ja, die arbeitet bei Jenny Köhler's Electric Rental!«* Jerome war begeistert, nie zuvor hatte er eine jener charismatischen Mitarbeiterinnen außerhalb des Autoverleihs angetroffen. *»Soweit ich weiß, arbeiten da ausschließlich Lesbierinnen, die Kunst machen«*, sagte Bruno, ohne irgendetwas an diesem Satz böse zu meinen. Bruno sagte *Lesbierinnen* statt *Lesben*, das gefiel Jerome, der seinerseits nie über die sexuelle Orientierung der Mitarbeiterinnen nachgedacht hatte. Er rekapitulierte seine zwölf Besuche bei Jenny Köhler's Electric Rental und fragte sich, ob Brunos Behauptung plausibel war. War er naiv gewesen? Jeromes Blick flackerte durch den Dortmunder Pils-Treff. Er hatte die Frauen bei Jenny Köhler immer in erster Linie sympathisch gefunden. Jerome kam zu dem Schluss, dass nichts daran naiv war.

Bruno und Jerome setzten sich zu einem losen Bekannten von Bruno, der aus Schottland stammte und schwer verständliches Englisch sprach. Weil Jeromes Mutter Engländerin war, unterstellten Menschen quasi automatisch, dass Jerome diverse britische Sprachen verstehen konnte, dabei hatte ihm seine Mutter lediglich ein akkurates Oxfordenglisch beigebracht und Jerome nie in UK gelebt. Er hörte dem Schotten, der Michel hieß, dennoch gerne zu, vielleicht gerade weil er nicht alles verstand. Michel erzählte von der dreißigsten Geburtstagsparty der Bar Central, die später am Abend in einem Mehr-Etagen-Haus in Alt-Sachsenhausen stattfinden sollte. Jerome mochte die Idee, dort hinzugehen, er fand es gut, dass es die Bar Central noch immer gab, und er war seit Jahren nicht mehr in Alt-Sachsenhausen gewesen. Früher hatte ihn diese Gegend immer an Spiegel-TV-Reportagen über deutsche Sauftouristen auf Mallorca denken lassen, und auf diesen Eindruck der Befremdung hatte er gerade durchaus Lust.

Die Stimmung in den Gassen von Alt-Sachsenhausen kam Jerome dann auch erwartungsgemäß aggressiv vor, er bemühte sich, niemanden direkt anzusehen, sodass sich keiner der umherziehenden Trinker provoziert fühlen konnte. Die Schlange jedoch, die sich vor dem Mehr-Etagen-Partyhaus gebildet hatte, wirkte vergleichsweise friedlich. Jerome nahm von Michel eine Flasche Rotkäppchensekt entgegen, trank einen Schluck und fragte sich, ob er glücklich war. Ein stechendes Gefühl kam auf, als er daran dachte, dass auch Tanja in diesem Augenblick einen Samstagabend erlebte, vermutlich in Berlin, vermutlich umgarnt von Männern und Frauen, aber er glaubte zu spüren, dass auch sie gerade an ihn denken musste, dass es auch für sie nicht leichter geworden war. Die

Verbindung war noch nicht gekappt, alles blieb möglich, und der Augenblick war schön. Jerome mochte Bruno, er mochte Michel, und er genoss es, nach Monaten des Sommers endlich wieder seine hellrote Kordjacke tragen zu können.

»Schau mal, da kommt jemand raus«, Bruno deutete zum Eingang, *»kennst du die nicht?«* Jerome sah drei Frauen am Türsteher vorbei ins Freie treten. Zwei von ihnen trugen Trenchcoats, die dritte eine helle Jeansjacke, und den schöneren der beiden Trenchcoats trug Marlene Seidl. Ihr Gesicht sah schmaler aus als früher. Das war mit Mitte dreißig vielleicht ein Hinweis auf Kummer, andererseits stand es ihr sehr. Als sie mit ihren beiden Freundinnen an der Schlange vorbeiging, fragte Bruno: *»Willst du nicht hallo sagen?«* Jerome war überfordert. Er hatte mit Marlene seit fünf Jahren nicht gesprochen, und überhaupt nur dieses eine peinliche Mal auf E. *»Jerome, Dude«*, sagte Bruno, *»jetzt geh da hin!«* Jerome trank einen weiteren Schluck Sekt und ließ mehrere Sekunden verstreichen. Er blieb stehen. *»Ich bin sauer, wenn dir das jetzt die Laune verdirbt«*, sagte Bruno dann. *»Easy«*, antwortete Jerome mit einem flauen Gefühl. *Easy* war ein von vielen Menschen verwendetes Wort, das Jerome niemals hatte übernehmen wollen.

»Jerome Daimler?« Er drehte sich um. Marlene Seidl stand nun lächelnd vor ihm, sie musste ihn im Vorbeigehen doch erkannt haben. Sie trug einen kleinen geschlossenen Regenschirm in der Hand. Ihre Freundinnen hielten einige Meter Abstand, sodass keine Zeit für eine Vorstellungsrunde verloren ging.

»Marlene! Das ist lange her ... Das ist mein Freund Bruno.«

»Hey, freut mich«, sagte Marlene.

»Ja, hey, ebenso.« Es folgte ein Handshake zwischen Marlene und Bruno, die beiden kannten sich vom Sehen, thematisierten es aber nicht.

»Wollt ihr auch da rein?«, fragte Jerome, so als hätte er sie nicht aus dem Gebäude herauskommen sehen.

»Nee, wir waren da gerade. Es ist viel zu voll. Man wartet eine halbe Stunde auf ein lauwarmes Getränk. Vielleicht gucken wir später noch mal hin, aber ...« Marlene verzog das Gesicht, um zu markieren, dass eine Rückkehr sehr unwahrscheinlich war. *»Wie geht es dir? Bist du zu Besuch oder wohnst du wieder hier?«*

»Ich wohne hier. In Maintal.«

»Echt?!«

»Ja, im ehemaligen Haus meiner Eltern. Ich kann da eigentlich gut arbeiten.«

»Du machst Homepages, oder?«

»Ja, genau. Webdesign.«

»Ehrlich gesagt ... also ... eine Freundin macht sich gerade selbstständig und bräuchte eine Webpräsenz. Bist du momentan offen für Aufträge?«

»Eventuell.«

»Die hat eine krasse Förderung. Hast du eine Karte?«

»Nicht dabei. Aber ich kann dir meinen Kontakt geben.«

Marlene Seidl reichte Jerome Daimler ihr iPhone 8 mit einem geöffneten Kontaktformular. Er tippte seine offizielle E-Mail-Adresse in das dafür vorgesehene Feld und darunter auch noch seine private Gmail-Anschrift. Dann gab er Marlene das Telefon zurück. Sie schaute ihm in die Augen und fragte: *»Gibst du mir auch deine Nummer?«*

»Klar.«

Natürlich sollte Marlene recht behalten. Das Fest in dem beengten Mehr-Etagen-Haus machte zu keinem Zeitpunkt wirklich Spaß. Dennoch hatten Bruno und Jerome im Gedränge eine gute Zeit. Sie diskutierten darüber, ob Marlenes Kontaktaufnahme nun steril und abgeschmackt oder das genaue Gegenteil davon gewesen war. Jerome fand sie *todessouverän*, auf so eine Frankfurter Art, wie er sagte, mit einem Bein in der Business-Welt stehend, und wusste selbst nicht, ob das positiv oder negativ war, aber er freute sich. Für radikal selbstbewusst hielt er die Tatsache, dass Marlene nicht bei ihm angeklingelt hatte, sie übernahm die volle Kontrolle über ihren Kontakt. *»Ich glaube, es war ganz cool, dass du keine Visitenkarte hattest«*, meinte Bruno. *»Ich bin da mittlerweile nicht mehr so sicher«*, antwortete Jerome. Bruno war nun anzusehen, dass auch er nicht mehr sicher wusste, ob ein Leben ohne Visitenkarte die richtige Entscheidung war.

Um 6 Uhr 15 entschied Jerome, in Richtung Südbahnhof zu gehen, um mit der Regionalbahn nach Maintal zu fahren. Der Himmel war grau verhangen und es nieselte. Gefühlt war es der erste trübe Morgen seit einem halben Jahr. Bruno hatte entgegen seiner Vorsätze etwas Amphetamin genommen und dachte darüber nach, noch zu Freunden ins Gallusviertel zu fahren, die ebenfalls etwas genommen hatten. Seinen Vormittag resthigh in Privatwohnungen von Freunden zweiten oder dritten Grades zu verbringen – so richtig gemocht hatte Jerome das nie. Im Morgengrauen restbetrunken in mehr oder weniger leere Regionalbahnen zu steigen, mit einem Baguette von Le Crobag in der Hand – das mochte er schon eher. Er fand, dass es alles in allem eine gute Samstagnacht gewesen war. Jerome setzte sich auf die grün-blau gestreiften Sitzpolster der alten Regionalbahn und biss in sein Ficelle-Baguette, belegt mit scharfer Salami und Edamer. Als er auf sein Handy blickte, sah er eine Sprachnachricht, Nummer unbekannt. Sie war sieben Minuten alt. Jerome überlegte, ob er die Nachricht lieber ausgeschlafen am Sonntagnachmittag abhören sollte. Er zögerte, bis die Bahn losgefahren war, dann hielt er sich sein Telefon ans Ohr: *»Hey Jerome, sorry, das mit der Webseite der Freundin ist natürlich Bullshit. Normalerweise suche ich nicht solche Ausreden, um jemanden anzusprechen. Normalerweise schicke ich morgens auch keine Sprachnachrichten. Aber hat mich krass gefreut, dich zu treffen. Das wollte ich dir glatt sagen. Vielleicht hast du die Tage ja mal Zeit für Dinner oder so. Fände ich wirklich gut. Ich glaube, wir warten jetzt schon ein paar Jahre darauf.«*

Jerome fragte sich, ob Marlenes Nachricht womöglich unter Kokaineinfluss entstanden war. Sie klang außerordentlich gut gelaunt, doch am Ende schien sie fast in Gelächter auszubrechen, und diese Humorbereitschaft sprach dann doch eher gegen Kokain. Vielleicht befand sie sich generell in einer manischen Phase, oder diese selbstbewusste Spontanität war einfach ihre Art. Erstaunt war Jerome darüber, dass er sich von ihrer Nachricht in keiner Weise bedrängt fühlte. Er antwortete mit einem kurzen Text: *›Angenehme Voice-Message! Danke. Bin gerade auf dem Heimweg. Regionalbahn forever. Gerne die nächsten Tage Dinner. Passt dir Dienstag?‹*

10

Dass ein beleuchteter Globus auf einem Beistelltisch in direkter Nähe zu Tanjas Bett stand, war noch von jeder Person, die ihr Schlafzimmer betreten hatte, kommentiert worden. Den meisten gefiel der Gegenstand sehr, manche hielten ihn für ein Kunstwerk und suchten nach bewusst inszenierten Fehlern in der Weltkarte. Am 30. April 2001 hatte Tanja den Globus zum dreizehnten Geburtstag von ihrem Vater geschenkt bekommen. Tanja hatte sich damals nicht darüber freuen können, doch als sie acht Jahre später nach Berlin zog, um GWK zu studieren, nahm sie ihn mit. Im Laufe der Zehnerjahre wurde ihre Wohnung ordentlicher, Tanja sortierte zunehmend alte Kleidung aus und ließ sogar Möbel in den Keller räumen, sodass Freifläche entstand und dem Globus in ihrem Schlafzimmer eine immer prominentere Funktion zukam. Das Objekt war in den vergangenen Jahren so häufig thematisiert worden, dass sich Tanja fragte, ob ihre neue weibliche Hauptfigur nicht ebenfalls einen beleuchteten Globus im Schlafzimmer haben sollte. Für *PanoptikumNeu* hatte sie offenkundig biographische Bezüge wie diesen noch kategorisch ausgeschlossen, was sich nun zu verändern schien.

Am Morgen des 23. September saß Janis oberkörperfrei neben ihr und drehte an der Weltkugel. *»Warst du hier schon mal irgendwo?«* Er deutete auf Afrika. *»Nur da«*, sagte Tanja und legte den Zeigefinger auf Kapstadt. Tanja war Ende 2016 eine Woche lang dort gewesen, auf Einladung des Goethe-Instituts im Rahmen einer Virtual-Reality-Ausstellung. Sie hatte aus der englischen Probeübersetzung *PanopticonNew* vorgelesen, an der Seite einer südafrikanischen Autorin, deren Gedichte ebenfalls VR thematisierten. Die Ausstellung hatte Tanja gefallen, sie gab Janis gegenüber aber zu, dass das Reisen für sie generell an Faszination eingebüßt habe, man treffe sich weltweit gefühlt an immer ähnlicheren Orten. Sie sagte: *»Facebook und French Fries«*, und musste unweigerlich daran denken, wie Jerome bei diesem Begriffspaar sofort gewusst hatte, was sie meinte. Jerome hatte ihr Sentiment geteilt und eigene Beobachtungen ergänzt, und dann hatten sie die Globalisierung zu gleichen Teilen umarmt und verdammt. Das Beste am Reisen – darüber waren sich Jerome und Tanja schnell einig gewesen – war der leicht entfremdete Blick auf Deutschland, der sich in den ersten Tagen nach der Rückkehr einstellte. Sich zuhause für einen kurzen Moment nicht mehr zuhause zu fühlen – diesen Zustand mochte Tanja sehr.

Janis sagte: *»Findest du nicht, dass du es dir arg bequem machst mit dieser Ansicht? Ich bekomme keine Einladungen vom Goethe-Institut, empfand bisher aber jede Reise als Gewinn. Niemand zwingt dich, weltweit in identisch aussehende Airbnb-Apartments zu ziehen.«* Wenige Tage zuvor hatte Tanja

Airbnb lobend erwähnt, dank der Plattform habe sie bereits in fünf verschiedenen Ländern hilfsbereite Menschen kennengelernt und unkompliziert übernachtet. Dass Janis ihr nun diesen Seitenhieb versetzte, fand sie daneben.

*

Marlene hatte Jerome gefragt, ob er mit Apfelwein und Fleischgerichten okay sei. Jerome hatte sich sehr über diese Frage gefreut, als Antwort *›100 %‹* geschrieben und ein Jubelndes-Gespenst-Emoji hintendran gesetzt. Für das Treffen im Apfelweinlokal Zur Sonne in Bornheim wählte Jerome die Kleidung mit den gedecktesten Farben aus, die er aus seinen Neuerwerbungen der Jahre 2017 und 2018 zusammenstellen konnte. Wegen Marlenes Trenchcoat vom Samstagabend und wegen ihres Jobs in einer Unternehmensberatung ging er davon aus, dass sie einen eher zeitlosen Stil bevorzugte. Doch nun trug Marlene plötzlich ein weißes Top und darüber eine weit geschnittene gelbe Daunenjacke, obwohl es für Daunen eigentlich noch deutlich zu warm war. Für einen Augenblick ärgerte es Jerome, dass er sich bei Marlene durch seine Kleidung hatte anbiedern wollen, er hätte ebenso gut auf auffällige Farben setzen können, so wie es ihm eigentlich gerade entsprach, und dann wäre ein verbindender Eindruck von Partnerlook entstanden. Momente später aber wurde ihm bewusst, dass sich Marlene auch ihm hatte anpassen wollen, basierend auf seinem hellroten Outfit vom Samstagabend. Marlene sagte *»schönes Hemd«* und Jerome antwortete *»coole Jacke«*, und eine knappe Stunde später, als sie bereits einen

Fünfer-Bembel Apfelwein leer getrunken hatten, sprach Jerome seine Reflexion zu ihrer beider Outfitwahl allen Ernstes aus: *»Zwischen Samstag und Dienstag haben wir jetzt Cross-Partnerlook gemacht.«* Der Irrsinn war, dass Marlene sofort verstand, was er meinte.

*

Im neu angelegten ersten Kapitel von Tanjas Buchprojekt beschrieb die Ich-Erzählerin Matilda, dass sie in ihrem bisherigen Leben wiederholt in schwule Männer verliebt gewesen war. In Matildas Teeniejahren Mitte der Nuller waren das noch die vorwiegend sanften Jungs aus ihrem Vorstadt-Gymnasium gewesen, die Indietronics hörten und augenscheinlich weniger in Mannschaftssportarten aufgingen als ihre Mitschüler. Im Berlin des Jahres 2018 stand die fiktive Matilda nun auf jene pedantisch austrainierten Männer mit militärischen Kurzhaarfrisuren, die auf Techno- und Sexpartys zugegen und in Matildas Augen fast schon als Parodien lesbar waren. Dieser muskulösen und mutmaßlich tief labilen Männlichkeit wollte sie sich gerne hingeben.

Am Ende der zweiten Seite ließ Tanja ihre neue Erzählerin feststellen, dass also womöglich nicht mal ihr eigenes Begehren weiblich, sondern an den Blicken schwuler Männer orientiert war. Matilda war als eine Figur angelegt, die über solche Beobachtungen nicht etwa verzweifelte. Vielmehr erleichterte es sie, festzustellen, dass es vieles zu verbessern geben würde, wäre man nur unzufrieden genug. Doch Matilda war nicht unzufrieden, sie war selbstbewusst und liebte ihr Leben. Damit hatte Tanja ihre Heldin nun stark genug von ihrer Schwester Sarah unterschieden, und am Ende würde Matilda wahrscheinlich als eine Kreuzung aus den Geschwistern Arnheim durchgehen. Tanja war ihrem Ziel, eine weibliche Figur zu schaffen, die nicht identisch mit ihr selbst war und die sie dennoch aufrichtig mögen konnte, ein gutes Stück näher gekommen.

*

Weder Marlene noch Jerome vertrugen besonders viel Apfelwein. Dass beide dennoch Freude daran hatten, am Dienstagabend überraschend große Mengen davon zu trinken und zwischendurch noch Calvados-Mispelchen zu bestellen, war zweifellos ein gutes Zeichen. Vermutlich war auch Marlene leicht nervös. Nach dem Essen spazierten sie die Berger Straße hinunter, ohne genau zu wissen, wo sie als Nächstes einkehren wollten. Marlene zog ihre Daunenjacke aus. Sie sagte: *»Es ist viel zu warm für diese Jacke.«* Jerome sagte, das könne auch am Alkohol liegen, worauf Marlene nicht weiter einging. Sie meinte, sie könne diese Woche zur Arbeit kommen, wann sie wolle, ihr Chef sei in Portugal, und sie habe schon viele Überstunden. Auf dem Weg in Richtung Innenstadt passierten sie das Gambrinus am Eck, ein Lokal mit holzvertäfelten Wänden, in dessen Keller sich eine Kegelbahn befand. Marlene und Jerome waren um diese Uhrzeit die einzigen Gäste, sie setzten sich an den Tresen. Die Bedienung, eine ältere Dame, wies darauf hin, dass ihr Lokal in zwanzig Minuten schließen würde. *»Das reicht easy«*, sagte Marlene und bestellte tschechisches Bier für beide. Dass

Marlene betrunken ebenfalls das Wort *easy* benutzte, störte Jerome überhaupt nicht. Es entlastete ihn sogar.

*

Obwohl es normal geworden war, sich ob des monatelang anhaltenden Sommerwetters als *übersättigt* zu beschreiben, schlugen Tanjas Freundinnen und Freunde vor jedem angekündigten Temperaturrückgang doch immer wieder vor, den *letzten Sommertag* noch einmal draußen zu nutzen. Tanja ließ sich selten darauf ein. Sie prognostizierte, dass es auch im Oktober noch sommerliche Tage geben werde, und blieb oft schreibend zuhause.

Sie fand es reizvoll, eine Frauenfreundschaft zu erzählen, die eine tiefe Krise durchläuft, aber letztlich überdauert. Die Geschichte von Matilda und ihrer noch namenlosen besten Freundin war in einem Sommer der nahen Zukunft angesiedelt, *in einem Berlin neben unserer Zeit*, in dem sich ein grüner Bundeskanzler gegen eine faschistische, weiblich angeführte Opposition behaupten musste. Der Sommer dieser nahen Zukunft sollte sich noch endloser und entrückter, aber zugleich rauschhafter und besser anfühlen als der Sommer des Jahres 2018.

*

Marlenes letzte Aussagen waren nicht eindeutig lesbar gewesen, auch sie schien mit der Frage nach der ersten Nacht zu hadern, wäre aber womöglich bereit gewesen, sich von Jerome verführen zu lassen, so wie auch Jerome bereit gewesen wäre, sich von Marlene verführen zu lassen. Dass sie beide gleichermaßen zögerten und sich nicht einmal küssten, sprach dafür, dass sie gut zueinanderpassten, offenbar wollten beide vorsichtig mit dem Versprechen umgehen, das sie füreinander darstellten. Marlene hatte freimütig erzählt, dass ihre letzte Beziehung drei Jahre gedauert habe, das erste Jahr sei spektakulär gut, das zweite eine unterhaltsame Form der Krise, das dritte eine Art sprachlose Lähmung mit zum Teil aber noch großartigem Sex gewesen. Jerome war dankbar für Marlenes Offenheit, hatte selbst aber nur sehr abstrakt von einer Fernbeziehung erzählt, die recht abrupt zu Ende gegangen sei. Er hatte außerdem behauptet, dass er mit den meisten seiner Exfreundinnen in freundschaftlichem Kontakt stehe, er wolle sie nicht missen. Auf dem Rücksitz des Taxis nach Maintal fragte er sich, warum er in diesem Punkt gelogen hatte.

*

Janis riet Tanja, als diese ihm in einem gut gelaunten Moment von ihrem aktuellen Prosamanuskript erzählte, dringend davon ab, darin erneut homosexuelle Männer zu thematisieren. Sie dürfe jetzt, wenn sie weiter ernst genommen werden wolle, auf keinen Fall nur ihr altes Thema variieren, sagte Janis vor einem Teller Pasta. Sie hatten sich entgegen ihrer bisherigen Gewohnheit, der nach sie sich nur abends trafen, zum Lunch in der Lavanderia Vecchia auf der Flughafenstraße verabredet. Janis ergänzte, dass er Tanjas Blick auf Schwule, der *PanoptikumNeu* so streitbar gemacht hatte, aus heutiger Sicht als unnötig konservativ empfand. Er erzählte erneut von seiner gut funktionierenden Affäre mit Dennis, einem zweiundzwanzigjährigen Dresdner, der laut Janis von einer wichtigen Modelagentur vertreten wurde, der aber ebenso wenig wie er selbst als klassisch schwul zu bezeichnen sei. Die beiden würden sich noch immer alle zwei bis drei Monate treffen und es sei verlässlich schön. Tanja fühlte sich missverstanden. Nachdem sie eine halbe Minute geschwiegen hatte, entschuldigte sich Janis. »*Wenn ich mich kritisch dir gegenüber äußere, heißt das wahrscheinlich vor allem, dass du mich verunsicherst.*«

Tanja sagte: »*Du hast mich nicht mal aussprechen lassen. Es geht in meinem neuen Text um völlig andere Sachen, ich fange nur mit einem Bezug zu dem an, was davor gewesen ist. Du musst mir schon zuhören, bevor du mich angreifst.*« Janis merkte nun, dass sie wirklich sauer war. »*Es tut mir leid*«, wiederholte er.

Nach dem Mittagessen gingen Tanja und Janis auf das Tempelhofer Feld, um mit einem freien Blick zum Horizont Eiscreme zu essen. Sie setzten sich im Eingangsbereich des ehemaligen Flugfeldes auf einen rot-weiß bemalten Randstein. Janis schwieg so lang, wie er selten geschwiegen hatte. Tanja spürte, dass er auf etwas wartete, auf eine Art Bekenntnis vielleicht, aber sie war von seinen vorschnellen Anmerkungen noch immer gekränkt. Er wurde zunehmend übergriffig, dachte sie, wissend, dass dieser Gedanke nicht unbedingt fair war. Wahrscheinlich spiegelte er mit seinem Schweigen auch nur Tanjas halbbewusste Strategie, in schwierigen Momenten erst einmal Raum für Spekulationen zu öffnen. Ihr Wunsch war es, dass die Situation nicht eskalierte. Sie versuchte sich auf ihr Bananeneis zu konzentrieren.

»Ich glaube, dass du mich nicht wirklich willst«, sagte Janis unvermittelt. *»Und je länger das so geht, desto zehrender wird es für mich. Wenn ich dich angreife, greife ich nicht dich an, sondern die Situation ... das soll jetzt nicht unnötig dramatisch klingen, aber im Endeffekt musst du dich wahrscheinlich einfach entscheiden.«*

»Weißt du denn genau, was du willst?«, fragte Tanja, um eine sanfte Stimme bemüht.

»Muss ich das echt ausführen?«

»Ich glaube schon.«

»Ich fände es zum Beispiel cool, wenn du Barnabas mal kennenlernen würdest. Und ich würde gerne mal mit dir verreisen, meinetwegen auch in ein Airbnb.« Janis versuchte zu lächeln. Ganz offensichtlich wartete er nun darauf, dass Tanja ihn umarmte. Sie blickten einander an. Als Tanja wegschaute, stand er auf. *»Ich geh mal los. Meld dich einfach!«*

Tanja blieb noch eine Weile mit ihrem Rest Eiscreme am Rand des Flugfeldes sitzen. Sie hatte sich vorläufig für die Ich-Erzählerin Matilda entschieden, und diese Entscheidung fühlte sich nicht falsch an.

11

In den drei Tagen nach dem Lunch mit Janis hatte Tanja das Haus nur noch verlassen, um Obst, Reis und Mineralwasser zu kaufen. Es waren Matilda-Monologe zu mehreren Themen entstanden, zudem Szenen, die Matilda in Interaktion mit Alecia zeigten, ihrer bis vor kurzem noch namenlosen besten Freundin. Tanja wollte das Verhältnis der beiden als schwierig und symbiotisch zugleich entwerfen, als eng und existenziell. Nachts hatte sie das Gefühl, dass ihr die Szenen leicht von der Hand gingen, beim erneuten Lesen, beispielsweise um 13 Uhr, kamen ihr die Passagen, in denen die Freundinnen interagierten, ausgedacht und hölzern vor.

Am vierten Tag beschloss sie, ihre Wohnung für längere Zeit zu verlassen. Während eines Besuchs in der Karstadt-Feinkostabteilung am Hermannplatz fragte sie sich, ob sie momentan vielleicht nur so viel schrieb, um Janis aus dem Weg zu gehen. Dass sich Tanja diese Frage überhaupt stellte, kam ihr albern vor. Es war doch recht offensichtlich. Mehr als sechzig Stunden waren ohne Kurznachricht seinerseits vergangen, was gleichbedeutend mit der längsten Kontaktstille seit ihrem ersten Kuss am 22. Mai war. An der Kasse der Feinkostabteilung schüttelte Tanja den Kopf über sich selbst. Die junge Kassiererin, die gerade einen Brokkoli wog und dann zwei Dreierpacks Kinder Maxi King scannte, schien das Kopfschütteln auf sich zu beziehen, woraufhin Tanja sie beschwichtigend anlächelte. In englischsprachigen Ländern wäre aus der Situation womöglich ein kurzer, befreiender Dialog entstanden, dachte Tanja, vielleicht hätte man sogar gelacht. In Deutschland hielt man das Missverständnis aus und lebte mit den Konsequenzen. Tanja zahlte ihre Einkäufe schweigend. Die Kassiererin, die vermutlich im gleichen Alter wie Tanja war und sehr wahrscheinlich in ihrer Kindheit ähnliche Sendungen im TV geschaut hatte, vermied nun den Blickkontakt. Vor der Rolltreppe, die Tanja aus dem Keller des Karstadt zurück ins Tageslicht führen würde, blieb sie stehen, um kurz darauf noch einmal zur Kasse zurückzukehren.

»Hey, wegen eben ... Ich war in Gedanken und habe über mich selbst den Kopf geschüttelt. Ich wollte dich nicht verunsichern oder so.« Tanja fühlte sich nicht wohl damit, dass sie die Kassiererin duzte, es war eventuell anbiedernd, aber ein formelles *Sie* hätte sie als ebenso problematisch empfunden. Die Kassiererin schien Tanja jetzt endgültig für verrückt zu halten. *»Schon gut«*, sagte sie, *»alles okay.«* Tanja blieb noch einen Augenblick lang stehen, wurde aber nicht weiter beachtet. Es fiel ihr schwer, sich die physischen Anforderungen dieses Jobs an der Supermarktkasse vorzustellen. Während ihres dreieinhalbjährigen GWK-Studiums hatte sie zeitweise im A.P.C.-Store auf der Fasanenstraße gearbeitet, dies aber bleiben lassen, sobald sie mit Text-

honoraren erstes Geld verdiente. Wenn Tanja sich heute fragte, was sie tun würde, sobald sich niemand mehr für ihre Texte interessierte, dachte sie an die neu gegründeten Miniunternehmen in ihrem Bekanntenkreis, sie dachte *Pressearbeit*, und sie dachte an ihre eigenen Ideen für neue soziale Apps, etwa an FoodieMS, die Plattform, auf der man andere App-Nutzer mit spezifischen Ernährungsinteressen zu Dinnerpartys bei sich zuhause einladen oder sich selbst für passende Dinner bewerben konnte. In ihrem nächsten Interview würde Tanja sagen: *»Wenn ich eines Tages nicht mehr schreibe, werde ich reich und unglücklich.«*

Für Matildas Freundin Alecia, die einen von der Erzählerin als *pathologisch* beschriebenen Kinderwunsch mit sich herumträgt, gab es kein real existierendes Vorbild. Zwar hatten Frauen, die Tanja persönlich kannte, in den zurückliegenden zehn Jahren Kinder bekommen, aber wirklich enge Freundinnen waren nicht darunter. Tanja hatte Freundinnen, die Kinder nicht völlig ausschlossen, und Freundinnen, die das Thema ihr gegenüber aussparten. Und einige hielten sich schon seit mehreren Jahren Hunde. Tanjas Schwester hatte vor kurzem getextet, dass ihr indischer Therapeut ihr die Anschaffung eines Hundes ans Herz gelegt habe. Tanja schrieb Sarah daraufhin eine wirklich lange iMessage, in der sie fast alle Emotionen ausformulierte, die sie jemals mit Hunden verknüpft hatte. Ihr zentrales Argument war, dass Hunde einem immer wieder die Basics eines jeden Lebens vor Augen führten – Schlaf, Bewegung, Appetit, Trieb und Scham –, was man als erdend und erbaulich, aber auch als belastend und banal empfinden konnte. Tanja schlug Sarah vor, mal einen ganzen Nachmittag mit einem geliehenen Hund zu verbringen, damit sie ein eigenes Gefühl zu diesem Thema entwickeln konnte. Sarah antwortete auf die immens lange Nachricht ihrer Schwester mit: *›Schon klar, Tanja. Ich will keinen Hund.‹*

Alexander Keil, der von den meisten *Alex* und von seinen alten Schulfreunden angeblich noch immer *Keil* genannt wurde, war der letzte verbliebene Schriftsteller in Tanjas direktem Umfeld. In den ersten zwei Buchsaisons nach ihrem Debüt war sie zu zahlreichen Tagungen und Festivals eingeladen worden, dort hatte sie viele Autorinnen und Autoren kennengelernt. Die Autoren versuchten überwiegend mit ihr zu flirten – meistens fragten sie zuerst, in welchem Stadtteil Berlins sie wohne –, und die Autorinnen lobten sie entweder unverhältnismäßig stark für die Eigenart ihres Tons oder gaben ihr subtil zu verstehen, dass sie Tanja für oberflächlich hielten. Es war nicht unbedingt Neid, der ihr entgegenschlug, viel eher war es eine Art Angst vor jenem Milieu, dem Tanja ihrem Kleidungsstil nach zu urteilen anzugehören schien und das viele wohl vage mit bildender Kunst und Mode assoziierten. Alexander Keil interessierte sich weder für Mode noch für bildende Kunst, aber er fühlte sich deshalb nicht minderwertig, was ihn in Tanjas Augen zu einem stabilen und entspannten Charakter machte.

Tanja traf Alexander in Charlottenburg vor dem Lux-Kino, das es erst seit 2017 gab – seinerzeit von der Yorck-Kinogruppe wie ein Premierenpalast beworben, obgleich es sich vor Ort eindeutig wie ein westdeutsches Programmkino anfühlte. Tanja und Alex hatten noch nicht entschieden, ob sie die Komödie *Crazy Rich Asians* oder das Gus-Van-Sant-Drama *Don't Worry* anschauen wollten. Sie standen hinter der Glasfront im Vorraum des Kinos und überlegten. Alex sagte: *»Crazy Rich Asians soll cheesy und rassistisch sein. Aber mit sehr, sehr lustigen Nebenfiguren.«* Tanja fragte sich, während sie auf die Eiscreme-Optionen in der Kühltruhe blickte, wie gut sie wohl derzeit romantische Komödien ertragen konnte. *»Ich glaube, ich bin für Don't Worry«*, sagte sie, ohne es zu begründen. Alex war einverstanden, so wie er meistens einverstanden war, wenn Tanja einen Vorschlag machte. Er hatte Szenisches Schreiben an der UdK studiert und arbeitete als Autor nun überwiegend fürs Theater. Tanja las die Stücke, die Alex schrieb, nicht. Sie wollte das gute Verhältnis nicht unnötig aufs Spiel setzen und hatte sich entschieden, davon auszugehen, dass ihr sein Schreiben auch heute noch gefallen würde, schließlich hatte sie seinen Auftritt auf der Absolventenlesung der UdK vor drei Jahren recht gerne gemocht. Und hätte Alex mal eine Premiere in Berlin, würde sie sicherlich hingehen, dachte Tanja.

Alex fragte vorsichtig nach Jerome. Tanja erzählte ihm die Wahrheit über die Kontaktstille und schob rasch nach, dass ihre zweite, neuere Geschichte ebenfalls gerade auf Eis lag. Aus Gründen, die sie nicht genau zu benennen wusste, vertraute sie Alex. Es war ihr ein Anliegen, keine Unschärfen aufkommen zu lassen, er sollte möglichst akkurat erfahren, was bei ihr los war.

Im Anschluss an *Don't Worry* spazierten sie zum Diener Tattersall. Der Film, in dem es um einen zynischen Comiczeichner ging, der seit einem Unfall im Rollstuhl saß und sein Lebensglück mithilfe der Anonymen Alkoholiker fand, hatte Tanja durchaus emotionalisiert. Wenngleich sie nicht behaupten konnte, die Geschichte sonderlich gern gemocht zu haben. Alex sagte, dass er von Jonah Hills Performance als kultischer Leiter der Anonymen Alkoholiker begeistert sei, aber Joaquin Phoenix kaum habe ertragen können. Tanja beurteilte die Auftritte von Schauspielern in der Regel gar nicht, sie fand, das stand ihr nicht zu. *»Ich glaube, im Jahr 2018 hat mir noch kein Film zu 100 % gefallen«*, sagte sie. Alex erwähnte *Call Me by Your Name*, den habe er wirklich gefühlt, *»aber wusstest du, dass der international an der Kinokasse ein Flop gewesen ist? Nur im Rollberg-Kino in Neukölln läuft der seit sechs Monaten täglich. Das muss man sich auch mal vor Augen führen.«* Alex hörte sich jetzt etwas zu gerne reden. Er sagte, dass es ihm generell ähnlich gehe wie Tanja, ihm gefalle auch immer weniger. *»Ich glaube, das hängt auch mit dem Alter zusammen. Mit über dreißig kann man nichts mehr ungebrochen gut finden, die Zeiten der puren Begeisterung sind vorbei.«*

Tanja widersprach: *»Ich finde, Älteren fällt es viel leichter, sich einzugestehen, dass etwas, das jemand anderes gemacht hat, toll ist.«* Sie dachte dabei auch an Jeromes Begeisterung für die Rapmusik deutlich jüngerer Schweden. Den Musiker Yung Lean hatte er eines Abends mal vorab zum maßgeblichsten Künstler des Jahrzehnts 2010 bis 2020 erklärt. Alex betrachtete Tanja konzentriert, als sie von Jeromes Begeisterungsfähigkeit erzählte.

»Ich glaube nicht, dass das typisch fürs Älterwerden ist«, sagte Alex dann, *»ich glaube, Jerome ist etwas Besonderes.«*

»Wahrscheinlich«, sagte Tanja, und dann war Alex sensibel genug, das Thema zu wechseln.

Im Diener Tattersall, wo Tanja ihren Geburtstag gefeiert hätte, wenn es im April nicht schon Sommer gewesen wäre, bestellten beide alkoholfreies Bier. Alex war seit fünf Jahren mit seiner Freundin Caro zusammen, über die Beziehung verlor er kein Wort, weshalb Tanja davon ausging, dass sie reibungslos funktionierte. Tanja hatte nie den Eindruck, dass Alex auf sie stand, und doch glaubte sie zu spüren, dass er sie aufrichtig mochte. Sie bekam nun ein schlechtes Gewissen, weil sie ihn nicht zu ihrem Geburtstag eingeladen hatte. Alex hatte sie zwei Jahre zuvor zu seinem Dreißigsten sehr wohl eingeladen, aber an dem Abend war Tanja verhindert gewesen. Womöglich hatte Alex von ihrer kleinen Feier in der Pizzeria Masaniello erfahren, vielleicht aber auch nicht, es gab zwischen ihren Freundeskreisen fast keine Überschneidungen, was ihr Verhältnis merkwürdig befreite. Die sonst üblichen Gespräche über gemeinsame Bekannte entfielen, und man begegnete sich nur, wenn man sich explizit verabredete.

»Wie geht es deiner Freundin?«, fragte Tanja, wissend, dass sie das zuvor noch nie gefragt hatte. Sie rechnete damit, dass Alex ihr nun etwas von einem Kinderwunsch erzählen würde, mit dem er noch ein wenig hadere. Stattdessen erzählte er, dass Caro das Bouldern für sich entdeckt habe und wieder öfter zum Feiern ins About Blanc gehe. Tanja fragte, ob sie im Laufe der Jahre nie überlegt

hätten, in eine gemeinsame Wohnung zu ziehen. Alex sagte: *»Dass wir nie zusammengezogen sind, ist der Schlüssel zu unserem Glück.«*

»Das klingt gut. Hast du noch weitere Tipps?«

Alex lachte. *»Ist das dein Ernst?«*

»Ja. Ich baue dieses Jahr ziemlich viel Mist.«

»Ein bisschen loslassen mussten wir so nach eineinhalb Jahren. Dann hatten wir auch Affären, von denen wir uns offen erzählt haben. Das war okay, aber nicht optimal. Dann gab es eine Phase, in der wir Dreier und Sexpartys ausprobiert haben …«

»Wo wart ihr so?«

»Meistens im Unter Tage.«

»Ist das nicht schwul?«

»Schon, überwiegend. Aber bei der Party ›Lecken‹ sind auch Heteros da.«

Tanja musste grinsen.

»Ja. Ein bisschen albern war das schon.« Alex trank einen Schluck alkoholfreies Bier. *»Aber auch sinnvoll. Es hat uns geholfen, die sexuelle Ebene zwischen uns wieder etwas weniger ernst zu nehmen. Das war auch irgendwann wichtig.«*

»Und was ist jetzt wichtig?«

»Im Moment ist alles super. Es ist einfach überhaupt kein Stress, miteinander zu sein. Sie ist meine beste Freundin. Und sie hat den Körper, den ich am liebsten mag.«

»Du empfindest die Beziehung nicht konstant als Arbeit?«

»Doch, klar. Aber es ist die viel, viel leichtere Arbeit als der Stress, frisch verliebt zu sein. Oder ständig die Traumata unbekannter Leute kennenzulernen, indem man sie dated.«

Tanja war überrascht, dass Alex mit seiner Freundin Sexpartys besucht hatte. Alles Weitere war weniger überraschend. Alex' Aussagen erinnerten sie an einen populären TED-Talk von Alain de Botton zum Thema Beziehungen. Der Talk hatte sie zwei Jahre zuvor ziemlich genervt, aber sie hatte ihn dennoch bis zum Ende angehört, und seine Thesen waren ihr noch immer präsent: Jeder Mensch hatte Probleme, und Liebe bedeutete, auf die Wünsche eines Menschen, die auf diesen Problemen basierten, immer wieder neu einzugehen und sie zu verhandeln. Vielleicht redete Alex sich auch nur ein, dass es ihnen gut ging, dachte Tanja, vielleicht litt seine Freundin schon lange und würde ihn bald verlassen. Doch das war alles nicht entscheidend. Entscheidend fand Tanja, dass sie von Alex nicht genervt war. Sie hörte ihm gerne zu.

»Früher habe ich geglaubt, dass es für das Schreiben nicht gut ist, in einer Beziehung zu sein«, sagte Alex, *»aber das trifft nur auf die Anfangsphase zu. Im ersten Jahr gibt es noch so viel zu klären. Das zieht Kraft aus den Texten ab.«*

Tanja nickte.

»Außerdem dachte ich: Je mehr uneingestandene Konflikte du hast, desto interessanter wird dein Stück. Aber von dem Gedanken bin ich weg. Ich bin jetzt für Kontrolle und Übersicht.«

Tanja hatte den Impuls nachzufragen, was er damit meinte. Aber sie fürchtete, dass dadurch auffliegen könnte, dass sie seine Stücke alle nicht gelesen hatte. Sie schaute sich schweigend im voll besetzten Diener Tattersall um. Mit wem der Anwesenden würde sie ins Bett wollen? Strenggenommen mit niemandem. Das lag einerseits am hohen Altersschnitt, andererseits hatte Tanja selten das Bedürfnis, mit komplett fremden Menschen zu schlafen. Sie war sicher, dass Janis mit der Mutter von Barnabas schon

Swingerclubs besucht hatte, er hatte sogar mal einen halb exklusiven Ort in Wilmersdorf erwähnt, aber Tanja hatte umgehend das Thema gewechselt. Als sie sich vorstellte, wie es wäre, mit Jerome ein derartiges Event zu besuchen, musste sie fast lachen. *»Was ist so lustig?«*, fragte Alex. *»Eigentlich nichts«*, sagte Tanja. Es war eine faszinierende Vorstellung. Vermutlich würden sie beide aus Schüchternheit enorm arrogant wirken und sämtliche Avancen ablehnen. Ob sie wohl eifersüchtig würde, wenn Jerome in ihrer Anwesenheit mit einer anderen Frau Lust empfände? Sie kam zu dem Schluss, dass es sie in der richtigen Stimmung sogar anmachen könnte.

Alex meinte, dass er am nächsten Morgen nicht so spät aufstehen wolle, aber ein zweites alkoholfreies Bier durchaus noch drin sei. Tanja fragte, ob Alex die TED-Talks von Alain de Botton kannte. Alex schüttelte den Kopf. *»Würdest du die mir empfehlen?«*

»Nein«, sagte Tanja.

12

Marlene hatte vorgeschlagen, am frühen Dienstagabend vor dem Nationalfeiertag zum dritten Oktober im Historischen Rathaus in Maintal-Hochstadt essen zu gehen. Sie sei ewig nicht dort gewesen und wollte schon gegen 17 Uhr bei Jerome zuhause ankommen, um vor dem hessischen Dinner noch einen Spaziergang über die Hartig zu unternehmen. So ein Spaziergang sei für Jerome ›*wahrscheinlich superboring und der allergewöhnlichste Alltag*‹, hatte Marlene geschrieben und ihm in ihrer Textnachricht freigestellt, ob er mitkommen wolle oder nicht. Doch Jerome wollte natürlich gerne mitkommen. Faktisch spazierte er nämlich nie durch das Naturschutzgebiet, sondern joggte dort immer nur und hörte dabei so laut Musik, dass die Landschaft im Idealfall zu einer Art Videoclip wurde. Zwischen den Feldern und Hügeln der Hartig nun mit seinem Langzeitschwarm Marlene herumzuspazieren, langsam und ohne Musik, könnte das Naturschutzgebiet mit einer völlig neuen Bedeutung aufladen.

Als Marlene mit ihrem Honda Jazz vorfuhr, stand Jerome bereits in seiner dunkelgrauen Jeansjacke vor dem Bungalow und wartete. Sie parkte souverän rückwärts ein. Zur Begrüßung küsste sie Jerome links und rechts auf die Wange. Sie hatte mehr Parfum aufgetragen als zuletzt. Jerome kannte sich mit Parfum überhaupt nicht aus, er fand aber, es roch gut.

Dass niemand aus Marlenes Familie mehr in Maintal lebte, erfuhr Jerome erst jetzt. Marlenes Vater war vor dreieinhalb Jahren vergleichsweise abrupt an Krebs gestorben und ihre Mutter war später zu einem Freund aus Unizeiten nach Darmstadt gezogen. Jerome ging davon aus, dass Marlene eine Zeitlang sauer auf ihre Mutter gewesen sein musste, doch sie klang überhaupt nicht bitter, als sie im tief stehenden Nachmittagslicht erzählte, dass ihre Mutter nach dem Todesfall ziemlich rasch aus einer alten Affäre eine neue Beziehung gemacht habe. In diesem Moment kam Marlene Jerome sehr erwachsen vor. Sie sperrte sich nicht dagegen, fest angestellt zu sein, ein eigenes Auto zu fahren und ihrer Mutter zu verzeihen.

»Findest du, ich bin erwachsen?«, fragte er, als sie an einer Pferdekoppel vorbei in Richtung Feld spazierten.

»Ich verstehe die Frage nicht so richtig. Aber ich glaube, die Antwort ist ja.«

Jerome nickte.

»Ich meine, was heißt erwachsen? Als ich elf war, dachte ich, mit achtzehn ist man erwachsen. Jetzt glaube ich, erwachsen ist man, wenn man sich nicht mehr als erwachsen empfindet.«

Jerome fragte sich, ob Tanja jemals einen vergleichbaren Satz gesagt hatte. Wenn ja, dann hätte sie ihn sicher durch ihre Betonung als Kalenderspruch markiert.

»Viele glauben, sie sind erwachsen, sobald sie kein Geld mehr von ihren Eltern kriegen.«

»Siehst du es auch so?«, fragte Jerome.

»Auf keinen Fall. Dass Leute überhaupt noch Geld verdienen müssen, ist eigentlich ein Denkfehler.«

Jerome nutzte die Gelegenheit, um seine Vision vom staatlich verordneten Jobwechsel und der Drei-Tage-Woche auszuführen. Es war inhaltlich sinnvoll, diese naive Vision eines kollegialeren Systems mit Marlene zu teilen, aber es fühlte sich nicht gut an, da Jerome nur einen alten Gedanken reproduzierte, zu dem ihm nun eine direkte Emotion fehlte. Zudem recycelte er etwas, mit dem er seinerzeit noch Tanja hatte beeindrucken wollen, um nun eine andere Frau zu beeindrucken.

»Schöner Gedanke«, sagte Marlene, *»warum sagst du das, als würde dich die Idee nerven?«*

»Ich habe sie schon eine Weile. Sie fühlt sich nicht mehr frisch an.«

Marlene deutete ins Feld. *»Lass uns kurz am Schützenhaus sitzen – dort hatte ich meinen ersten Mushroom-Trip.«*

»Krass«, sagte Jerome, der noch nie Mushrooms ausprobiert hatte, geschweige denn LSD. *»Psychedelics sind die Leerstelle in meinem Konsumportfolio.«* Das Wort *Konsumportfolio* hatte er von Tanja übernommen, es hatte ihn ursprünglich geekelt, doch dann hatte es Tanja positiv umgedeutet, obwohl sie meinte, dass der Begriff vor allem unter Mittzwanzigern im Wedding kursiere.

»Ach, ich mag Psychedelics schon«, sagte Marlene, *»so zweimal im Jahr. Frühling und Herbst.«*

Sie setzten sich auf die Bank vor dem Schützenhaus, von dort aus blickten sie über die abfallende Wiese hinweg in Richtung Dorf.

»Hattest du deinen Herbsttrip schon?«

»Nee. Ist ja auch noch Sommer.« Marlene zog ihre Jacke aus und saß nun ärmellos in der blendenden Sonne. Sie schloss kurz die Augen, dann fragte sie: *»Hättest du Bock?«*

»Worauf?«

»Mal einen Trip zu nehmen.« Marlene fixierte Jerome auf eine entschlossene Weise. Als wäre sie mit einem Plan in dieses Treffen gegangen, den sie jetzt durchzuziehen gedachte.

Jerome sagte: *»Auf LSD hätte ich Lust, ja. Auf Pilze weniger.«*

»Ich finde, es lohnt sich. Es macht Spaß. Und wenn es mal keinen Spaß macht, kennt man sich danach zumindest besser.« Jerome suchte Marlenes Blick. Sie ergänzte: *»Aber mach das mit jemandem, der dir vertraut ist. Nicht mit mir.«*

Während des Spaziergangs durch die Abendsonne, für den sie sich insgesamt vierzig Minuten Zeit nahmen, legte Marlene eine flirtende Attitüde an den Tag, die Jerome zwar genoss, aber vorläufig nicht erwiderte. Dass er plötzlich wieder mehr an Tanja dachte, legte er sich als Schwäche aus. Er hatte sich vorgenommen, keine Vergleiche anzustellen, und doch kam er nicht ohne sie aus. Seine innere Persönlichkeit war unruhig, was sich aber – wenn er Marlenes Signalen trauen konnte – nicht negativ auf seine Erscheinung auswirkte. Abgesehen von Marlenes Verweis auf den Mushroom-Trip am Schützenhaus drehten sich ihre Gespräche nicht um Jugenderinnerungen. Die Landschaft der Kindheit triggerte nichts mehr. Jerome sagte sich, dass sie in der totalen Gegenwart angekommen waren. Es gab jetzt nur noch den 2. Oktober 2018. Und doch gab es gleichzeitig auch Tanja, irgendwo im deutschsprachigen Raum, wahrscheinlich in ihrer Zweizimmerwohnung mit Blick auf die Hasenheide.

Im Historischen Rathaus trug die Bedienung ein T-Shirt mit dem Aufdruck *Sex Mispels*. T-Shirts, die mit Wortspielen bedruckt waren, hatten Jerome noch in keiner bisherigen Lebensphase gefallen. Doch im Kontext des Historischen Rathauses in Maintal fand er Slogan-T-Shirts okay. Sie amüsierten ihn sogar. Die Sex Pistols hatte er zeitweise selbst gehört, und das Wort Mispel bezog sich auf die Frucht, die in Apfelweinlokalen häufig in Calvados-Schnaps angeboten wurde – ein Getränk, das Jerome und Marlene bei ihrem ersten Date getrunken hatten. Marlene überraschte ihn nun, indem sie sagte: *»Ich glaube, ich fände es gut, wenn wir heute nüchtern bleiben.«* Jerome fühlte sich von dieser Aussage auf eine gute Weise herausgefordert. Er bestellte ein alkoholfreies Weizenbier, außerdem ein 200-Gramm-Rumpsteak mit Beilagensalat. Marlene setzte auf eine Apfelsaftschorle und ein Kochkäseschnitzel. Sie schien stolz auf ihre Bestellung, sie lächelte. Jerome glaubte, einen gewissen Wettstreit zu erkennen, als ginge es um die Frage, wer weniger eitel und in Konsumfragen der normalere Hesse war. Im Endeffekt hatte Marlene dieses Spiel bereits gewonnen, da sie sich für Schweinefleisch entschieden hatte. Jerome ging davon aus, dass nirgendwo auf der Welt so viel Schwein gegessen wurde wie in Hessen.

»In der Grundschule habe ich noch nicht wirklich auf dich gestanden«, sagte Marlene.

»Hast du damals überhaupt schon auf Jungs gestanden?«

»Klar. Musste man doch.«

Jerome erzählte, dass er als Grundschüler in Naomi Campbell verliebt gewesen sei, nachdem er sie bei *Wetten, dass..?* gesehen hatte.

»Ich mochte Will Smith«, konterte Marlene.

»Kinder haben noch keine sprechenden inneren Persönlichkeiten. Sie können nur aus dem wählen, was auf sie einprasselt«, sagte Jerome. *»Ich fand dich in der Grundschule trotzdem schon ziemlich gut. Und ich habe ziemlich lange bereut, dich damals in Hamburg nicht angesprochen zu haben.«*

»Wo waren wir da?«, fragte Marlene.

»Im Saal 2«, sagte Jerome.

Marlene grinste. Sie schien sich plötzlich genau zu erinnern.

Als sie ihre Fleischgerichte komplett aufgegessen hatten, stand kurz die Frage im Raum, ob noch ein Dessert bestellt werden sollte. Das Historische Rathaus hatte ein Gericht namens *Der Süße Hochstädter* im Angebot, einen Brownie mit Vanillesoße – aber Jerome erwähnte, dass er zuhause ziemlich gute Eiscreme habe, außerdem Espresso, falls Marlene einen solchen abends vertrage. Marlene meinte, dass sie ohne weiteres abends Espresso trinken könne. Jerome war froh darüber.

Während er die Florida-Eis-Sorten Pistazie und Joghurt-Zitrone auf zwei gleich große Schalen verteilte, saß Marlene auf seiner Couch und blickte auf ihr Handy. Es war klar, dass sie darauf wartete, dass sich Jerome mit der Eiscreme neben sie setzte. Nach Nina aus dem Taunus und Tanja aus Berlin wäre Marlene erst die dritte Frau, die Jerome auf dieser Couch küssen würde.

»Hörst du nie Musik?«, fragte Marlene. Es war Jerome zuvor gar nicht aufgefallen, dass keine Musik lief, er hatte jedoch festgestellt, dass seine Anspannung zunahm, sobald Marlene schwieg. Jerome sprang auf und ging an seinen Laptop, der mit zwei Bose-Boxen verbunden war. *»Was möchtest du hören?«*

»Was du gerade am liebsten hörst«, sagte Marlene.

»Darauf habe ich jetzt eigentlich keine Lust ... Hm ... Wie wäre Joy Division?«

Marlene lachte. *»Ja, warum nicht?«*

Alte Musik zu hören, fühlte sich selten völlig falsch, aber auch selten genau richtig an. Nüchtern war Jerome weniger offen für Nostalgie. Im Falle von Joy Division kam erschwerend hinzu, dass der Moment, in dem ein Joy-Division-Revival in Mode gewesen war, wiederum einige Jahre zurücklag. Vielleicht war es aber auch schon zehn Jahre her, und vielleicht war Joy Division genau deshalb nun wieder denkbar. Aber denkbar war ja sowieso immer alles, solange man genussfähig blieb. Seine Schale Florida-Eis aß Jerome schnell leer, Marlene ließ einen kleinen Rest übrig, Jerome trug beide Schalen in die Küche. Wenn Marlene und er nun nicht bald anfingen, sich zu küssen, würde aus ihrer ersten gemeinsamen Nacht wohl wieder nichts. Manchmal wünschte sich Jerome, dass mehr Dinge im Leben einfach von selbst geschahen. Auf dem Weg in die Küche fragte er sich, in welchem Alter er aufgehört hatte, an Schicksal und Vorsehung zu glauben. Und dann fragte er sich, ob er überhaupt jemals damit aufgehört hatte. In der Kindheit folgte das Leben einem scheinbar mystischen Plan, der vor allem auf den Entscheidungen der Erziehungsberechtigten beruhte, und später basierte das eigene Handeln auf den Fehlentscheidungen jener Erziehungsberechtigten. Zudem konnte man nur im Rahmen seiner kognitiven, emotionalen und finanziellen Möglichkeiten agieren. Letztlich – das sah Jerome jetzt, da er die ausgespülten Eisschalen umgedreht auf ein Geschirrhandtuch stellte, sehr deutlich – gab es sehr wohl so etwas wie Schicksal.

Als er ins Wohnzimmer zurückkehrte, lief der Song *New Dawn Fades* von Joy Division und Marlene hatte ihren Kopf auf die rechte Hand gestützt. Jerome setzte sich dazu, schaute ihr in die Augen und küsste sie. Sie begannen zaghaft, wurden bald fordernder und zogen sich ihre Oberteile über die Köpfe. Das Oberteil von Marlene war elektrisch geladen und knisterte. Jerome sagte *»Fireworks«*. Marlene ging nicht darauf ein, sondern fasste ihm offensiv zwischen die Beine. Bei einigen One-Night-Stands hatte Jerome den Eindruck gehabt, dass seine Partnerinnen vor allem sich selbst etwas beweisen wollten, als wäre er nur anwesend, um ihnen diese Beweisführung zu ermöglichen. Marlene war erwartungsgemäß anders. Sie schien dezidiert mit *ihm* schlafen zu wollen. Während sie ihn küsste, machte sie laute Atemgeräusche. Es fühlte sich gut an, wenn auch einen kleinen Tick zu forciert. *»Wollen wir aufs Bett wechseln?«*, fragte Jerome. *»Nicht zwingend«*, sagte Marlene und zog ein rot verpacktes Kondom aus ihrer Handtasche.

Im Anschluss saßen sie noch eine Weile nackt aneinandergelehnt auf Jeromes Couch. Er hatte das Kondom noch nicht abgestreift und atmete tief. Es war selten leicht, nach dem Sex etwas zu sagen, das nicht völlig daneben war. Marlene gelang es, sie sagte: »*Cool. Ich hab das gemocht.*«

»*Ich auch*«, sagte Jerome. Er wusste jetzt, dass er mit Marlene in Zukunft okayen bis sehr guten Sex haben könnte. Dass sie älter war als Tanja, ließ sich höchstens an ihrem Hals erahnen und vielleicht auch, wenn sie lächelte.

»*Alles okay?*«, fragte Marlene.

»*Klar*«, sagte Jerome, »*ich geh mal kurz ins Bad.*«

Es sprach wenig dagegen, sich auf diese Verbindung einzulassen. Für einen Augenblick wurde Jerome traurig. Er säuberte seinen Penis am Waschbecken und zog frische Boxershorts an.

Zurück im Wohnzimmer sah er Marlene schon wieder komplett bekleidet. »*Ich würde bald losmachen*«, sagte sie. Jerome bot ihr an, dass sie sehr gerne bei ihm übernachten könne.

»*Ich will morgen ins Büro. Am Feiertag ist keiner da, da kann ich manches aufholen. Und ich schlafe hier bestimmt nicht gut in der ersten Nacht.*« Das zweite Argument leuchtete Jerome ein. Er schlief auch selten gut neben einer neuen Person.

»*Wie du magst*«, sagte er. »*Schön, dass du da warst.*«

Marlene suchte zur Verabschiedung Jeromes Umarmung. Das Gefühl, als kaum bekleideter Mann eine Frau zu umarmen, die einen Trenchcoat trug, war ungewohnt. Jerome vermutete, dass Marlene es auf diese Ungleichheit angelegt hatte, als wollte sie ihm signalisieren, dass er sich seiner Sache nicht zu sicher sein sollte. Marlene legte eine Hand auf seinen Po, was er als Friedensangebot interpretierte. »*Ich melde mich bald*«, sagte sie.

Durch das Fenster beobachtete Jerome, wie Marlene in ihren Wagen stieg und davonfuhr. Er war jetzt erleichtert, dass sie ging. An seinem Handy hatte er Stunden zuvor den Nicht-Stören-Modus aktiviert. Es befand sich noch immer in seiner Hosentasche, die Hose lag auf dem Boden vor der Couch. Jerome beugte sich in Boxershorts zu seiner hellgrauen Sommerhose hinab und zog das Handy hervor. Es war eine Sprachnachricht eingetroffen.

13

ABSENDER: Jerome Daimler
BETREFF: Lass uns mit den Voice-Messages aufhören

04.10.2018, 22:10 Uhr

So gut mir deine Stimme noch immer gefällt, als so quälend empfinde ich es, deinem lauten Nachdenken beizuwohnen, vor allem, wenn das eigentlich gar kein lautes Nachdenken mehr ist, sondern die Nachbildung dessen. Du hast doch sicher auch immer erst die zweite, dritte oder vierte Voice-Message abgesendet. Ich habe für meine vierminütige Nachricht in Wahrheit mehr als zwanzig Minuten gebraucht. Die Version, die du gehört hast, ist eine Art Destillat. Beim ersten Versuch war ich an einer Stelle ins Stocken geraten, es war hörbar, dass mir die Stimme versagt. Das war eigentlich ein schöner Effekt, den ich gerne wiederhergestellt hätte in der finalen Nachricht. Aber dann wäre es pure Schauspielerei geworden. Ich möchte dir gegenüber nicht taktieren. Ich habe den Zustand geliebt, mit dir ohne Ziel zu leben. Es tut weh, wenn ich daran denke. Deshalb versuche ich, nicht daran zu denken. Doch wenn ich deine Stimme höre, muss ich daran denken. Ich muss an die fantastische Nähe denken, die zwischen uns war. Ich denke nicht zuerst an Sex, aber irgendwann auch das. Ich habe ihn immer sehr genossen, weil ich verliebt in dich war. Vielleicht reicht es für guten Sex, wenn eine Seite verliebt ist. Du musstest mich nur parieren. Ich weiß nicht, ob es gut ist, dir das zu schreiben.

Melde dich. Aber nur, wenn dein Impuls, mir zu schreiben, aus einer anderen Motivation herrührt als aus Wehmut.

ABSENDER: Tanja Arnheim
BETREFF: RE: Lass uns mit den Voice-Messages aufhören
05.10.2018, 01:20 Uhr

Ich halte Voice-Messages auch für keine zukunftsträchtige Form. Ich bin nicht besonders gut darin, und dennoch empfand ich sie in unserer Situation als angemessen. Ich habe – das darf ich hier jetzt ehrlich zugeben – auch den allerersten Versuch abgeschickt. Das hat geklappt, indem ich auf die richtige Stimmung gelauert habe. Und weil ich wusste, dass es bei einem zweiten Versuch nur noch mehr Versprecher und Stocker geben würde.

#

Ich habe deiner Nachricht nicht angemerkt, dass du sie öfter wiederholt hast. Sie hat sich echt angehört, ich war gerührt, und ich bin es noch immer.

#

Ich habe mir in den letzten Monaten selbst sehr geschadet. Ich möchte mich regelmäßig bei dir melden. Es sei denn, du möchtest das nicht. Ich sehne mich nach dir. Ich bin überfordert.

#

Unser Sex war gut, weil wir gut zueinander sein wollten. Du hättest genauso gut einfach auch mich parieren können.

#

Vielleicht ist es dumm, das zu sagen, weil es so spät am Abend ist, aber wahr ist es ja doch: Du fehlst mir. Immer.

ABSENDER: Jerome Daimler
BETREFF: The Power of Now **06.10.2018, 21:30 Uhr**

Liebe Tanja –

weißt du, was du gerade tust? Du machst mir Hoffnung. Ist das Absicht oder Ungeschick? Brauchst du die Bestätigung? Oder denkst du auch tagsüber und nüchtern an mich? Möchtest du mich wiedersehen?

Es ging mir den Sommer über nicht schlecht. Ich war ruhig. Ich konnte gut arbeiten. Jetzt bin ich angespannt. Und ein bisschen euphorisch. Danke dafür.

Ich weiß, dass ich nicht befreundet mit dir sein kann. Es wäre cool, wenn es anders wäre. Aber mach dir bitte keine Hoffnungen auf körperlose Kollegialität mit Jerome.

Julian heiratet am 13. und 14. Oktober in Thüringen. Zu diesem Shit-Event sind wir eigentlich zusammen eingeladen worden. Weißt du noch?

Pardon, ich bin diffus sauer.

Love you –
Jerome

ABSENDER: Jerome Daimler
BETREFF: Nicht zu ertragen 07.10.2018, 23:42 Uhr

Okay, ich komme nicht klar. Ganz offensichtlich NICHT. Du meldest dich fünfzig Stunden lang nicht auf meine Mail und meine Laune ist so akut im Keller wie seit Monaten nicht mehr. Dir das nicht zu schreiben, wäre verlogen. Keine Ahnung, was bei dir los ist, mit Janis oder mit wem auch immer – ich will es gar nicht wissen. Deshalb brauchst du dich auch nicht mehr zu melden. Lass mich bitte einfach in Ruhe, okay? Ich kam klar. Ich kam GUT klar. Bis zu deiner Sprachnachricht. Und ich werde wieder klarkommen. Good Night!

ABSENDER: Tanja Arnheim
BETREFF: Was ich zu sagen habe 08.10.2018, 1:35 Uhr

Ich habe seit Sonntag meine Wohnung nicht verlassen. Nur Toast, Pasta und Äpfel gegessen – das hatte ich im Haus. Es war eine Art Klausur, und in dieser ging es auch um dich. Habe ein Dokument angelegt, das ›JeromeDaimler‹ heißt. Ich hätte das schon viel früher machen sollen, aber ich wollte die Sache nie zu Ende denken, ich wollte, dass alles leicht bleibt, dass unsere Begegnungen schön sind, aber nicht existenziell. Als ich nach meinem Geburtstag diesen Blackout hatte, bin ich zu meiner Mutter gefahren. Ich glaube, das war das Ungeschickteste, was ich tun konnte. Ich glaube, meine Mutter ist seit Dekaden depressiv, aber sie gesteht es sich nicht ein. Ich glaube, sie ist nur deshalb eine erfolgreiche Therapeutin, und zugleich fürchte ich, dass sie bald an Krebs erkranken wird, weil sie sich nie getraut hat, ihre eigene Verzweiflung auszuleben. Ich glaube, es ist ausgeschlossen, Mutter zu sein und darüber nicht zu zerbrechen. Eltern sind traumatisiert davon, dass sie Kinder haben, das ist vollkommen klar. Dass wir fast alle aus Familien kommen, ist unerträglich – hast du Waisenkinder in deinem Freundeskreis? Oder irgendjemanden, der adoptiert wurde?

#

Gestern dachte ich, dass ich gerne deine Mutter kennenlernen würde, ich stelle sie mir entspannt und gütig vor. Ich wäre bei einer Begegnung extrem nervös. Fliegen wir mal zusammen nach Lissabon?

#

Ich will offen zu dir sein. Ich habe mich gestern Abend mit Janis getroffen. Ich wollte noch einmal Sex mit ihm haben, um abschließend zu ergründen, was das eigentlich war mit ihm. Er hat es die ganze Zeit gespürt, dass ich von ihm Abschied nehme, während ich mit ihm schlafe. Man würde denken, der Sex hätte dadurch eine besondere Aufladung, aber es fühlte sich im Gegenteil völlig schal an. Mit dir war es sogar besser, wenn es schlecht war für unsere Verhältnisse. Warum wollte ich trotzdem mit Janis ins Bett? Ich werde noch einige Zeit brauchen, um das völlig zu verstehen. Denkbar ist, dass es ein rein selbstzerstörerischer Akt gewesen ist. Wahrscheinlich kam ich mit der Nähe zu Amelie ebenso wenig klar wie mit der Nähe zu dir. Und indem ich mir Janis klargemacht habe, konnte ich beide Intensitäten auflösen. Und als Janis intensiver werden wollte, habe ich mich in die Prosa geflüchtet. Ich schreibe jetzt aus der Ich-Perspektive. Meine Heldin heißt Matilda. Sie ist reifer als ich. Ich möchte eines Tages wie Matilda sein.

#

Fakt ist, dass ich panische Angst hatte, dass wir beide noch enger und definitiver zusammenkommen. Ich habe diese Angst oft an anderen beobachtet. Mich selbst habe ich davon freigesprochen, so wie ich mich von den allermeisten Sachen freispreche. Ich weiß nicht, ob du mir verzeihen kannst. Aber ich hoffe es mehr als alles andere.

#

Vielleicht ist die Hochzeit nächste Woche, so absurd es klingt, genau der richtige Ort für ein Wiedersehen. Say yes!!

#

Love, T.

ABSENDER: Jerome Daimler
BETREFF: RE: Was ich zu sagen habe **08.10.18, 14:05 Uhr**

Okay – komm mit nach Thüringen. Allein für die Geschichte. Ein Wochenende, das uns wichtig ist. Auf der schrecklichsten aller Veranstaltungen – einer Hochzeit. Könntest du E mitbringen? Ich habe hier keinen Kontakt mehr, aber hätte mal wieder Lust.

14

Am 13. Oktober wurden in Thüringen Temperaturen von 25 Grad gemessen, und in der Sonne fühlte es sich noch wärmer an. Diesen Umstand nicht zu thematisieren, schien für sämtliche Gäste der Hochzeit von Julian und Jana ausgeschlossen zu sein. Jerome, der ein gestreiftes Hemd trug, das absichtlich zwei Nummern zu groß war, wurde von Freunden und losen Bekannten wie folgt begrüßt: *»Du bist wenigstens richtig angezogen. Es ist viel zu warm im Jackett.«* Und: *»Schon wieder Sommerrave.«* Und: *»Dieser Oktober ist nicht golden, dieser Oktober ist glühend orange.«* Jerome sprach gerne übers Wetter. Im Herbst 2018 missfiel ihm jedoch das Raunen, mit dem viele ihre Kommentare unterlegten. Als würden Gespräche über Temperaturen subversiv, sobald die Temperaturen außergewöhnlich waren. Sogar der siebenjährige Sohn von Leah sagte: *»Pervers warm! Und das Mitte Oktober!«* Der Junge schlug sich mit der flachen Hand an die Stirn, ein zweiter Junge lachte, ein Mädchen schüttelte den Kopf. Die anderen Kinder tobten in ihren überwiegend weißen Oberhemden auf der Wiese vor der Mehrzweckvilla und hatten mutmaßlich eine gute Zeit. Jerome erinnerte sich daran, dass sich diese gute Zeit mit anderen Kindern auf den Veranstaltungen der eigenen Eltern oft bedrohlich angefühlt hatte. Nicht selten testeten andere aus, inwiefern sich Jerome dominieren ließ, und da er als Kind keine Elternaggressionen kompensieren musste, weil seine Eltern eben sehr in Ordnung waren, war er oft nicht in der Lage, die Boshaftigkeit der anderen zu parieren. Jerome verstand als kleiner Junge nicht, warum Kinder gemein zu ihm waren. Gleichzeitig war er zu stolz, um seinen Eltern gegenüber zuzugeben, dass er beim Spielen mitunter ausgeschlossen und schikaniert wurde. Wenn Jerome nun auf die Wiese blickte, glaubte er, all diese Muster wiederzuentdecken. Die Eltern jedoch, die unweit von der Spielwiese Aperol Spritz in der Sonne tranken, schienen längst blind für die Krisen ihrer Nachkommen zu sein. Vielleicht hatten die ersten Jahre als Eltern sie abstumpfen lassen. Vielleicht waren sie naiv. Vielleicht waren sie aber auch schlicht intelligent genug, um frühzeitig loszulassen. Jerome dachte, dass es für ihn die richtige Entscheidung war, keine Kinder zu wollen.

*

Tanja hatte sich zu 100 % auf die Wetterprognose verlassen und in ihrem Handgepäck nur eine dünne Jacke für abends dabei. Dass sie eine ganze Stunde später als Jerome auf dem Gelände der Mehrzweckvilla ankam, war in erster Linie die Schuld der Deutschen Bahn. Tanja und Jerome hatten in den letzten drei Stunden quasi durchgehend getextet, Tanja hatte Jerome ein Foto mit dem Titel *›Selbstportrait mit* *zuckerfreiem Red Bull in Regionalbahn‹* und Jerome ihr zuerst ein Foto ihres gemeinsamen Doppelzimmers in der beengten Pension, dann ein Foto der spielenden Kinder geschickt.

Tanja wurde von Jana und Julian herzlich empfangen, das Brautpaar kannte sie zwar kaum, schien aber über alles Bescheid zu wissen. Jana und Julian benahmen sich wie Menschen, die Tanjas Buch zwar nie gelesen hatten, aber sehr genau wussten, dass es dieses Buch gab. An der verbindlichen Umarmung des Bräutigams glaubte sie zudem ablesen zu können, wie viel ihr Besuch für Jerome bedeutete. Jana, die auf ihrer eigenen Hochzeitsparty ein graues Kleid mit roter Halskette trug, was Tanja sehr in Ordnung fand, sagte: *»Jerome müsste hier irgendwo rumstehen.«* Tanja lächelte, sie hatte Jerome längst entdeckt und blickte ihm aus einigen Metern Entfernung in die Augen. Er hatte frisch nachgeschnittenes Haar, es war jetzt sauberer gestuft, sodass er noch etwas braver aussah und dadurch irgendwie auch jünger. Tanja fand das süß. Sie ging langsam auf ihn zu. Dann umarmte sie ihn.

»Was habe ich bisher verpasst?«, fragte Tanja.

»Zwei Gläser Schaumwein«, sagte Jerome.

»Wo gibt es den?«

Jerome deutete in Richtung Wintergarten. Dort war eine kleine Bar aufgebaut, Kühlschränke hinter einem Tisch mit weißer Tischdecke.

»Du brauchst auch noch einen?«, fragte Tanja.

»Auf jeden Fall«, sagte Jerome.

Am Tresen standen Männer in Anzügen, denen anzumerken war, dass sie selten Anzüge trugen. Tanja hatte ein gestreiftes Top und eine dunkle Hose an, nicht eindeutig festlich vielleicht, und dennoch elegant genug. Die Person hinter dem Tresen war maximal Mitte zwanzig. »*Was magst du haben?*«, fragte der Junge. Tanja fand ihn attraktiv, und sie ging davon aus, dass er sie ebenfalls attraktiv fand.

*

Im Vorfeld der Hochzeit hatte es geheißen, dass auf Reden und Diashows verzichtet würde und der Fokus auf einer entspannten Party liege. Jerome war in seinem Leben bisher auf fünf Hochzeiten gewesen und es hatte immer geheißen, dass es vor allem ein gelöstes Fest für Freunde und Familie werden solle, was es dann nie geworden war, wenngleich Jerome den Heiratenden gegenüber jedes Mal so getan hatte, als wäre es ein schönes Wochenende, ein schöner Abend, eine lustige Party gewesen. Und irgendwie hatte das ja auch jedes Mal gestimmt, aber irgendwie hatte Jerome auch jedes Mal das Gefühl gehabt, dass er log.

Ihn verunsicherte das Lächeln, das Tanja aufsetzte, als sie von der Bar zurückkehrte. Jerome spürte, dass es ein soziales Lächeln war, das die Situation erleichtern sollte, keines, das von innen kam. Tanja hielt zwei Gläser Sekt oder Crémant oder Champagner in der Hand. »*Was ist das eigentlich?*«, fragte Jerome. »*Crémant*«, sagte Tanja und reichte ihm eines der Gläser. Sie wurden wie selbstverständlich als Paar wahrgenommen, dachte Jerome. Dass sie sich gerade zum ersten Mal nach einer Auszeit von fünf Monaten wieder begegneten, wussten nur das Hochzeitspaar, Jeromes enge Freunde Bruno und Tom sowie Toms Freundin Tamara, die Jerome noch nie wirklich hatte leiden können.

Mit dem Glas Crémant in der Hand gab Jerome Tanja kurze Infos zu den Personen, die er persönlich kannte. »*Das ist Tamara. Die ist schon eine Weile mit Tom liiert. Tom tut mir ein bisschen leid. Tamara bounct wie ein Flummi durch ihr Life.*« Tanja sagte: »*Aha. Woran machst du das fest?*« Jerome fiel auf, dass er in Tanjas Anwesenheit schon das eine oder andere Mal schlecht über die Freundinnen von Freunden gesprochen hatte. Er sagte: »*Eigentlich kenne ich die auch gar nicht gut genug. Mich stresst nur ihre Attitüde. Die braucht viel Bestätigung.*« Tanja schaute konzentriert in Tamaras Richtung. Es war generell daneben, Menschen über ihre negativen Eigenschaften vorzustellen, dachte Jerome.

»*Die ist unglücklich mit ihrem Typen*«, sagte Tanja keine zwanzig Sekunden später. »*Aber relativ sweet ist sie. Dich stört es wahrscheinlich, dass sie mit dir flirtet?*«

»*Richtig flirten tut sie nicht*«, sagte Jerome, obwohl Tamara explizit mit ihm flirtete und ihm das schmeichelte, er es aber auch hasste, weil Tom sein Freund war. Tanja durchschaute das natürlich sofort.

»*Hey*«, er berührte Tanja an der Schulter, »*wie geht's dir?*«

»*Viel, viel besser*«, sagte Tanja ruhig, »*die letzten Monate tun mir krass leid.*«

»*Hey, jeder tut, was er tun muss.*«

»*Ich hätte das nicht tun müssen.*«

Jeromes Hals zog sich zusammen. »*Was soll's? Jetzt sind wir hier. In Thüringen!*« Er versuchte zu lächeln. Das dritte Glas Crémant war nun sehr spürbar, und die Sonne brannte.

»*Warum feiern die eigentlich hier?*«, wollte Tanja wissen, und Jerome erklärte, dass Janas Eltern aus Thüringen stammten und enge Freunde von ihnen die Mehrzweckvilla verwalteten, in der die Party stieg. Jerome fügte an: *»Ökonomische Gründe.«* Er fühlte sich unwohl, als er das anfügte. *»Hey, hast du eigentlich Drogen dabei?«*, fragte er dann.

Tanja lachte: *»Rufst du heute vor jeder Frage ›Hey!‹?«*

»Sorry. Ich bin schrecklich nervös.«

»Don't be. Wir heiraten ja nicht.« Tanja schaute ihm in die Augen und zog eine Klarsichttüte hervor, in der sich eine rechteckige Pille befand. *»Eine schwarze Levi's. 200 mg. Die ist angeblich ziemlich gut.«*

*

Tanja hatte die Phase, in der sie Hochzeiten kategorisch ablehnte und ihre Teilnahme daran häufig absagte, im Jahr 2016 überwunden. Ausschlaggebend dafür waren eine entspannte Hochzeitsparty in München Pasing sowie ein aufgeladenes Fest in der Toskana gewesen. Zu beiden Zusagen hatte sie sich durchgerungen und es nicht bereut. Seither schätzte sie Hochzeiten als Anlass für leicht skurrile Ausflüge. In Thüringen wurde das Buffet von Jana und Julian gemeinsam eröffnet. Beiden war anzumerken, dass sie selten öffentlich sprechen mussten, sie fielen einander mehrfach ins Wort, was der Rede, die insgesamt nicht länger als sechs Minuten dauerte, einen gewissen Charme verlieh. Die Gäste fingen zu früh mit dem Klatschen an, so als wollten sie das Brautpaar erlösen, was Tanja in einem allgemeinen Schamgefühl begründet sah und sie an Jeromes These zum Protestantismus erinnerte. Tanja wusste, dass die Trauung einige Stunden vor der Party standesamtlich vollzogen worden war, im engsten Familienkreis. Sie fragte Jerome: *»Jana und Julian sind Protestanten, oder?«*

»Julian ist katholisch ... Aber er hat das gleiche leicht schlechte Gewissen wie alle meine Freunde.«

Jana und Julian hatten auf asiatisches Catering gesetzt. Hühnchen, Tofu, Papaya-Salate, Kokosmilchsuppe, knusprige kleine Rollen und Wan Tans, dazu zwei Sorten Reis. Julian hatte sich spürbar auf den Moment gefreut, als er zum Abschluss seiner kurzen Rede endlich sagen konnte: *»Sany Saigon ist der mit Abstand beste Thai-Vietnamese Erfurts.«* Tanja hatte diesen Moment sehr gemocht. Sie empfand Julians Aussage auch nicht als falsche Ironisierung, denn die Entscheidung für diese Art von Essen war ja wirklich gut. Die thailändische und die vietnamesische Küche waren zweifellos die Küchen Asiens, auf die sich in Deutschland die meisten Menschen einigen konnten. Tanja war sicher – selbst Julians ü-fünfundsiebzigjährigen Eltern würde eine Kokosmilchsuppe gut schmecken.

Tanja und Jerome setzten sich mit vegetarischen Frühlingsrollen in die Sonne. Dass es keine Tischkarten gab, kam Tanja regelrecht gewagt vor. Sie konnten sich einfach irgendwo auf dem Gelände an einen Tisch setzen und essen, wie auf einer Grillparty. Jerome begrüßte einen übergewichtigen Typen neben sich am Tisch. Er sagte: *»Hey Bob! Lange nicht gesehen. Alles cool bei dir?«* Beide lachten, und es wirkte so, als würde der Typ, den Jerome Bob nannte, in Wahrheit gar nicht Bob heißen. Jerome sagte: *»Das ist Tanja, sie ist zu Besuch aus Berlin.«* Jerome schien sich mit dieser Aussage wohl zu fühlen.

»Magst du Hochzeiten?«, fragte Bob, der ein eierschalenfarbenes Jackett über einem hellblauen Hemd trug.

»Ich habe meinen Frieden mit Hochzeiten gemacht«, sagte Tanja, *»woher kennt ihr euch?«*

Jerome sagte: *»Aus der Mittelstufe. Bob ist dann ans LOG gewechselt, ich bin auf der Albert geblieben.«*

»Großer Fehler von Jerome. LOG war richtig lustig«, sagte Bob, der Mineralwasser trank, obwohl Tanja fand, dass ein Cocktail oder ein großes Glas Pepsi Cola viel besser zu ihm gepasst hätten.

»Du trinkst Wasser?«, fragte sie, um das Gespräch nicht sofort wieder versanden zu lassen, und Bob nickte, er mache gerade eine Alkoholpause, bei ihm sei ein beginnender Leberschaden diagnostiziert worden.

»Echt jetzt?«, fragte Jerome.

Bob erzählte, dass er es wohl über fünfzehn Jahre hinweg leicht übertrieben habe mit dem Trinken, außerdem gebe es da eine gewisse Tendenz in seiner Familie, beide Großeltern sowie sein Onkel seien an Leberversagen gestorben. *»Mache vorläufig keine Ausnahme«*, sagte er und streckte sein Wasserglas in die Luft.

*

Jerome fragte sich, wie es wohl um seine eigenen Leberwerte stand und ob er die mal untersuchen lassen sollte, sagte sich dann aber, dass er ja in der Regel nur einmal in der Woche trank und nur noch selten Drogen nahm. Die knusprig frittierte Frühlingsrolle schmeckte gut, wenn auch nicht zwingend besser als eine Frühlingsrolle von einem All-You-Can-Eat-Buffet in einem Asia-Lokal, das sich irgendwo neben einem großen Parkplatz an einer Landstraße befindet. Jerome wusste, dass sein Freund Julian sich exakt diesen Geschmack für seine Hochzeit gewünscht hatte. Klassische asiatische Speisen, die für ein mitteleuropäisches Publikum zubereitet wurden. Julian hatte weite Teile der Welt bereist, aber er würde seine Heimat niemals langfristig verlassen. Deshalb war er auch bei seiner Jana geblieben, deshalb hatte er bei der Idee, ein Kind zu kriegen und dieses gemeinsam großzuziehen, nach einer kurzen Phase des Zweifels dann doch mitgemacht, und deshalb trug er heute solide Lederschuhe zu seinem Acne-Anzug, auch wenn er diese Schuhe nach der Hochzeit kein weiteres Mal anziehen würde.

Obwohl Jerome niemals heiraten wollte, stellte er sich nun die Frage, wie er selbst heiraten wollen würde. Er blickte dabei Tanja an, die sich in diesem Moment eine schmale Sonnenbrille aufsetzte und eigentümlich glücklich aussah. Wann würde man feiern? Im Frühling. Wo würde man feiern? An einem neutralen Ort – nicht in Hessen, nicht in Berlin, nicht in Kiel, idealerweise im europäischen Ausland. Wie würde man feiern? Streng geplant, unter der Vermeidung diverser Klischees, mit Programmpunkten, aus denen Formwille und Selbstironie sprächen, ohne dass diese unter den Gästen zu Fremdscham führten. Jerome schüttelte den Kopf. Eine Heirat wäre absolut unmöglich.

Als zweiten Gang aßen Jerome und Tanja eine große Menge Reis mit Hähnchenfleisch in einer orangefarbenen Soße, die deutlich schärfer war als Jerome gedacht hätte. Als

Stefan aka Bob aufstand, um sich neues Mineralwasser zu holen, nutzte Jerome die Gelegenheit, um Tanja zu fragen: *»Willst du noch Nachtisch, oder wollen wir vorher zünden?«*

»Vorher«, antwortete Tanja, *»hier?«* Sie holte das Stück E aus ihrer Hosentasche und brach es, ohne Jeromes Antwort abzuwarten, in zwei Hälften. *»Die hat eine nice Bruchrille«*, sagte Tanja und nahm ihre Hälfte. Jerome war erstaunt darüber, wie wenig auffällig eine aufgeladene Handlung ablaufen konnte. Tanja war, das spürte er jetzt wieder deutlich, ein eleganter Mensch.

*

Der Nachtisch bestand aus einer Art Sorbet mit Früchten, es schmeckte sommerlich und frisch und passte gut dazu, dass das Apple-Wetter auf Tanjas Telefon noch immer 22 Grad anzeigte.

»Ich habe das Bedürfnis, ein bisschen zu mingeln«, sagte Jerome, *»magst du mitkommen oder lieber deine eigenen Kontakte machen?«*

Tanja fand es gut, dass Jerome diese Frage stellte. Sie nahm das als Zeichen dafür, dass er entschlossen war, sich nun endlich etwas zu entspannen. Sie sagte: *»Ich hole mir ein neues Getränk und komme dazu.«*

»Sehr gut«, sagte Jerome, und dann endlich küsste er sie auf den Mund. Tanja schloss die Augen. Es war ihr erster Kuss nach fünf Monaten, er passierte ansatzlos und fühlte sich richtig an.

Im Wintergarten lächelte der junge Typ hinter der Bar und fragte Tanja, ob sie noch einen Crémant wolle. Tanja sagte, dass sie eine Alkoholpause mache, und erbat ein Wasser und einen Espresso. Die Kapselmaschine machte bei der Zubereitung des Kaffees enorm laute Geräusche.

»Trinkst du einen mit?«, fragte Tanja.

»Nicht bei der Arbeit«, lachte der Typ. Und sagte dann: *»Okay. Ich mache mir einen Lungo.«*

Tanja fand es süß, dass der Barjunge spürbar stolz darauf war, dass er ihren Flirt so souverän erwiderte. Sie standen mit ihren Nespresso-Kaffees im Wintergarten der Mehrzweckvilla und lächelten sich an.

»Was machst du, wenn du nicht auf Hochzeiten arbeitest?«

»Abi«, sagte der Junge.

Tanja versuchte, sich ihren Schock nicht anmerken zu lassen.

»Dann bist du neunzehn?«, fragte sie.

»Achtzehn«, sagte er und zwinkerte. *»Wie heißt du?«*, fragte er und klang plötzlich fast schüchtern.

»Tanja. Und du?«

»Leon ... Bist du mit der Braut oder dem Bräutigam befreundet?«

»Weder noch. Ich begleite meinen Freund.«

»Der in dem weiten Hemd?« Der Abiturient blickte in den Vorgarten, die Sonne stand tief jetzt. Tanja nickte.

»Der ist süß«, sagte Leon. *»Heiratet ihr auch mal?«*

*

Jerome hatte das Gefühl, dass ihm nun wärmer war als noch vor wenigen Minuten. Er wollte aber noch von keinem akuten High sprechen. Das erste Ecstasy seit zweieinhalb Jahren schlich sich ganz offensichtlich an. Jerome dachte darüber nach, ob sich der aufkeimende Rausch anfühlte, wie *nachhause zu kommen*, so hatte er das mit Ende zwanzig manchmal formuliert, aber das kam ihm jetzt zu hoch gehängt vor. Viel eher war der Zustand vergleichbar mit der Leichtigkeit, die sich an guten Tagen nach vierzig Minuten Jogging einstellte. ›*Es ist ein wahnsinnig schöner Herbsttag*‹, dachte er, ›*und Bob ist doch echt ein Netter. Voll schön, ihn mal wieder zu sehen.*‹ Bob stand in seinem Leinenanzug neben Jerome und trank einen Energydrink aus einer PET-Flasche mit dem Aufdruck XL. Der gut gelaunte Mittdreißiger mit dem beginnenden Leberschaden, irgendwie hatte das auch Glamour, Bob lebte dieses kalifornische Melodic-Hardcore-Ding, dem er sich in der neunten Klasse verschrieben hatte, ideell noch immer fort. Vielleicht entwickelten sich Menschen, die immer streng bei einer Sache blieben, zwangsläufig zu Charismatikern.

Als Jerome ein Tippen auf der linken Schulter spürte, drehte er sich nach links. In diesem Moment ging Tanja an seiner rechten Schulter vorbei. Es war der unerträgliche alte Gag, Tanja lächelte, Jerome fand, dass sie high aussah, dann küssten sie sich.

»*Geht's dir gut?*«, fragte sie.

»*Ich glaub schon*«, sagte Jerome. Die Wahrheit war, dass es ihm besser als jetzt kaum jemals gegangen war. Sie blieben einen Moment lang küssend auf der Wiese stehen. Bräutigam Julian kam zu ihnen und sagte, dass Jana und er jetzt gleich den Dancefloor eröffnen würden, sie sollten doch bitte mit reinkommen.

»*Ja, klar!*«, sagte Jerome, auf eine Weise euphorisch, die

Julian vermutlich sofort zuzuordnen wusste. Jerome und Tanja gingen Arm in Arm in den Wintergarten zur Bar, um sich jeweils eine Flasche stilles Selters zu holen. Der junge Typ, der vor den Kühlschränken mit den Getränken wartete, schaute Jerome extrem freundlich an.

»Was darf es sein? Wasser?«

»Gut erkannt«, sagte Tanja. Sie und der Barjunge hatten offensichtlich einen guten Vibe, wahrscheinlich stand er auf sie, Jerome fand das nachvollziehbar, auch, dass Tanja womöglich auf den Barjungen stand. Er hatte noch diese fast kindliche Haut, von der man dachte, dass sie Pickel entwickeln musste, da sie leicht fettig glänzte. In den seltenen Fällen, in denen diese sonnengetönte Haut keine Pickel mehr entwickelte, war es die wahrscheinlich attraktivste Männerhaut, die man sich vorstellen konnte. Jerome spürte, dass er eine Erektion bekam. Er war jetzt wirklich, wirklich high. Der Junge, der ziemlich definierte Unterarme hatte, reichte ihm ein Selters mit Schraubverschluss. Jerome hoffte, dass seine halbe Erektion nicht sichtbar war, und fasste Tanja sanft an den Po. *»Ich glaube, ich setze mich noch mal kurz raus«*, sagte er.

»Ich komm mit«, sagte Tanja.

*

Jeromes Zunge fühlte sich merkwürdig kalt an, dachte Tanja, während sich auf den Rest ihres Körpers ein wärmender Schweißfilm gelegt hatte. Nichts daran war unangenehm, im Gegenteil, Jerome zu küssen hatte einen ähnlichen Effekt, wie ein erfrischendes Eis zu essen, nachdem man sich sportlich verausgabt hatte. Tanja konnte mit Gewissheit sagen, dass sie leicht überdosiert war. Womöglich war die schwarze Levi's doch stärker als auf *saferparty.ch* ausgewiesen, vielleicht war eine ganze Hälfte zu viel gewesen. Tanja befand sich in einer körperlichen Parallelwelt, die von außen höchst sexualisiert wirken mochte – sie saß auf Jeromes Schoß und küsste ihn mit weit geöffnetem Mund, vermutlich waren ihre Zungen sichtbar –, von innen hatte diese Parallelwelt aber auch ein völlig asexuelles Moment. Sie spürte Jeromes Körper unter sich nicht mehr als den spezifischen Körper ihres Jetzt-wieder-Boyfriends, sondern einfach als einen Körper, was sie als einen Wert an sich wahrnahm. Das Glück, das sie in diese drängende Küsserei hineintrieb, war sehr allgemein. Es war fraglos richtig, dass sie nah bei Jerome war, vieles andere wäre aber ebenfalls richtig gewesen. Wenn man so wollte, gab es jetzt, am vielleicht wärmsten 13. Oktober der Dekade, nichts, das absolut falsch gewesen wäre.

Aus der Ferne hörte Tanja, wie die Tanzfläche eröffnet wurde, mit dem Song *DNA.* von Kendrick Lamar. Natürlich Kendrick, dachte sie, dabei war es auf einer Hochzeit in Thüringen vielleicht alles andere als selbstverständlich, sondern viel eher großartig, dass Kendrick Lamar gespielt wurde.

*

Tanja fühlte sich auf seinem Schoß etwas leichter an als zuletzt Marlene. Der Geruch beider Frauen war so verschieden – es war absurd, überhaupt einen Vergleich anzustreben. Tanjas Küsse waren sehr viel nasser, als Jerome es von ihr in Erinnerung hatte. Sie hatten sich allerdings auch noch nie zuvor in einem Ecstasy-Vollrausch geküsst. Zudem war es denkbar, dass sich die Art, wie ein Mensch küsste, ständig veränderte. Mittlerweile waren sie – abgesehen von vier Raucherinnen – die letzten Hochzeitsgäste, die sich in der Spätdämmerung noch vor dem Gebäude aufhielten. War es vielleicht schon zu kühl geworden, um draußen zu sitzen? Jerome dachte, dass sie, damit es nicht peinlich würde, bald aufhören müssten mit dieser offensiven Küsserei. Noch fünf Minuten, sagte er sich, und lächelte, woraufhin Tanja küssend zurücklächelte.

*

Tanja blieb für sechs Songs am Stück auf der Tanzfläche. Der DJ spielte neben Kendrick Lamar auch XXXTentacion und Travis Scott und legte danach Disco auf. Er machte das insgesamt sehr gut. Tanja suchte immer wieder Jeromes Nähe, seine staksig-bizarren Tanzbewegungen beobachtete sie so gerne wie die Tanzbewegungen keines anderen Menschen auf der Welt. Sie fühlte sich ihm absolut verbunden, wobei physische Anziehung nicht das entscheidende Element war. Ein gutes High, dachte Tanja, war im Idealfall ein Zustand nach dem Trieb. Menschen, die auf Drogen in erster Linie nach körperlicher Nähe strebten, waren in ihren Augen nicht wirklich interessant. Jerome tanzte auf sie zu, umarmte sie und flüsterte: *»Ich freue mich so, nachher mit dir zu schlafen.«* Tanja sagte: *»Ich dachte gerade, dass Sex gar keine Rolle mehr spielt.«* Jerome grinste, dann tanzte er weiter. Eine Weile später kam er zurück und sagte: *»Vielleicht hast du sogar recht.«*

*

Sie hatten das letzte verfügbare Shuttle in die Pension genommen, die Fahrt dauerte gut zehn Minuten. Die Fahrerin, die Jerome auf Anfang sechzig schätzte, bemühte sich gar nicht erst um Smalltalk. Jerome schaute aus dem Fenster, während Tanja mit dem Kopf an seiner Schulter lehnte. Er hatte keine Kopfschmerzen, ihm war nicht übel, aber er fühlte sich auch nicht mehr high. Dass es noch nicht hell wurde, erinnerte ihn daran, dass eigentlich Herbst war, auch wenn sich die Hochzeit über weite Strecken wie eine Sommerparty angefühlt hatte. Das vorgeschlagene gemeinsame Frühstück mit allen Gästen hatte er von Anfang an ausgeschlossen, stattdessen schon tags zuvor in der Pension um Late-Check-out zwischen 13 und 14 Uhr gebeten. Er massierte mit einer Hand Tanjas Oberarm, für einen Moment glaubte er, dass Tanja an seine Schulter gelehnt eingeschlafen war. *»Hat das Zimmer eine Minibar?«*, fragte sie plötzlich. *»Ein Orangensaft wäre gut, glaube ich.«* Jerome dachte darüber nach, wie ein Orangensaft schmecken würde, er dachte an die Dickflüssigkeit und an die Säure. *»Müsste man probieren«*, antwortete er, *»als Schorle vielleicht.«*

Das Pensionszimmer hatte keine Minibar. Jerome hätte das eigentlich schon wissen können, aber er war dann von Tanjas Idee eines kleinen Kühlschranks voller Softdrinks angesteckt worden und hatte sich zudem ausgemalt, dass auch eine Tafel Vollnussschokolade und etwas Obst in dem Kühlschrank bereitliegen könnten. Tanja füllte einen Zahnputzbecher mit Leitungswasser und trank diesen in einem Zug leer. »*Komm, wir ziehen uns aus*«, sagte sie. Kurz darauf saß Jerome in Boxershorts und Socken auf dem hinteren der beiden Betten und schaute Tanja dabei zu, wie auch sie sich bis auf Unterhose, BH und Strümpfe entkleidete. Sein Eindruck war, dass Tanja darauf bestand, jetzt Sex zu haben, und fraglos wollte er ihr den Gefallen tun. Es kränkte ihn jedoch, dass sie beide sich nun, nach den Monaten der Abwesenheit, so wenig Mühe dabei gegeben hatten, sich voreinander auszuziehen. Tanja sah ohne jeden Zweifel toll aus, anders toll als Marlene, vielleicht sogar toller, aus einer modischen Logik heraus empfunden gewiss. An Tanjas hagerem Körper hätten sogar Tätowierungen nach High Fashion ausgesehen, während Marlene, die hübsche, erwachsene Frau aus Hessen, von Tätowierungen entstellt worden wäre. Beim Knutschen vor der Mehrzweckvilla hatte Tanja festgestellt, dass Jerome etwas Krafttraining gemacht hatte, und Jerome hatte sich körperlich enorm wohl gefühlt. Und nun saß Tanja Arnheim, die interessanteste Erzählerin ihrer Generation, ihm fast nackt gegenüber auf dem zweiten Bett des Pensionszimmers und wirkte dabei eigentümlich weit entfernt. »*Vielleicht schlafen wir auch einfach*«, schlug Jerome vor.

15

Zwei Tage nach der Rückkehr aus Thüringen – es sollte die letzte milde Nacht des Jahres sein, das Fenster neben Jeromes Bett stand weit offen – zählte er vor dem Einschlafen die Frauen, die vermutlich einmal ernsthaft in ihn verliebt gewesen waren und deren Gefühle er gar nicht oder nur zum Teil erwidert hatte. Er fing mit dem Zählen in der elften Klasse an. An noch frühere Geschichten wollte er nicht denken. Ihm kam alles, was emotional in einem Alter unter sechzehn geschah, der Tendenz nach pathologisch vor. Er zählte zuerst sieben, dann acht, dann neun, dann wieder acht Frauen. Sie alle waren heute noch unter fünfunddreißig. Bei vier von ihnen wusste er zumindest, wo sie lebten. In direktem Kontakt stand er nur noch mit Karina, die sich in Düsseldorf im Jahr 2007 in ihn verliebt hatte. Karina wohnte heute in Brüssel und war bildende Künstlerin. Sie schrieb Jerome circa dreimal im Jahr eine ausführliche Nachricht auf Telegram, meist nachdem Jerome ihr eine kürzere Nachricht geschickt und darin einige Fragen gestellt hatte. Es war ein fairer Austausch, Jerome hatte das Gefühl, dass Karina und er einander nur das Beste wünschten. Kein wirklich entscheidender, aber ein schöner, gesunder Kontakt. Doch wie empfand er für die anderen sieben Personen? Und wie empfanden sie für ihn?

In den Tagen nach Vollrauscherfahrungen hatte Jerome oft das Bedürfnis, gedanklich Ordnung zu schaffen. Er fühlte sich danach meistens nicht besser, aber nicht zu denken, war auch keine Option, da das körperliche Empfinden an diesen Tagen ebenfalls mangelhaft war. Menschen hatten ihn sehr gemocht, und er wusste nicht mal, wo diese Menschen sich jetzt aufhielten, ob es ihnen gut ging oder nicht. Was Jerome ein wenig tröstete: In seinem Umfeld gab es eigentlich niemanden, der zu Exfreundinnen oder Exaffären freundschaftliche Verhältnisse unterhielt. Es entsprach durchaus der Norm, dass man zu Menschen, für die man einmal viel empfunden hatte, keinen Kontakt mehr pflegte. Genauso wie es der Norm entsprach, sinnlose Arbeit verrichten zu müssen, Ressentiments gegenüber Fremden zu haben und handysüchtig zu sein. Jerome legte einen Arm auf seine geschlossenen Augen. Es war wirklich kein guter Abend.

*

Janis' Nachrichten der letzten beiden Tage hatten diese Ausschläge, die nur die Nachrichten einer unglücklich verliebten Person annehmen konnten. Eine Nachricht voll unkontrollierter Zugewandtheit, dann eine voll unkontrollierter Aggression, zuletzt eine Nachricht als Entschuldigung für die beiden vorherigen Nachrichten. Nachdem sie zwei Tage lang nicht geantwortet hatte, war der Moment gekommen, in dem sich die Frage stellte, ob es nun nicht eleganter wäre, gar nicht mehr zu antworten. So hatte es Tanja in den letzten Jahren zumindest mit drei One-Night-Stands gehandhabt. Viele Monate später war ihr über Ecken zugetragen worden, wie tief sich der Hass in diesen Personen eingenistet hatte und wie schlecht sie über Tanja redeten. Wäre das zu vermeiden gewesen, wenn sie transparent und fair geschrieben hätte, dass sie das gemeinsame Abstürzen in dem Moment zwar unterhaltsam gefunden hatte, aber von einer Fortsetzung gerne absehen würde? Sie war immer der Meinung gewesen, dass sich diese Dinge von selbst erklärten. Mittlerweile wusste sie aber, dass sich zumindest für die Menschen, die einen Crush auf sie hatten, absolut gar nichts von selbst erklärte. Also setzte sie sich, gekleidet in ein dunkelgrünes Kapuzensweatshirt, das einmal ihrem Exfreund Max gehört hatte, auf den Balkon und tippte in ihr Handy:

›Lieber Janis, tut mir sehr leid, wie ich mich verhalten habe. Ich hab in den letzten Monaten die Kontrolle verloren. Ich war zu keinem Zeitpunkt richtig bei dir, du hast nichts falsch gemacht, es war mein Problem. Ich mag dich und ich hoffe, du kannst mir irgendwann verzeihen. Es wird vielleicht einige Zeit brauchen … Alles Gute für dich. Hugs – T.‹

Tanja blickte noch einmal auf ihre Nachricht, um sie auf mögliche Missverständlichkeiten, unnötige Spitzen und Tippfehler zu prüfen. Aber sie drückte dann doch ziemlich rasch auf den blauen Pfeil. Da es eine iMessage war, wusste sie, dass sie die Nachricht nicht nachträglich würde zurückrufen oder bearbeiten können, wie etwa bei Telegram, was eventuell schade war. Eine *›bearbeitet‹*-Markierung hätte Janis vermittelt, dass Gedanken und Mühe in ihre Nachricht geflossen waren. Doch mit Janis hatte sie immer nur via iMessage kommuniziert, für das Ende des Kontakts nun auf Telegram zu wechseln, machte wenig Sinn.

Beim Blick auf die abgesendete Nachricht fühlte sich Tanja ausgelaugt. Vielleicht wurde man wehleidiger im Alter, dachte sie, denn sie fand es nun, da sie dreißig war, weniger in Ordnung, Menschen zu enttäuschen. Unter ihrer Nachricht sah sie, dass Janis bereits mit dem Formulieren einer Antwort beschäftigt war, die Sprechblase mit den drei sich bewegenden Punkten schien auf, und das konnte nur bedeuten, dass sie jetzt eine Breitseite abbekommen würde, eine Nachricht im Affekt. Die Sprechblase verschwand, dann tauchte sie wieder auf, dann verschwand sie. Für einen Moment fragte sich Tanja, ob sie vielleicht rauchen sollte, denn rauchen am ersten Herbsttag, im Kapuzensweatshirt des Exfreundes – das würde passen. Dann dachte sie *niemals* und machte sich Tee.

Die Kommunikation zwischen Jerome und ihr am Morgen nach der Hochzeit war uneindeutig gewesen. Dass sie nicht miteinander geschlafen hatten, auch nach dem Aufwachen gegen 14 Uhr nicht, hatten sie einerseits auf das E geschoben, auf ihr schlechtes Timing. Andererseits hatten sie es ohnehin für sinnvoll befunden, ihre *körperliche Reunion*, wie Tanja diese im Spaß nannte, auf einen anderen, weniger entrückten Moment zu verschieben. Nun hatten sie etwas, worauf sie sich freuen konnten, einen hoffentlich entspannten und zugleich überaus spannenden Neubeginn.

Auch in den Folgetagen kam keine Nachricht mehr von Janis.

*

Auf Beates achtundfünfzigstem Geburtstag eingeladen zu sein, löste in Jerome ambivalente Gefühle aus. Er kannte die neue Freundin seines Vaters von zwei Begegnungen, er hatte sich gut mit ihr verstanden, und er wünschte Beate und Jürgen Casper alles erdenklich Gute. Jedoch ging Jerome davon aus, dass auf Beates Party niemand anwesend sein würde, der etwas erzählen könnte, das ihn wirklich interessierte. Er dachte, dass er sehr viel lieber auf einen achtundzwanzigsten Geburtstag gehen würde als auf einen achtundfünfzigsten, ein Gedanke, der ihm selbstverständlich vorkam, obwohl er doch überhaupt nicht selbstverständlich war. Hatten ältere Menschen nicht automatisch den größeren Fundus an Geschichten? Hatten sie nicht längst gelernt, Momente produktiv anzunehmen und aus Gesprächen den größtmöglichen Spaß zu destillieren? Dass Jeromes Erfahrungen mit älteren Menschen in der Regel andere gewesen waren, warf Fragen auf. Lag es vielleicht an der Region, in der er lebte? Waren die Menschen in Kalifornien, Argentinien, Irland, Japan, Neuseeland und Marokko wirklich interessanter als die Menschen in Hessen? Jerome sagte sich, dass es der falsche Weg war, von anderen irgendetwas zu erwarten. Er selbst war gefordert, die sozialen Situationen, an denen er teilnahm, aufzuwerten. Und sollte er sich dazu in der Lage sehen, am Tag von Beates achtundfünfzigstem Geburtstag, würde er ihre Party besuchen.

*

In ein neues Dokument, für das sie noch keine Überschrift hatte, tippte Tanja, dass sie ›*wieder mehr Langeweile wagen*‹ wolle. Auch mal einen Abend leicht genervt in der Wohnung sitzen bleiben, in direkter Nähe zum beleuchteten Globus, zwei bis drei Stunden überstehen, in denen man nur im Internet herumklickt, um dann, als man fast schon zu Bett gehen will, doch noch zwei Seiten zu schreiben. Tanja glaubte sich zu erinnern, dass sie das während der Arbeit an *PanoptikumNeu* häufig gemacht hatte, und um diese Erinnerung zu prüfen, öffnete sie die Datei mit ihrem Tagebuch aus den Jahren 2013 und 2014. Sie las sich für eine halbe Stunde fest. Erstaunt war sie darüber, dass sie in dieser Zeit, die sie als leicht und gut gelaunt erinnerte, als die vielleicht beste Zeit überhaupt, häufig verunsichert gewesen war. Auch noch, als sie längst einen Buchvertrag und positives Feedback von mehreren Verlagen erhalten hatte, stellte sie das ganze Projekt infrage. Und sie war ständig in Bars und Clubs und auf Geburtstagspartys gegangen, war offenbar häufiger verkatert gewesen als 2018, hatte eine nahezu feste Beziehung mit Ernesto geführt und nebenbei Flirts gehabt, von denen, den Aufzeichnungen zufolge, auch ein gewisser Stress ausgegangen war. Im Grunde war die Vergangenheit wirklich nicht so viel anders als die Gegenwart.

Vielleicht hatte ihre Mutter nicht in allen Punkten unrecht gehabt. Vielleicht war es doch in Ordnung, Tagebuch zu führen.

*

Marlene Seidl war natürlich extrem geschickt. Sie belastete Jerome nicht mit drängenden Fragen zu ihrem Status oder mit dem Wunsch nach Zusagen irgendeiner Art, sondern meldete sich einfach alle paar Tage mit Screenshots von vergleichsweise guten Memes, die Jerome in der Regel zum Lachen brachten, und gab entspannte Updates – Marlene schien eine gute Zeit zu haben. In den beiden Wochen nach ihrem ersten Mal, in die auch Julians Hochzeit gefallen war, war Marlene zunächst im Büro eingespannt und dann geschäftlich in Frankreich gewesen, sodass die Herausforderung darin bestanden hatte, sich nicht gänzlich aus den Augen zu verlieren.

Impulsweise glaubte Jerome, ihr gegenüber einen *Rückfall mit einer alten Geschichte* zumindest andeuten zu müssen, aber er brachte es einerseits nicht übers Herz und wollte sich andererseits nichts verbauen. Also hielt er den Kontakt zu Marlene aufrecht, mit meist gut gelaunten Nachrichten, die er oft direkt nach dem Joggen formulierte, und sogar mit Fotos von der Hochzeit, auf denen Tanja selbstredend nicht zu sehen war. Dass Marlene nicht etwa nachfragte, ob er alleine oder in Begleitung auf der Hochzeit war, sprach ebenfalls für sie.

*

Die Frage, wie sich das Verhältnis von Tanja und Jerome verändern würde, wenn sie einmal in derselben Stadt wohnten, hatten sie bisher nur im Spaß besprochen. Die Prognosen pendelten zwischen einem *Zustand dauerhaft-stabil lebensbejahender Euphorie* – das hatte Tanja in einer E-Mail vom 3. Dezember 2017 geschrieben – und einer sofortigen Trennung – das hatte Jerome am Ostersonntag nach ihrem Streit über *Call Me By Your Name* vermutet, wenn auch lachend.

In das Dokument, das sie mit *JeromeDaimler* überschrieben hatte und nun als eine Art Tagebuch begriff, schrieb Tanja, dass sie eigentlich dankbarer sein sollte, von Jerome noch eine Chance zu bekommen. Gleichzeitig fragte sie sich, ob eine Zeit ohne jede Liaison, ohne Partnerschaft oder Affäre, nicht auch mal gut für sie wäre. Tanja schrieb: ›*Aktuell bin ich erleichtert, dass Jerome nicht in Berlin wohnt.*‹ Das nun schwarz auf weiß vor sich zu sehen, hatte einen fast bedrückenden Effekt. Was würde Jerome beim Anblick dieser Zeile empfinden? Wahrscheinlich würde er sie verstehen, dachte Tanja.

*

Am Tag von Beates Geburtstag wurde Jerome mit leichten Halsschmerzen wach, die er zum Anlass nahm, Beate eine herzliche Gratulation via WhatsApp zu schicken und sich für den Abend zu entschuldigen. Beate antwortete umgehend mit einem großen Dankeschön und den allerbesten Genesungswünschen. Weil die Halsschmerzen schon nach dem Zähneputzen wieder verschwunden waren, bekam Jerome bald ein schlechtes Gewissen.

Am Abend, als Beates Party längst begonnen haben musste, saß er mit einem vierten starken Kaffee vor dem Laptop und blickte auf die Verlaufsfarben seines Webseitenentwurfs, die sich weiterhin am ehesten mit dem Inneren einer Lavalampe assoziieren ließen. Der genutzte Morphing-Effekt entfaltete eine verlässlich hypnotisierende Wirkung, aus blassem Blau wurde blasses Violett, wurde blasses Orange, wurde blasses Gelb. Die ineinandergreifenden Pastelltöne wirkten weder kalt noch warm, wie ein Fiebertraum, der aber erstaunlich behaglich war. Im Laufe der Nacht fragte sich Jerome, wie lange er in diesem Bungalow noch wohnen wollte. Ob es vielleicht eine Perspektive wäre, doch noch einmal für längere Zeit ins Ausland zu gehen, in eine urbane Region mit schnellem Internet, irgendwo im Süden Europas vielleicht.

*

Am Nachmittag und frühen Abend des 20. Oktober vibrierte Tanjas Telefon oft. Alexander fragte, ob sie den Film *A Star Is Born*, das mutmaßlich eitle Regiedebüt von Bradley Cooper mit Lady Gaga in der Hauptrolle, schon gesehen habe. Er schlug die Spätvorstellung im Kino Neues Off vor – Tanja sagte ab.

Celia schlug vor, ins OHM zu gehen – Tanja sagte ab.

Teddy schlug vor, ins Sameheads zu gehen – Tanja sagte ab.

Luca textete, dass sie noch eine Steuerkarte fürs Gorki-Theater übrig habe, wenn sich Tanja beeile, könne sie die haben – Tanja antwortete nicht.

Teddy schrieb dann noch mal, dass heute auch im Arkaoda gute Musik laufe, alternativ überlege er, morgen tagsüber zur Klubnacht zu gehen, und fügte ein Emoji mit Sonnenbrille an – Tanja schrieb freundlich, dass sie an diesem Wochenende nicht ausgehen wolle, am kommenden dann aber gerne wieder.

Als die Nachricht von Sarah kam, war es schon spät, fast halb zwei in der Nacht. Sarah schrieb: ›*Ich bin im Krankenhaus. Weiß noch nicht, wie lange ich bleiben werde. Bei mir zuhause ist der Hund von Björn. Björn ist bis 12.11. in New York. Könntest du bitte nach dem Hund sehen? Er ist noch klein.*‹

Und in einer zweiten Nachricht stand: ›*Sorry. Ich weiß gerade niemand anderen, der das machen könnte. Die sind alle nicht da. Und ich habe es Björn versprochen. Der Hund heißt Bernie Sanders.*‹

*

Jerome hatte es immer abgelehnt, für seine Meditationsversuche ein speziell dafür angefertigtes Kissen zu verwenden. Meistens saß er auf seinem schmalen Bürostuhl, den er Anfang der Zweitausender nachts auf der Zeil gefunden und spontan mit nachhause genommen hatte. Jerome saß bequem, er lehnte sich an, er folgte seinen eigenen Regeln. An diesem Samstag im Oktober jedoch, als es schon früh dunkel wurde, schaute er sich online nach einem Sitzkissen um, da er den Eindruck hatte, dass seine Meditationspraxis einen neuen Impuls brauchte. Seit er von Julians Hochzeit zurückgekehrt war, hatte er seine innere Persönlichkeit zunehmend im Vorwurfston sprechen gehört. Das Frühjahr 2017, das Jerome bisher ausschließlich als spirituellen Wendepunkt hatte verstehen wollen, wurde völlig neu bewertet. Die Rückkehr in den Bungalow seiner Eltern empfand Jerome plötzlich als Selbstinszenierung. Er war zu einem Webdesigner für internationale Auftraggeber geworden, dessen USP darin bestand, dass er zurückgezogen auf dem Dorf lebte, zwar im Ballungsraum Rhein-Main, aber eben doch auf dem Dorf. Die Auftragslage hatte sich entscheidend verbessert, seit er in Maintal wohnte, er arbeitete auch effizienter als zuvor. Vielleicht, das dachte Jerome jetzt, war er bloß Karrierist. Auf den ersten fünf Seiten der Google-Shopping-Suche fand er kein einziges Meditationskissen, das ihm gefiel.

*

Den Schlüssel zu Sarahs Wohnung musste Tanja peinlich lange suchen. Sie hatte ihn zuletzt vor über zwei Jahren benutzt, als sie von Sarah gebeten worden war, ihre Pflanzen zu gießen, während sie mit ihrem damaligen Freund Anton auf Fuerteventura Urlaub machte. Damals war Sarahs Basilikum gestorben, doch Tanja hatte ihn alsbald ersetzt. Den Schlüssel fand Tanja in der Schublade, in der sie ihn zuerst vermutet hatte, als sie dort, nachdem sie in sämtlichen Plastikboxen und Schuhkartons gesucht hatte, ein zweites Mal nachschaute.

Sarah hatte sich eigenständig in einem Krankenhaus gemeldet, weil sie, wie sie schrieb, *ihre Gedanken nicht mehr kontrollieren konnte.* Tanja hatte versucht, sie anzurufen, aber Sarah wollte nicht telefonieren. Via Textnachricht versprach sie ihrer älteren Schwester, dass sich Björn bald um einen alternativen Hundesitter kümmern werde. Tanja antwortete: ›*Mach dir nicht so viele Sorgen um den Hund. Wir werden schon klarkommen. Hauptsache, dir geht es bald wieder gut! Wann kann ich dich besuchen?*‹

Sarah riet ihr davon ab. ›*Ist besser, wenn ich erstmal alleine bleibe. Also unter Aufsicht. Ich melde mich. Danke, dass du dich um den Hund kümmerst.*‹

Die Fahrt nach Moabit dauerte gut vierzig Minuten. Tanja musste davon ausgehen, dass das mutmaßlich noch junge Tier längst in Sarahs Wohnung gekackt hatte.

*

Jeromes Vater erzählte am Telefon von interessanter Live-Musik, die aber nicht mit Instrumenten gemacht worden sei, sondern mit einem Computer. Ein langjähriger, etwas jüngerer Freund von Beate, der als DJ arbeite, habe die gespielt, Jerome könnte ihn vielleicht sogar kennen – Gerd Janson. »*Oh*«, sagte Jerome, denn den kannte er tatsächlich. Zuletzt hatte er ihn im März während eines Besuchs bei seiner Mutter im Lissabonner Lux-Club gehört, drei- oder viermal zuvor im Robert Johnson und einmal auch in Berlin. Wahrscheinlich würde Gerd Janson nicht fehlen, wenn Jerome eine Liste seiner zehn All-Time-Favourite-DJs erstellen müsste, aber das erzählte er seinem Vater nicht. Dieser lobte die musikalische Performance, die von dem langhaarigen Gerd aufgeführt worden sei, und sagte, er habe sich später auch gut mit ihm unterhalten. *»Dir geht es wieder besser?«*

»Ich glaube, ich konnte die Erkältung abwenden«, sagte Jerome, *»hab gestern einfach viel Tee getrunken und ruhig gemacht.«*

»Schön«, sagte sein Vater und erzählte weiter von Beates Party, die erstaunlich gut besucht gewesen sei. *»Im Laufe des Abends hab ich so viel getrunken, wenn ich nicht aufpasse, steigt mein biologisches Alter bald auf sechzig«*, lachte er und fragte nach einer kurzen Pause: *»Wie war denn die Hochzeit von Julian? So spießig, wie du befürchtet hast?«*

Hatte Jerome seinem Vater gegenüber allen Ernstes behauptet, dass die Hochzeit eines seiner besten Freunde spießig werden würde? Möglich war das. Er sagte: *»Es war ziemlich schön.«*

»Und hast du schon Pläne für deinen Geburtstag?« Jeromes sechsunddreißigster Geburtstag stand in knapp zwei Wochen an, und Jerome hatte noch keine Pläne. Er beendete das Gespräch mit dem Verweis auf ein anstehendes Skypegespräch mit einem Kunden aus Basel. Bei der Verabschiedung klang sein Vater noch immer sehr beschwingt. Das Trinken auf der Party seiner Freundin hatte ihm offenkundig gutgetan.

*

Sarah wohnte im Hinterhaus, direkt unterm Dach, hier musste es in den letzten Monaten unerträglich heiß gewesen sein, aber dafür war es von morgens bis abends hell. Der Hund bellte, als er Tanja sah. Es war ein sehr kleiner, hübscher Hund mit glänzendem schwarzem Fell, Tanja konnte die Rasse nicht benennen. Sie streichelte das Tier und fragte, ob es mal aufs Klo müsse oder ob das längst erledigt sei. Tanja versuchte, etwas zu riechen, aber erkannte erstmal nur den Geruch ihrer Schwester, gemischt mit dem Eigengeruch der Wohnung. Dass eine Wohnung in erster Linie einen Eigengeruch hatte, der sich im Laufe der Jahre mit dem Geruch der darin lebenden Menschen mischte, war Tanja erst in Berlin aufgefallen. Eventuell traf das auf Alt- und Neubauten in Metropolen auch stärker zu als auf Einfamilienhäuser in Kleinstädten. Ein Haus, das eine Familie bauen ließ, um es selbst zu bewohnen, roch vielleicht von Anfang an vor allem nach dieser Familie, und auf seine Weise war dieser pure Familiengeruch weit steriler und geschichtsloser als der Geruch von mehrfach renovierten Mietwohnungen, dachte Tanja, während sie die Räume ihrer Schwester nach Hundekot absuchte. Unter einer Kleiderstange fand sie eine Pfütze von fast geruchsneutralem Urin. Tanja fragte sich, ob sie das erst aufwischen und dann mit Bernie Sanders nach draußen gehen sollte oder ob der Spaziergang jetzt Priorität hatte, damit nicht noch Ärgeres geschah. Sie entschied sich dafür, zuerst sauber zu machen.

*

Jerome lachte, als er das Foto von Tanja mit einem kleinen Hund auf dem Schoß sah. Das Tier hatte die Augen halb geschlossen, und Tanja posierte auf ihre typische Weise, scheinbar gleichgültig und zugleich sehr präsent. Das

Foto war wohl mit Selbstauslöser entstanden, da im Bildvordergrund eine Schreibtischkante zu sehen war und Tanja mit beiden Händen den Hund streichelte. Jeromes erster Impuls war, nachzufragen, in wessen Zimmer sie da saß, aber er zögerte. Tanja durfte sitzen, wo sie wollte, schließlich hatte er ja auch vor der Kontaktpause nie nachgefragt, wo sie sich gerade aufhielt. Zwei Minuten nachdem das Foto angekommen war, folgte eine Nachricht, die erläuterte, wessen Hund das war und dass Tanja wegen ihm gerade im Apartment ihrer Schwester wohnte. Das Wort *Apartment* war für das eine Zimmer, das Jerome auf dem Foto sah, vielleicht nicht das passende, aber es erzeugte eine positive Stimmung. Er schrieb: *›Hätte ziemlich Lust, jetzt Zeit mit dir und dem Hund in diesem Apartment zu verbringen.‹* Tanja antwortete, dass sie das auch schön finden würde, aber die Textabgabe an Ellie nicht schon wieder verschieben könne, das werde sonst langsam pathologisch. Jerome wusste das, verstand es und hatte auch eigentlich keine Lust auf Berlin. Aber auf Frankfurt hatte er auch keine Lust. Also schaute er nach Flügen, schrieb dann seiner Mutter, die augenblicklich antwortete, und buchte achtundzwanzig Minuten später einen Flug nach Lissabon.

*

Bernie Sanders war ein erstaunlich anpassungsfähiger Hund. Dass er das Spazierengehen mit Tanja schon am zweiten Tag ohne besonderen Widerstand mitmachte, sprach entweder dafür, dass er keine gesunde Bindung zu seinem Herrchen aufgebaut hatte, oder für eine ungewöhnliche Form der Naivität. Hundebesitzer Björn, der vermutlich einer von Sarahs engen männlichen Freunden war, mit denen sie gelegentlich auch Sex hatte, war Sarahs Aussage nach nun von New York aus damit beschäftigt, unter seinen Bekanntschaften eine andere Hundesitterin zu aktivieren. Tanja befand sich in einer Warteposition, die ihr erstaunlich gut gefiel. Die Nachbarschaft auf der Perlebergerstraße in Moabit war eine willkommene Abwechslung zu ihrer sonstigen Nachbarschaft, und Sarahs Bett war mindestens so bequem wie ihr eigenes. Die Stimmung im Dachgeschoss hatte etwas Abgeschiedenes, es klang schön, wenn es regnete, und Bernie Sanders' Anwesenheit wirkte sich beruhigend auf Tanja aus, besonders dann, wenn er sich am Fußende des Bettes einrollte und schlief, während sie noch an ihrem Laptop saß und ihr Dokument *JeromeDaimler* mit nachdenklichen Sätzen füllte. Als belastend empfand sie nur den Hundekot. Sarah hatte kein Kehrblech dafür, sondern nur schwarze Plastiktüten, die Tanja wie Handschuhe benutzen musste. In der ersten Nacht träumte Tanja von der Wärme des Kots in ihrer Hand. Der Geruch des Hundefutters, von dem Sarah einen erstaunlich großen Vorrat eingekauft hatte, ekelte Tanja ebenfalls, aber es machte ihr Freude, mit anzusehen, wenn Bernie Sanders mit großem Appetit davon aß.

Weil sie nun wusste, für welchen Hund er sich entschieden und wie er ihn genannt hatte, hatte Tanja mittlerweile eine ziemlich präzise Vorstellung von Björn. Björn war sehr wahrscheinlich ein weißer Junge aus Norddeutschland, der

Design studiert hatte, aber gerne so wirken wollte, als hätte er Jura, VWL oder Politik studiert. Er war Ende zwanzig und kokettierte nach fünf Jahren Berlin mit einem Umzug nach New York oder Los Angeles, weil er glaubte, einmal in seinem Leben in New York oder Los Angeles gelebt haben zu müssen. Er mochte es, manchmal für schwul gehalten zu werden, lehnte Homosexuelle insgeheim aber ab. Er trug eine Brille, war ziemlich niedlich und ging regelmäßig auf Partys, ohne dass es ihm sonderlich wichtig war, auszugehen. Er glaubte an Geschäftsideen und daran, dass er selbst einmal eine solche haben würde, und seinen Hund hatte er unbewusst vor allem deshalb Bernie Sanders genannt, weil Balenciaga im Jahr 2017 sein Modelabel-Logo an das Vorwahlkampf-Logo von Bernie Sanders angelehnt hatte. Wahrscheinlich würde sich Tanja gut mit Björn verstehen, so wie mit den meisten von Sarahs Freunden, aber sie würde nicht mit ihm schlafen wollen.

Mutter Ulla erklärte ihr am Telefon, dass Sarah vor einiger Zeit ihre Medikamente abgesetzt habe, sie habe die Dosis über die letzten vier Monate hinweg ohne ärztliche Aufsicht sukzessive reduziert, und nun, circa fünf Wochen nachdem sie die letzte genommen hatte, habe sie vor dem eigenen Leidensdruck kapitulieren müssen. Ulla sagte: *»Ich bin froh, dass sie sich selbstständig eingewiesen hat. Sie ist sehr vernünftig.«*

Als Ulla auf Tanjas Nachfrage hin zugab, dass auch sie zuvor nichts vom Absetzen der Medikamente gewusst hatte, sagte Tanja: *»Wir sind beide nicht nah genug dran.«* Tanja blickte sich im Wohn- und Schlafzimmer ihrer Schwester um. Es war weder besonders unordentlich, noch herrschte übertriebene Ordnung. Nichts deutete darauf hin, dass hier eine psychisch kranke Person lebte. Tanja erwartete, dass ihre Mutter sie nun darauf hinweisen würde, dass sie ja zumindest in derselben Stadt wohne wie ihre Schwester, sie also leichter ein näheres Verhältnis zu ihr haben könne. Stattdessen sagte Ulla: *»Ich sollte öfter nach Berlin kommen. Es ist ja nicht so, als würde ich da zu wenige Leute kennen.«*

»Du arbeitest zu viel«, sagte Tanja.

»Aber auch nicht mehr ewig«, sagte Ulla.

»Will dich Sarah auf keinen Fall sehen?«

»Ich habe mit den Ärzten gesprochen. Die Anwesenheit von Familienangehörigen könnte Sarah in der aktuellen Situation zu sehr aufwühlen. Aber sie waren vorsichtig optimistisch. In einer Woche könnte es schon anders aussehen.«

Am Montagnachmittag klingelte eine Dame mittleren Alters an Sarahs Wohnungstür. Sie war ziemlich braungebrannt und gab sich als die Cousine von Björn zu erkennen. Bernie Sanders reagierte mit freudigem Gebell. Sie sei selbst gerade aus dem Urlaub zurück und könne sich ab jetzt um den Hund kümmern, bis Björn aus den Staaten zurückkehre. *»Wissen Sie zufällig, was er da macht?«*, fragte die Frau. Tanja schüttelte den Kopf. *»Hat er mir nicht erzählt.«* Es kam Tanja wahnsinnig aufwendig vor, zu erklären, dass sie Björn zwar genau vor Augen, ihn aber noch nie getroffen hatte. *»Na gut«*, sagte die Cousine und nickte. Einem eigenen Hund würde sie einen möglichst normalen Menschennamen geben, dachte Tanja jetzt, einen Namen wie Stefan oder Pascal. Das schien ihr weit angemessener als ein indirekter Verweis auf die politische Krise in den USA.

»Ciao, Bernie Sanders!«, sagte Tanja, bückte sich und kraulte ihn zum Abschied mit beiden Händen.

16

18 Grad und Regen. Irgendwie enttäuschte das Wetter in Lissabon oft. Jerome hatte seinen Schirm vergessen, stand stattdessen in einem eher unpraktischen, halbtransparenten Regenponcho vor Terminal 2 und wartete auf sein Uber. Die Adresse seiner Mutter hatte er noch vom letzten Besuch in der App gespeichert und diese seither auch nicht mehr geöffnet, da Uber in Frankfurt und Berlin noch immer irrelevant war. Der Fahrer sprach kaum Englisch, aber bemühte sich dennoch, auf Englisch Fragen zu stellen, die Jerome akkurat beantwortete. Jerome fand, dass sein Englisch heute deutscher klang als zuletzt. Er versuchte die Wetterprognose zu erfragen, aber der Fahrer machte nur beschwichtigende Gesten. Im Internet war auch für die nächsten Tage meist Regen angekündigt, jedoch bei milden Temperaturen. Jeromes sechsunddreißigster Geburtstag fiel auf den vorletzten Tag seines Aufenthaltes, er hatte sich überlegt, dass er in das sehr kleine Restaurant gehen wollte, das sich in der Straße befand, in der auch seine Mutter wohnte. Das Essen dort war wirklich gut, eine schwer zu definierende Fusion diverser europäischer Küchen. Viel-

leicht war dieses winzige Lokal auf der Rua São João da Mata aktuell sogar sein liebstes in ganz Europa.

Während der portugiesische Sprühregen die Scheiben mit Feuchtigkeit benetzte, fragte sich Jerome, welches er wohl als sein liebstes Lokal außerhalb Europas bezeichnen würde. Auf der Rückbank des Uber ging er in Gedanken seine Fernreisen und Restaurantbesuche durch. Er kam beim besten Willen zu keinem befriedigenden Ergebnis, vielleicht war die Frage auch unsinnig, aber es machte doch Spaß, darüber nachzudenken. Einen seiner größten Glücksmomente hatte er zweifellos während seines Besuchs in Los Angeles in einer Filiale von In-N-Out-Burger im Herbst 2016 erlebt. Er hatte an diesem Abend enormen Appetit auf Burger und wusste, dass diese bei In-N-Out verlässlich gut waren. Zudem hatten Bruno und er kurz vor dem Besuch im Schnellrestaurant eine Einladung auf eine Privatparty in Echo Park erhalten, und Privatpartys, das war doch eigentlich der Ausgehmodus, den man mit Los Angeles romantischerweise assoziierte, als Alternative zu Poolpartys, zu Hinterhof-Hip-Hop-Veranstaltungen und zu schmierigen Geldpartys mit Tableservice und Champagnerflaschen für tausend Dollar. Zudem war ihm gerade ein atmosphärisch extrem schönes Video vom Venice Boulevard gelungen, als Beifahrer aus dem Mietwagen heraus, das er via Snapchat an seine acht Snapchat-Freunde geschickt hatte, unter anderem an seinen damaligen Schwarm Josefine, die auch sofort geantwortet hatte. Jerome fühlte sich enorm wohl, als er bei In-N-Out in den Burger biss, denn er hatte einen Anlass zur Vorfreude und gerade etwas produziert, das anderen gefiel. Darüber hinaus saß am Nebentisch ein hagerer Teenager, der eine Portion Fritten aß und dabei allen Ernstes eine Snapchat-Sonnenbrille trug, sogenannte *Snap Spectacles*, mit denen sich kreisrunde Aufnahmen machen ließen. Von dieser Hardware hatte Jerome bisher nur gelesen, jetzt sah er sie live. Aufgrund dieses Zusammenspiels diverser Faktoren hatte sich Jerome im Herbst 2016 zwischen den weißgekachelten Wänden der In-N-Out-Filiale auf dem Venice Boulevard so verdammt gut gefühlt.

Würde er im Umkehrschluss also behaupten, dass das beste Lokal außerhalb Europas die Fastfood-Kette In-N-Out-Burger war? Nein, denn diese Behauptung wäre zu billig, Anfang und Mitte der 2010er-Jahre hätte Jerome das vielleicht gesagt – seinerzeit betrachtete er Kalifornien als das Zentrum der Welt –, aber jetzt war es längst Zeit für etwas Neues, wenn ihm auch völlig unklar war, was dieses Neue sein sollte.

Jerome hatte leichte Kopfschmerzen, was er nach Flügen mit Ryanair für normal hielt, und bedankte sich fast überschwänglich beim Uber-Fahrer, als dieser ihn vor der Haustür seiner Mutter in den schwächer werdenden Sprühregen entließ.

Seine Mutter Hannah, die sich von ihren Freundinnen Han nennen ließ, von Jerome aber seit jeher Mum genannt wurde, hatte auf der Rua São João da Mata eine Wohnung mit drei kleinen Zimmern angemietet. Jerome trug seine beiden Handgepäckstücke in den kleinsten Raum, der fast schon einer Kammer glich und mit einem schmalen Gästebett, einem Sessel sowie einem kleinen TV-Apparat auf einem Sideboard vollgestellt war. Jerome hatte in diesem

Zimmer, von dessen Fenster aus man über mehrere Innenhöfe hinwegblicken konnte, oft erstaunlich fest geschlafen. Das Frühstück seiner Mutter war schwer zu überbieten, da sie im Laufe der Jahre die britische, deutsche und nun auch portugiesische Frühstückskultur miteinander verbunden hatte. Es gab immer frischen Saft, immer edle Konfitüre, gute Backwaren, meistens eine Sorte salziges Fleisch, und bei Sonnenschein fand das Frühstück auf dem schmalen Balkon statt, wo seine Mutter dann meistens ihre Zigarette des Tages rauchte, wie sie sagte, obwohl Jerome vermutete, dass sie in Wahrheit eher vier bis sechs Zigaretten täglich rauchte.

»You've lost weight!«, sagte seine Mutter, und Jerome antwortete: *»I gained muscles actually.«* Jerome spürte, wie er sauer wurde, was völlig normal war, wenn er seine Mutter nach längerer Zeit wiedersah, wenngleich er vorher jedes Mal von neuem glaubte, nicht wieder so schnell sauer zu werden. *»Du siehst gut aus!«*, sagte Hannah dann auf Deutsch, und ihr englischer Akzent klang wie so oft ein klein wenig aufgesetzt. Sie lächelte. *»Ich dachte, ich mache später Polenta und Salat. Klingt das okay für dich?«*

Weil es bis abends durchgehend regnete, verließen sie die Wohnung gar nicht mehr, sondern saßen bei laufendem Radio in der Küche und unterhielten sich. Polenta war nicht unbedingt Jeromes Lieblingsessen, aber sie war seiner Mum sehr gelungen, und während er gut 70 % davon aß, sprach seine Mum über Theresa May und den Brexit, wobei Jerome das Gefühl hatte, dass sie das aus einer Art Pflichtbewusstsein heraus tat. Hannah traf sich in Lissabon regelmäßig mit einem kleinen Kreis englischer

Frauen zum Boulespielen, und während dieser Boule-Sessions unterhielten sich die Frauen oft über das, was ihnen Angehörige erzählt hatten, die noch immer in UK lebten. Seine Mutter sagte, dass die englischen Frauen, die nach dem Boulespielen meist noch zwei bis fünf Gläser Wein tranken, bei den Gesprächen über ihre Angehörigen in UK häufig den Kopf schüttelten. Jerome spürte, dass seine Mutter diese Gespräche sehr genoss, da sie aus dem enormen Komfort heraus geführt wurden, nun eben nicht mehr im verregneten England, sondern im verregneten Lissabon zu leben. Sich Sorgen über ein Land zu machen, das man freiwillig verlassen hatte, war vielleicht das größte Privileg überhaupt. Auf seinen Reisen hatte Jerome in den vergangenen Jahren auch deutsche Auswanderer kennengelernt, und die waren ihm ausnahmslos neurotisch vorgekommen, nämlich noch manischer auf Deutschland fixiert als die zuhause gebliebenen Deutschen. Jerome fragte seine Mum, ob sie in Lissabon auch eine hessische Clique habe, mit der sie Boule oder Ähnliches spiele, schließlich hatte sie im Großraum Frankfurt länger gewohnt als in England. »*Bisher nicht*«, sagte sie, und es war spürbar, dass sie auch nicht danach suchte.

Jerome hatte sich im Laufe der Zehnerjahre immer weniger für UK interessiert, was auch damit zusammenhängen mochte, dass die Popmusik dieser Dekade viel stärker US-amerikanisch als britisch dominiert war. Zudem hatte er angefangen, sein in den Zweitausendern so geliebtes London als nervig, eng und deformiert zu empfinden. Er hatte die Stadt schon seit über fünf Jahren nicht mehr besucht. Seine Mutter störte das nicht, zumindest thematisierte sie keine Enttäuschung, sie selbst flog auch kaum mehr nach London.

Am ersten Lissabonner Vormittag spazierte Jerome seinen üblichen Weg quer durch die Stadt, seine Mutter hatte ihm einen Regenschirm mitgegeben, den er nicht brauchte und später im Heim-Café, das er eigentlich nicht besonders mochte, vergaß. Jerome machte viele Fotos und kurze Videos, weil Lissabon dann doch – er hatte es während seiner ersten drei Besuche noch bestritten – ziemlich gut aussah. Die beiden besten Videos des Vormittags schickte er Tanja. Eines dauerte neun, das andere nur sechs Sekunden, und auf beiden waren junge Hunde zu sehen. Jerome war sicher, dass Tanja sich freuen würde, und als er gerade mit einer Antwort von ihr rechnete, sah er eine Nachricht von Marlene Seidl, die ›*three days to go*‹ schrieb, womit sie ihre Geschäftsreise meinte, und ein Foto der großen roten Stahlbrücke von Lissabon anhängte. Hatte Jerome ihr erzählt, dass er seine Mutter besuchen würde? Er schickte das längere der beiden Hundevideos, auf dem Lissabon eindeutig zu erkennen war, an Marlene und schrieb: ›*Coincidence? Besuche hier gerade meine Mum.*‹ Jerome fragte sich, ob er etwas vergessen hatte. Teilte sein Handy den Menschen in seinem Adressbuch automatisch seinen Standort mit? Eigentlich hatte Jerome die Ortungsdienste für die meisten seiner Apps sogar ausgeschaltet.

›*Absurd!*‹, schrieb Marlene und bat darum, dass Jerome ihr mal einen Live-Standort schicken solle, sie habe gerade Mittagspause, und Lissabon sei ja gar nicht mal so groß. Es stellte sich heraus, dass Marlene über drei Kilometer weit entfernt war, und dafür war ihre Mittagspause dann doch zu kurz.

Jerome: ›*Wann hast du Feierabend?*‹

Marlene: ›*19 Uhr circa. Wir könnten um acht was essen? Falls du keine Pläne hast?*‹

Auf die beiden Hundevideos reagierte Tanja erst nach zwei Stunden, mit einem Feuer-Emoji und dem Satz ›*Endlich wieder Puppies aus Südeuropa*‹. Zu diesem Zeitpunkt waren Jerome und Marlene längst verabredet, in einem Lokal im Südwesten der Stadt, das einen Michelin-Stern hatte, aber dennoch bezahlbar sein sollte. Jerome kannte das Lokal, das sich Solar dos Nunes nannte, ebenso wenig wie Marlene, aber es war ihr empfohlen worden, von Freunden aus Frankfurt, die selbst in der Gastronomie tätig waren. Jeromes Mutter hatte von dem Lokal auch nur Gutes gehört, war aber selbst noch nicht da gewesen. »*If it's legit, we should go together one day*«, sagte Jerome, etwas in Eile, weil er sich schon jetzt sicher verspäten würde und das Uber mit dem Fahrer Cristiano bereits vor der Tür stand. »*Enjoy your evening, my nervous son!*«, sagte seine Mutter lachend, mit einer zweiten oder dritten Zigarette des Tages in der Hand.

An diesem Abend war der Himmel klar über Lissabon, später würde man vielleicht sogar Sterne sehen. Jerome hatte sich Wachs in die Haare getan, weil er den Geruch des Wachses mochte, das bei seiner Mutter im Badezimmer stand. Eigentlich mochte er sein Haar im unpräparierten Zustand am liebsten, seinen Idealzustand erreichte es in der Regel zehn Stunden nach dem Waschen. Jerome kontrollierte sein Aussehen mit der Handykamera. Er wünschte, er hätte sich nach vorn gesetzt, dann hätte er den Spiegel in der Sonnenblende verwenden können, was sich auf eine gute Weise filmisch angefühlt hätte. Das Handy als Spiegel zu benutzen, war ihm etwas peinlich vor Uber-Fahrer Cristiano, der wie eine Art Gegenentwurf zum Weltfußballer Cristiano Ronaldo wirkte, weil dieser Cristiano hier übergewichtig und unrasiert war und auf eine eher nachlässige Weise am Steuer saß, wie jemand, der an Tagen, an denen er nicht aus dem Haus musste, einfach den Bademantel anbehielt. Wenn dicke Männer über diese völlig selbstbewusste und schamlose Trägheit verfügten, dann machte das Eindruck auf Jerome, das war nichts Neues. Dass er sich aber auch noch fragte, was der Uber-Fahrer nun über ihn dachte, legte Jerome als ein weiteres Zeichen dafür aus, dass sich in den vergangenen Wochen etwas verändert hatte. Äußere und innere Persönlichkeit standen in keiner souveränen Distanz mehr zueinander, seine äußere Persönlichkeit setzte die innere unter Druck, wie in den fast schon vergessenen Zeiten vor dem Frühjahr 2017. Jerome fragte sich, ob er dagegen ansteuern könnte, indem er zum Beispiel ganz aufhörte, Alkohol zu trinken, oder indem er sich im Gegenteil wieder häufiger gehen ließ. In diesem Moment fragte Cristiano in erstaunlich sauberem Englisch, ob er in Lissabon Ferien mache, und Jerome, der dankbar für diese Ablenkung war, gab ausführlich Auskunft. Falls Cristiano zugehört hatte, konnte er im Anschluss wissen, wer Jeromes Mutter war, was Jerome beruflich machte, wie oft Jerome schon in Portugal gewesen war, dass ihm Lissabon mit jedem Besuch besser gefiel und er dieses Lokal, zu dem Cristiano ihn nun fuhr, noch nicht kannte. Nach einer Atempause fragte Jerome, ob Cristiano in Lissabon aufgewachsen sei, und Cristiano sagte: *»I'm from Madeira. Like the other Cristiano«*, und er lächelte gewinnend in den Rückspiegel.

Natürlich war auch Marlene einige Minuten zu spät gewesen, sodass sie kaum hatte warten müssen. Von ihrem Tisch im hinteren Restaurantbereich konnten sie das leicht überfüllte Aquarium sehen, in dem lebende Schalentiere im Kreis schwammen, mit der Option, noch am selben Abend gegessen zu werden. Marlene und Jerome mussten zugeben, dass ihnen dieser Anblick nicht wirklich behagte. Davon abgesehen waren sie angetan von dem Lokal, dessen Tische eng beieinanderstanden, wodurch eine gewisse Gemütlichkeit, aber keine aufdringliche Nähe zu den anderen Restaurantgästen entstand. Marlene sah nach Business aus, sie trug einen Hosenanzug und streng zurückgestecktes Haar, so hatte Jerome sie noch nie gesehen, und er musste sich eingestehen, dass ihm der Look gefiel. Sie sagte: *»Wir trinken Wein, oder?«*

Freundinnen und Freunde in Lissabon zu haben, sei so ähnlich wie Freundinnen und Freunde in Athen zu haben, fand Marlene, beide Städte übten derzeit einen ähnlichen Sog auf Leute aus, die früher ausschließlich in Berlin gelandet wären. Jerome stimmte zu. Selbst wenn er, abgesehen von seiner Mutter, niemanden kannte, der nach Athen oder Lissabon gezogen war. *»Für Leute in unserem Alter sind diese Städte vielleicht eher eine Zwischenstation, aber ich glaube, meine Mutter wird hierbleiben«*, sagte er.

Marlene erzählte von einer Freundin aus Unizeiten, die

in Lissabon an ihrer Dissertation arbeitete, ohne Stipendium zwar, aber mit einem lukrativen Hobby als Escort light. Ohne dass Jerome die Nachfrage gestellt hätte, erläuterte Marlene, dass ihre Freundin bloß ganz normal auf Tinder sei, aber für die Dates eben ein gewisses Honorar vereinbare. Jerome wusste nicht genau, was er davon halten sollte. Auf diese Art Geld zu verdienen, war fraglos besser, als in einem Bordell jeden zahlenden Kunden bedienen zu müssen. Zugleich war es irgendwie unfair, dass nur Männer, die es sich finanziell leisten konnten, die Chance erhielten, Marlenes Freundin via Tinder kennenzulernen. *»Naja, unbezahlte Dates kann sie ja trotzdem machen«*, meinte Marlene, womit sie auch wieder recht hatte. Jerome war froh, Tinder nie benutzt zu haben. *»Gibt es auch Männer, die Geld für ihre Dates nehmen?«*, fragte er. *»Mit Sicherheit«*, sagte Marlene, *»aber wahrscheinlich häufiger im Gaykontext.«*

Nach einer Auswahl von Vorspeisen, die als Tapas serviert worden waren, musste Jerome zur Toilette. Dort schaute er, obwohl er es eigentlich nicht hatte tun wollen, auf sein Handy. Tanja erzählte in einer langen Nachricht davon, dass sie gemeinsam mit Alexander und dessen Freundin sowie mit Celia und Ben eine Silvesterparty in einer Hochhauswohnung am Hansaplatz plane – sie habe seit fünf Jahren kein Silvester mehr in Berlin verbracht –, und fragte, ob Jerome cool damit sei, wenn sie ihm eine Erste-Klasse-Anreise zu dieser Party zum Geburtstag schenke. Jerome antwortete mit einem jubelnden Gespenst und einer Explosion. Er freute sich, dass sein Silvester schon jetzt – Anfang November – entschieden war, und er freute sich auf Tanja. Gleichzeitig spürte er, dass sich seit ihrer

Sprachnachricht vor gut vier Wochen vieles verändert hatte. Mehrere Monate hatte er in einer Art Wartezustand verbracht und kaum agiert, es war ihm gut damit gegangen, und plötzlich wurde er gleich von mehreren Seiten zu Handlungen aufgefordert, was ihn – das musste er sich eingestehen – durchaus unter Stress setzte.

Marlene hatte Lammsteak bestellt, Jerome eine Dorade, was er kurz bereut hatte, weil er es erfahrungsgemäß meistens bereute, wenn er Fisch bestellte. Mit der Dorade war er schließlich aber extrem zufrieden, und auch Marlene lobte ihr Steak. Sie probierten gegenseitig und bestätigten ihren jeweiligen Eindruck. Danach teilten sie sich eine Dessert-Variation, die vor allem nach Zucker und Alkohol schmeckte und von beiden ein wenig zurückhaltender gelobt wurde.

Die Rechnung betrug 172 €, das war angesichts der Qualität aller drei Gänge und des Weins und des Aperitifs und des Kaffees zum Abschluss relativ okay und dem Anlass angemessen. Marlene hatte am Anfang des Abends eher widerwillig von den Verhandlungen mit dem Start-up Rhythmo Fatal berichtet, zu denen sie ihren Chef in den Osten der Stadt begleitet hatte. Nach Dienstschluss sprach sie ungern über ihren Job, aber Jerome hatte nachdrückliches Interesse an ihrem Beruf gezeigt. Marlene fuhr mit ihrem Chef durch Europa und führte Verhandlungsgespräche im Hosenanzug. Jerome saß am Laptop und programmierte Webseiten für Museen, Vereine und Künstler*innen. Tanja schrieb Texte, die vor allem Menschen berührten, die so ähnlich waren wie sie selbst. Julian tippte fünfundzwanzig Stunden die Woche E-Mails, die mit Belangen der Schirn-Kunsthalle zusammenhingen, und manchmal führte er Telefonate. Bruno zeichnete Modelle, um sie später mit einem 3D-Drucker auszudrucken und dann abzufotografieren. Jerome fiel es schwer, zu definieren, welche dieser Tätigkeiten am sinnvollsten war.

Marlene und Jerome gaben 18 € Trinkgeld.

Weil beide angetrunken waren, wollten sie gerne noch mehr trinken und überlegten vor der Tür des Solar dos Nunes, wo sie jetzt noch hingehen könnten. Marlene meinte, ihr Chef habe ihr morgen den halben Tag freigegeben, worüber Jerome sich in diesem Moment kaum noch wunderte. Er schlug eine Gegend vor, die aus altertümlichen Gassen bestand und wie auf einer Empore über der Stadt lag. Dort gab es viele Bars, wenn auch eher schlechte. *»Das ist so eine Art Erasmusbezirk«*, sagte Jerome. *»Okay, okay, das muss Bairro Alto sein«*, nickte Marlene, *»wer ruft das Uber?«* Dabei hatte sie ihr Telefon schon in der Hand.

Dass sie auf dem Weg noch einen Zwischenstopp einlegten, war Marlenes Impuls geschuldet, die aus einer Art allgemeinem Interesse an Stadtstrukturen gefragt hatte, wo in Lissabon eigentlich die Straßendealer stünden. Jerome wusste das. Bei Jeromes erstem Besuch in Lissabon vor drei Jahren, gemeinsam mit Julian, hatten sie am Rossio-Platz etwas gekauft. Der Uber-Fahrer erklärte sich bereit, kurz dort auf Marlene und Jerome zu warten. Auf dem Platz wurden sie rasch von mehreren Männern angesprochen. Einer von ihnen legte eine Vehemenz an den Tag, die Jerome in nüchternem Zustand zuwider gewesen wäre, die er aber nun, tipsy vom Weißwein, unterhaltsam fand. Der Verkäufer hatte leicht eingefallene Wangen und betonte die Qualität seines Stoffs, indem er auf seine weit aufgerissenen Augen deutete, sich eine Schlüsselspitze weißes Pulver unter die Nase hielt, schniefend inhalierte und sagte: »*My consume! My consume!*« Die kleine Tüte kostete 40 €, aus Frankfurter Perspektive war das wirklich günstig. Sie würden auch nicht viel brauchen, denn Marlene und Jerome – das versicherten sie einander mehrfach – hatten beide schon lange kein Koks mehr genommen.

Im Bairro Alto kehrten sie dann in einer Bar namens Erasmus-Corner ein, auch des Gags wegen, bestellten große Biere und gingen nacheinander aufs Klo, was Jerome schade fand, da er gerne mit Marlene zusammen etwas gezogen hätte, verstohlen in einer engen Kabine, aber das wäre in dieser Bar, in der es sogar eine Art Türsteher gab, zu auffällig gewesen. Jerome hatte keine Erwartungen an das Kokain, und diese wurden dann auch nicht enttäuscht. Sein Zustand änderte sich erst nach der zweiten Line, die Marlene und er nach gut fünfzehn Minuten nachlegten. Jerome hatte nun wieder größere Lust auf Bier und darauf, Marlene mit offenen Karten zu begegnen. Marlene ging es wohl ähnlich, sie kam ihm zuvor. Sie sagte, dass sie ihr erstes Mal ziemlich schön gefunden und oft daran zurückgedacht habe. Außerdem entschuldigte sie sich für den seinerzeit hastigen Aufbruch, und Jerome sagte: »*Nein, nein, das hast du genau richtig gemacht. Ich war drauf und dran, mich bei dir zu sicher zu fühlen.*« Dann knutschten sie kurz, bevor Jerome neu ansetzte: »*Ich mag das alles wirklich sehr mit dir, aber …*« Marlene legte einen Zeigefinger auf seine Lippen und küsste ihn wieder, bevor sie sagte: *»Mir ist schon klar, dass da noch jemand ist.«* Die nächste Knutschphase dauerte etwas länger. *»Die Frage ist doch nur, welche Vereinbarung ihr habt. Stört es sie sehr, wenn du dir ein paar Freiheiten nimmst?«* Sie küsste ihn wieder, auf eine drängende, aber nicht aggressive Weise. *»Und muss sie alles wissen?«* Jeromes Puls war beschleunigt und er hatte ein komisches Gefühl im Magen, eine Unruhe, die sich nicht direkt als Übelkeit definieren ließ, aber große Ähnlichkeiten damit hatte. *»Geht es dir gut, oder ist dir auch ein bisschen blümerant?«*, fragte er. Das Adjektiv *blümerant* war ihm eher passiert, irritierenderweise war es aber genau das richtige Wort für die Wirkung dieses Lissabonner Straßenkokains.

»Bisschen blümerant fühl ich mich schon«, sagte Marlene. Sie war blass geworden.

Als seine Mutter an die Zimmertür klopfte und Jerome wach wurde, hatte er zu seinem Erstaunen überhaupt kein Katergefühl. Sie wisse nicht, wie spät es bei ihm geworden sei, sagte seine Mum durch die Tür, aber sie habe Pancakes gemacht, und vielleicht habe er ja schon Appetit. Es war kurz nach elf, ein sonniger Tag. *»Sounds great«*, sagte Jerome. Die vorletzte Textnachricht von Marlene lautete: *›Habe den Abend trotzdem genossen. Auch wenn mir am Ende schlecht war.‹* Ihre letzte war erst dreißig Minuten alt: *›Mir geht es erstaunlich gut. Wie nach sehr gutem C. Vielleicht waren die Erasmusbiere der eigentliche Magentrouble?‹* Jerome gefiel es, dass Marlenes Kurznachrichten genauso gut von einem Freund hätten stammen können, mit dem Jerome seit Jahren trinken ging. Er fühlte sich zuhause in ihren

Messages. Die Nachrichten, die Tanja Arnheim schrieb, waren fordernder, jedoch hatte sich ihr Ausdruck zuletzt verändert. Eine gewisse Vorsicht hatte Einzug gehalten. Tanjas Nachrichten kreierten kaum mehr etwas, das Jerome noch als knisternd oder schwebend hätte begreifen können, sie waren zum Träger höflich-sachlicher Informationen geworden. Vielleicht war das normal, wenn man länger zusammen war. Entweder verhärteten sich aufgestaute Konflikte oder man vermied Zwischentöne um jeden Preis.

Während er die Pancakes aß, zu denen seine Mum brutzelnden Bacon servierte, dachte er darüber nach, eine E-Mail an Tanja zu formulieren. In einer ehrlichen E-Mail müsste Jerome auch Marlene erwähnen, aber das wollte er momentan nicht. Eine unehrliche E-Mail würde Tanja wiederum sofort erkennen. Jerome entschied, ihr vorerst nicht zu schreiben. Seine Mutter, die längst gefrühstückt hatte und nun starken schwarzen Tee trank, erzählte, dass sie in letzter Zeit gerne Sachbücher über Wirtschaftsthemen lese. Jerome wusste nicht, dass es jemals eine Zeit gegeben hatte, in der seine Mutter nicht gerne Sachbücher über Wirtschaftsthemen gelesen hätte. Dass sie nicht als Doktorandin an den Lehrstuhl für Macroeconomics in Warwick gegangen war, was zwischen März 1975 und Januar 1976 möglich gewesen wäre, hatte wahrscheinlich nie aufgehört, sie zu beschäftigen. Seine Mutter erzählte, dass sie sich in der Zeit mit Jürgen Casper, vor allem in den *merkwürdigen Maintaler Jahren*, stärker für Romane interessiert habe. Jerome sagte, das habe sicher etwas mit dem Rollenverhalten in eheähnlichen Konstellationen zu tun, sein Dad habe doch sicher sein ganzes Leben lang nur Sachbücher und Zeitungen gelesen und seine Mutter etwas gesucht, um sich davon abzuheben. Jeromes Mum widersprach. Jürgen Casper sei damals ein leidenschaftlicher Peter-Handke-Leser gewesen, wenn vielleicht auch eher noch in der Zeit vor Maintal. Von Tanja wusste Jerome, dass sie Peter Handke ebenfalls mochte, er hatte in Erinnerung, dass er ihr liebster Autor aus der Schweiz war.

Marlenes Hotelzimmer war in gewisser Weise eine Enttäuschung. Es war etwas stickig, das Bett zu weich, und man hörte laute Geräusche von der Straße, was dem Zimmer ein südländisches Flair verlieh, aber zum Schlafen sicher unangenehm war. Jerome leckte Marlene, nachdem die beiden sich zunächst eine Weile geküsst und dann sachte voreinander ausgezogen hatten. Jerome wollte wissen, ob er es gut ertragen könnte, sie zu lecken, oder ob es ihn ekeln würde. Die Einsicht war, dass er es gerne tat. Er arbeitete parallel auch mit dem Zeigefinger seiner linken Hand und Marlene gab zu verstehen, dass ihr das gut gefiel. Wie alle Frauen in den letzten Jahren gab sie relativ unmissverständliche Signale. Jerome konnte sich daran orientieren, und die allermeiste Zeit dachte er nicht darüber nach, was er gerade tat, sondern war völlig auf den Moment fokussiert, auf seine Zunge und seinen Finger und die leisen Geräusche, die dabei entstanden. Sex hatte nun, mit Mitte dreißig, vielleicht jedes Geheimnis verloren, und war deshalb endlich ungebrochen angenehm und entspannt, teils erlösend und schön, aber auch ein klein wenig austauschbar, unpersönlich und egal. Hatte in seinem Bungalow in Maintal noch

Marlene die Kontrolle über den Ablauf, das Tempo und die Stellungen übernommen, übernahm in ihrem mediokren Hotelzimmer in Lissabon nun Jerome die Kontrolle. Das alles hatte eine enorme Selbstverständlichkeit, so als passierte es nicht erst zum zweiten Mal zwischen ihnen. Wie selbstverständlich hatte auch Marlenes Einladung gewirkt. Sie hatte ihm am späten Nachmittag geschrieben, dass sie am Abend Lust habe, ihn zu sehen, in ihrem Hotelzimmer, und sie hatte ein mögliches Zeitfenster von gerade mal neunzig Minuten genannt. Das hatte es Jerome leicht gemacht. Sie war das Risiko eingegangen, sie hatte die Einladung ausgesprochen, und er hatte sich einfach dazu verhalten können. Den eigentlichen Akt beendeten sie nach knapp vierzig Minuten, er lag auf ihr, sie atmeten einander eine Weile erregt ins Gesicht, zuletzt küssten sie sich. Es hatte funktioniert, es war schön gewesen.

»Yes, yes«, sagte Marlene danach, schon halb unter den Bettlaken liegend, und ergänzte: *»Läuft.«*

»Das sagst du hübsch«, erwiderte Jerome. Er faltete eines der Kissen, um etwas höher zu liegen.

»Hast du Bock, fernzusehen?«, fragte Marlene. Und dann schauten sie eine Weile portugiesisches Fernsehen, Arm in Arm, bevor Jerome, nach ziemlich genau 85 Minuten, das Hotelzimmer verließ.

Seine Mutter, die in der Zwischenzeit auf ihrem Tablet mehrere Artikel über bedingungsloses Grundeinkommen gelesen hatte, ging sehr wahrscheinlich davon aus, dass Jerome von einem längeren Spaziergang zurückkehrte. *»Du wirkst gut gelaunt«*, sagte sie auf Deutsch.

»Ja, macht Spaß, hier zu sein. Ich fange an, Lissabon richtig zu mögen.«

»There you go. We're not that different!«

»You know that no boy in the world wants his mother to say so.«

»Yes, I know ... Wärest du für das bedingungslose Grundeinkommen?«

»Natürlich«, sagte Jerome, ohne zu zögern. Er hatte sich mal eine Sonderausgabe der Zeitschrift *Brand eins* gekauft, in der es monothematisch um Grundeinkommen ging, er hatte in dem Heft dann aber nur einen einzigen Artikel angelesen. So verhielt es sich mit den allermeisten Magazinen, die er sich am Frankfurter Hauptbahnhof immer dann kaufte, wenn er kurz vor dem Einstieg in die Regionalbahn nach Maintal besonders gute Laune hatte.

»Du wirst noch viele Änderungen miterleben«, sagte seine Mutter.

»Du nicht?« Jerome ging davon aus, dass seine Mum mindestens neunzig würde, also auch noch mehr als zwei Jahrzehnte lang Zeit hatte, die Gegenwart zu beobachten.

»Ich werde mich aber wahrscheinlich nicht mehr groß einbringen«, sagte sie. Jerome kam es vor, als hörte er anstelle ihres englischen Akzents nun eher einen Hauch von hessischem Dialekt.

»Hast du dich denn früher viel eingebracht?«

»Wie bei den meisten Menschen hätte es mehr sein können. Aber ich brauche auch kein schlechtes Gewissen zu haben.« Nach einer Pause ergänzte sie, dass seine Erziehung wohl das Sinnvollste gewesen sei, das sie zeit ihres Lebens geleistet habe. Jerome sei ja kein schlechter Mensch geworden. Und

die Webseiten, die er programmiere, seien doch überwiegend schön. Jerome ging an diesem Abend vergleichsweise früh zu Bett.

Marlene, die am Tag vor Jeromes sechsunddreißigstem Geburtstag nach Frankfurt zurückflog, schrieb ihm jetzt öfter, auf die gleiche Art und Weise, über die sich Jerome von Anfang an so gefreut hatte. Sie tauschten sich über alltägliche Kleinigkeiten aus, ohne dass sich diese Kleinigkeiten redundant angefühlt hätten. Jerome hatte auch nicht den Eindruck, als würde diese Kommunikation an die Stelle der Kommunikation treten, die er zuvor mit Tanja hatte. Es war vielmehr etwas anderes und Neues, und es hätte sich absurd angefühlt, diesen Gesprächsfluss zu unterbinden. Jerome blieb zugleich in der Lage, auch angemessen intensiv auf Tanjas Input zu reagieren, denn die beiden schrieben sich nur noch ein- bis zweimal täglich. Tanja war offenbar gerade in einer Schreibphase, worunter Jerome sich jenen Tunnelblick vorstellte, in den er selbst verfiel, wenn er unter großem Zeitdruck eine komplexe Webseite konzipieren musste. Er stellte sich diesen Zustand bei Tanja schön vor. Ihr Gesicht, bis spätnachts vom Laptop beleuchtet, fast reglos nach vorne blickend, einzelne Sätze manchmal leise vor sich hin sprechend. Wie alle ihre Fans freute auch Jerome sich aufrichtig auf ihr neues Buch.

Durch Lissabon zu joggen, war alles andere als optimal. Überall fanden sich schmale Gassen, in denen sich die Autoabgase sammelten, es gab nur wenige lange Geraden, auf denen Jerome in den Sprint hätte wechseln können, und wenn er beim Laufen Musik hörte, hatte er Angst, von einer der nostalgischen Trambahnen erfasst zu werden. Im Grunde joggte er in Lissabon bloß für das gute Gefühl im Anschluss. Am Mittag seines Geburtstags strebte er dennoch stolze achtzehn Kilometer an, um sich zumindest die Hälfte seines neuen Alters in Kilometern zu erlaufen. Bei Kilometer fünfzehn brach Jerome mit Schmerzen im linken Knie ab. Seinem Vater – der ihm via WhatsApp mit einem Foto von Beate, Gerd Janson und sich gratulierte und fragte, ob er einen Geschenkwunsch habe – textete Jerome, dass er ihm sehr gerne 170€ für neue Laufschuhe überweisen dürfe.

Am Abend hinkte Jerome an der Seite seiner Mutter die Straße hinab. Sein Lieblingslokal lag nur 350 Meter von der Wohnung entfernt. Jeromes Mum hatte sich für diesen Abend deutlich farbenfroher angezogen als zuletzt, fast so wie früher in Hessen, und Jerome war schweigsamer, als er es den Rest der Woche gewesen war. Sich körperlich versehrt zu fühlen, erzeugte nach anfänglicher Frustration häufig ein Gefühl der Demut. Im Lokal war Jerome zwangsläufig froh und dankbar, nun für eine gewisse Zeit nicht aufstehen und umherlaufen zu müssen. Wie an anderen Geburtstagen zuvor, schilderte seine Mutter ihre Erinnerungen an den 7. November 1982. Es sei einer der letzten sonnigen Tage des Jahres gewesen, und sein Vater habe sich im ersten Moment über ihre Ergriffenheit lustig gemacht, dann aber selbst auch geweint vor Rührung, als er den kleinen Jerome erstmals in den Armen hielt. *»Hast du schon in die Karte geschaut?«*, fragte Jerome, um die Erzählung zu unterbrechen. Seine Mutter lachte. Ja, sie habe das Wochenmenü bereits vor vier Tagen beim Reservieren gecheckt. *»I'll go for the rabbit.«* Auf Hasenfleisch hatte Jerome keine Lust. Nach Alkohol war ihm ebenso wenig. Er bestellte einen Auflauf mit Hackfleisch, dieser würde der Frau des charismatischen Kellners, die in der Küche arbeitete, mit Sicherheit gut gelingen. Jerome erzählte seiner Mutter mit einer etwas zu großen Ernsthaftigkeit, die womöglich auch von den Knieschmerzen getriggert wurde, dass er im Endeffekt immer jene Gerichte am liebsten mochte, die sich im weitesten Sinne unter der Bezeichnung *internationale Hausmannskost* subsumieren ließen. *»Das gilt eigentlich für Asien genauso wie für Europa und Amerika«*, sagte Jerome, *»bei Afrika und Ozeanien kann ich es nicht sagen.«* Seine Mum nickte mild und sagte: *»Das erzählst du oft.«*

Verglichen mit anderen Jahren hatte Jerome nur wenige Visionen für das neue Alter. Für vierunddreißig hatte er sich vorgenommen, sich ernsthaft zu verlieben, was dann auch geschehen war. Mit fünfunddreißig hatte er den Zustand distanziert lebensbejahender Zugewandtheit konservieren wollen, den er sich in den Wochen zuvor mit Tanja aufgebaut hatte, ein Prozess, der ein halbes Jahr später verheerend gestört worden war. Und nun, ein weiteres halbes Jahr später, mit dieser Entzündung im Knie und der neuen Freundschaft mit Marlene Seidl?

»Any plans for your new age?«, fragte seine Mutter in diesem Augenblick. Jerome schüttelte den Kopf. *»Not really«*, sagte er, *»erstmal das Knie ausheilen.«*

Der Kellner brachte eine Karaffe Leitungswasser mit Eiswürfeln und etwas Minze. Als er die Bestellung aufnahm, schaute er grimmig, was typisch für ihn war. Er wirkte nie so, als wäre er auf Kundschaft angewiesen, und war dennoch enorm aufmerksam. Am Ende des Abends würden Jerome und seine Mum ihm zum Abschied die Hand schütteln.

17

Weihnachten in Berlin zu verbringen, war neu für Tanja. Dem Hörensagen nach sollte sich die Stadt wie ausgestorben anfühlen, was von Zugezogenen, die unter achtundzwanzig waren, als befremdlich und deprimierend und von Älteren als angenehm und entspannend beschrieben wurde. Das einmal zu erleben, hatte Tanja sich schon länger vorgenommen, und da Sarah angekündigt hatte, dass sie dieses Jahr über die Feiertage auf keinen Fall nach Kiel fahren wolle, hatte Tanja ihren Eltern vorgeschlagen, dass man bei ihr in der Wohnung Heiligabend feiern könne, im engsten Kreis, und am ersten Feiertag könne man dann essen gehen, idealerweise in Charlottenburg, am weihnachtlich beleuchteten Ku'damm.

Tanjas Eltern reisten am 24. Dezember so an, dass sie gegen 15 Uhr, mit der letzten Stunde Tageslicht, bei Tanja klingeln würden. Sarah wollte etwas später kommen, zum Begrüßungstee in Tanjas dekoriertem Arbeitszimmer bei Stollen und Gebäck. Tanja hatte eine Zwergtanne gekauft und einen Karton mit gebrauchtem Weihnachtsschmuck auf Amazon Marketplace bestellt. Es war fast zu viel

Schmuck für den kleinen Baum, aber Tanja wollte lieber zu viel Dekoration als zu wenig. Die Regeln, die sie für ihre Weihnachtsdeko aufstellte, standen im Gegensatz zu den Regeln, nach denen sie sich für gewöhnlich kleidete und einrichtete. Normalerweise mochte Tanja auch keine Kerzen, doch für Heiligabend hatte sie sieben davon im Raum verteilt. Tanja war erstaunt darüber, dass sie so viel Mühe in die Erzeugung einer angemessenen Stimmung investiert und dass es ihr sogar Freude gemacht hatte. Das Abendessen war am Vormittag in Pappkartons und Alufolie geliefert worden, einiges hatte Tanja in den Kühlschrank geräumt, der Rest stand im Ofen bereit, um später erhitzt zu werden. Ihr unbestimmtes Gefühl war, dass sie zum ersten und zugleich letzten Mal Gastgeberin an einem Heiligabend sein würde. Sie mochte dieses Gefühl. Der Tag war etwas Besonderes.

Ihre Eltern hatten die Wohnung zuletzt vor sieben Jahren betreten, kurz nach Tanjas Einzug, um die Vermieterin kennenzulernen, die ja immerhin eine Bürgschaft von ihnen verlangt hatte. Als die beiden nun in den dritten Stock hinaufstiegen, hatte Tanjas Mutter ein Lächeln aufgesetzt, das souverän und höflich und auch ein bisschen weihnachtlich wirkte, während ihr Vater einen ernsten und leicht erschöpften Eindruck machte, der sich aber, als er Tanja anschaute, plötzlich aufklarte. Tanja begrüßte ihre Mutter mit Küssen auf beide Wangen und roch ein Parfum, das sie noch nicht kannte. Der Geruch war eindeutig zu intensiv. »*Merry Christmas, Miss Douglas*«, sagte Tanja, es rutschte ihr so raus. Ulla schaute irritiert, und Konstantin erklärte: »*Ich glaube, du meinst mich. Das ist Gucci Guilty. Ich hab mir den Duft neulich selbst zum Nikolaus geschenkt.«* Tanja umarmte ihren Dad zur Begrüßung – das Parfum roch nicht schlecht, ähnlich wie Zitronenlimonade, es war nur viel zu viel. »*Es tut mir leid. Ich habe es heute Morgen etwas zu gut gemeint.«* Immerhin war es ihm bewusst. Tanjas Mutter ergänzte: »*Keine Angst, man gewöhnt sich daran. Ich rieche es schon kaum noch.«*

Man hatte sich darauf geeinigt, auf Geschenke zu verzichten, Ulla und Konstantin hatten die Kosten für das von Tanja ausgewählte Catering übernommen, und eigentlich war allen Anwesenden klar, dass dieser Nachmittag und Abend in Tanjas Zweizimmerwohnung nur stattfand, weil man sich Sorgen um Sarah machte. Auch Sarah wusste das, weshalb sie sich direkt nach ihrer Ankunft um 17 Uhr 15 große Mühe gab, genug zu sprechen. Ihre redselige Art stiftete in Tanja den Verdacht, dass sie Amphetamine genommen haben könnte, obwohl Tanja wusste, dass Amphetamine ihre Schwester gar nicht zwangsläufig gesprächiger machten. Auch ihr Vater redete mehr, als man es von ihm gewohnt war, und Ulla aß große Mengen Buttergebäck, was wiederum absolut untypisch für sie war. Tanja machte diese Szenerie auf eine bizarre Weise stolz. Es lief eine Spotify-Playlist mit dem Titel *Christmas Calling 2018*, die sie selbst zusammengestellt hatte. Darauf befanden sich klassische amerikanische Weihnachtslieder ebenso wie angenehme Hintergrundmusik. So saß die Familie Arnheim in einem Klangteppich aus freundlichen Songs, die unweigerlich an alte Disney-Filme erinnerten, und unterhielt sich über das bevorstehende Ende der Ära Merkel, weil das ein Thema war, das auf keinen Fall zum Streit führen würde. Alle vier Arnheims hatten Angela Merkel ins Herz geschlossen, auf einer affektiv-menschlichen Ebene, ohne sie je gewählt zu haben. Tanja fragte sich, wann sie zuletzt über Politik gestritten hatte. Ihr fiel der Wirtschaftsunterricht in der zehnten Klasse ein. Damals war sie von der Idee fasziniert, dass ein freier Markt bei gleichen Startbedingungen aller Marktteilnehmer gut funktionieren könnte, und widersprach einer dicken Mitschülerin, die mit etwas zu lauter Stimme eine faire Planwirtschaft propagierte. Diese Mitschülerin, die wenig ästhetisches Empfinden hatte und deren Kritik an der Gesellschaft aus einem Gefühl dauerhafter Kränkung zu kommen schien, war lange Zeit eine Art logische Feindin von Tanja gewesen, bis man sich kurz vor dem Abitur doch noch angefreundet hatte. Über Jahre hinweg hatte sich Tanja für ihr marktliberales Zehntklässlerinnen-Ich geschämt. Mittlerweile sprach sie wiederum gerne über ihre damalige Faszination für die Theorien von Adam Smith, denn Tanja wollte auch in Zukunft offen für Veränderungen bleiben. Sarah hatte sich hingegen schon früh als links definiert und war von dieser Haltung niemals abgerückt. Insgesamt ging Tanja davon aus, dass die meisten in ihrem Umfeld sich eine globale Diktatur westlicher Wissenschaft wünschten, regional repräsentiert von Frauen, die viele Sprachen beherrschten und auf eine mütterliche Weise sympathisch aussahen.

Zwischen Tee- und Abendessenszeit spazierte die Familie Arnheim, um etwas frische Luft zu bekommen, ein Stück ins westliche Kreuzberg hinein, am Südstern vorbei, fast bis zur Bergmannstraße. Es war wenig feierlich. Weder gab es weihnachtliche Straßendekoration, noch schienen sich in den Miet- und Eigentumswohnungen besonders festliche Gemeinschaften zusammenzufinden. Viel eher unterstellte man den Menschen, die sich hinter den Wänden und Fenstern verbargen, eine gewisse Einsamkeit. Am Morgen hatte es leicht geschneit, nun war es ein vergleichsweise milder Winterabend. Tanja bedauerte es, nicht in Kiel zu sein, und insgeheim bedauerte Sarah es wahrscheinlich auch. *»Berlin an Heiligabend«*, sagte Tanja und wartete auf den ersten Kommentar. Sie schaute sich um, sie suchte den Blick ihres Vaters, sie sah Sarah vieldeutig grinsen. Doch keiner sagte etwas, nicht einmal ihre Mutter.

Das vegetarische Catering, für das sich Tanja auch Sarah zuliebe entschieden hatte, schmeckte der ganzen Familie. Konstantin sagte: *»Also, wenn es diesen Bringdienst in Kiel gäbe – da würde ich auch bestellen.«* Als die Familie beim Nachtisch angekommen war, fing Tanjas Spotify-Playlist von vorn an. Sarah sagte: *»Jetzt sind wir wieder am Anfang.«* Die letzte halbe Stunde verbrachte Konstantin mit dem fast manischen Abspülen des gesamten Geschirrs, während die Frauen trockenen Weißwein tranken. Gegen Mitternacht verabschiedeten sich die Eltern in Richtung ihres Hotels am Hermannplatz. Sarah sagte, dass sie noch Freunde in Moabit treffen wolle.

Als die Wohnung wieder leer war, fühlte sich Tanja nicht gut. Es fiel ihr schwer, zu benennen, woran es mangelte. Der Abend ließ sich als Erfolg verbuchen, die Familie hatte sich gut verhalten, niemand war aggressiv geworden, und das Gucci-Parfum von Konstantin hatte dreimal für Lacher gesorgt. Dennoch fühlte sich Tanja wie benommen. Sie wusste, dass sich bald wieder eine leichtere Stimmung einstellen würde, und doch war es ihr zuwider, einfach passiv darauf zu warten. Tanja wollte jetzt zufrieden sein, nicht später. Insgeheim hatte sie vielleicht gehofft, dass man ihr entgegen der Absprache wenigstens ein Buch schenken würde, in dem sie jetzt vor dem Einschlafen ein einziges Mal weihnachtlich würde lesen können, um es danach ins Regal zu stellen und nie mehr aufzuschlagen. Vielleicht hatte Sarah sich auch zu wenig für die gute Atmosphäre bedankt oder dafür, dass ihre Familie für sie sämtliche Weihnachtsgewohnheiten umgestellt hatte. Vielleicht war Tanja doch enttäuscht von ihrer kleinen Schwester. Oder ein Gefühl der Leere war ganz normal nach einem Abend, an dem man Gastgeberin für die eigenen Eltern gewesen war. In Zukunft müsste Heiligabend wieder anders werden, so viel stand fest.

An den beiden Feiertagen besuchte Tanja mit Sarah und ihren Eltern noch das Kunstmuseum KW auf der Auguststraße und eine Bernhard-Inszenierung am DT, sie aßen in Charlottenburg thailändisch und in Kreuzberg österreichisch. Bei Tanja verdichtete sich das Gefühl, dass ihr Vater eine Liebhaberin hatte, was ihre Mutter längst zu wissen und insgeheim zu begrüßen schien. Ulla würde ihrerseits einen Liebhaber finden, davon war Tanja überzeugt. Sarah hatte eine Videoarbeit von Steve Bishop im KW so sehr gemocht, dass sie alleine noch mal zurückgegangen war, um das Video, das eine Kamerafahrt durch ein verlassenes kanadisches Dorf zeigte, ein weiteres Mal in voller Länge anzuschauen. Tanja hatte sich darüber gefreut. In Wahrheit passierte es ja selten, dass einem ein Kunstwerk wirklich gefiel, und wenn es dann doch mal vorkam, zudem an Weihnachten, war das ein Grund zum Feiern, fand sie, und das sagte sie auch zu Sarah, die das wohl als Bevormundung empfand. Sie könne sich ziemlich oft für ruhige Videoarbeiten begeistern, erwiderte Sarah, diese Nichtbegeisterungsfähigkeit, die sei doch viel eher Tanjas Problem. Über den Kommentar ihrer Schwester dachte Tanja eine Weile nach. Es stimmte schon, sie war selten hingerissen von Werken bildender oder darstellender Kunst, und von Literatur schon gar nicht. Aber sie sah darin kein Problem, im Gegenteil, es beruhigte sie viel eher, dass nichts wirklich toll war. Das wirklich gelungene Artefakt – vielleicht ein Video, wahrscheinlich ein Buch –, das würde sie, Tanja, eines Tages selbst herstellen.

Der Effekt einer sentimentalen Zäsur, während der man seinen Alltag verließ und sich eine Art Zeitdehnung ereignete, die ermüdend, aber auch erleichternd und erdend wirkte, hatte sich in diesen Weihnachtstagen nicht eingestellt. Als ihre Eltern am späten Nachmittag des 26. Dezember wieder abgereist waren, fragte sich Tanja, ob das Fehlen einer Zäsur vielleicht sogar Einfluss auf den Verlauf des Jahres 2019 nehmen könnte und ob sie mit dieser Überlegung gerade zum Aberglauben ihrer Kindheit zurückkehrte und was eigentlich ihr Problem war. Sie hatte nun, bevor Jerome mit dem von ihr geschenkten Erste-Klasse-Ticket nach Berlin kommen würde, zwei Tage lang Zeit für sich. Mit einem Becher starkem, per French Press hergestelltem Kaffee saß sie am

Vormittag des 27. Dezember an ihrem Laptop und schrieb Nachrichten an ihre Freundinnen und Freunde. Sie erkundigte sich, wie deren Weihnachtstage verlaufen waren und ob irgendwer zwischen den Jahren in Berlin sei. Es stellte sich heraus, dass die meisten gerade nach Berlin zurückgekehrt und ziemlich motiviert waren, auszugehen. Also ging Tanja am Abend des 27. mit Celia und Ben koreanisch essen und trank eine große Menge Sojuschnaps. Am 28. schlief sie aus, ging gegen die leichten Katererscheinungen eine Pho-Suppe essen und ließ sich dann von Teddy überzeugen, ihn am Abend doch zur Janus-Party zu begleiten, auf der M.E.S.H. – immerhin einer von Tanjas liebsten DJs – auflegen und die Nullerjahre-Ikone Peaches ein Live-Konzert spielen sollte. Es fiel Tanja schwer, sich auf den Abend einzulassen. Indem sie schon wieder ausgegangen war, hatte sie ihre Chance auf postweihnachtliche Langeweile und Einkehr wohl endgültig verspielt. Aber hedonistisch abdriften und spontan Drogen nehmen wollte sie auch nicht. So hing sie leicht angetrunken zwischen den Zuständen und Modi, ohne klare Haltung, und das war noch nie sinnvoll gewesen. Auf der Tanzfläche, die sich in dieser Freitagnacht vor dem endlosen Silvesterwochenende vergleichsweise früh leerte, fragte sie sich, welche Haltung sie Jeromes Besuch gegenüber einnehmen wollte. Je klarer ihre eigene Position wäre, desto höher schienen ihr die Chancen auf einen positiven Verlauf.

Auf dem Heimweg im Taxi sagte Teddy, dem Tanja ihren Zustand als *»strangely in between fun and remorse«* beschrieben hatte, dass sie sehr wahrscheinlich angespannt sei wegen Jeromes Besuch und dass sie sich deshalb ständig ablenken wolle, *»instead of contemplating options«*. Teddy fand, sie solle sich nicht so unter Druck setzen, er sagte: »*Don't regret things. It's holiday season. And January is going to be shitty anyway.*«

Jerome hatte explizit darum gebeten, nicht vom Bahnhof abgeholt zu werden, ohne diese Bitte zu begründen. Tanja fand es mehr als nachvollziehbar, dass er die Parallelen zu seinem letzten Besuch im Mai so gering wie möglich halten wollte. Sie hatte Jeromes Ankündigung, an den beiden Abenden vor NYE auf gar keinen Fall Alkohol trinken zu wollen, dankbar aufgenommen, Kino könne er sich vorstellen, aber vor allem auch Lektüre, er habe – und diese Information machte Tanja regelrecht neidisch – ziemlich viel Lesestoff zu Weihnachten geschenkt bekommen.

Jerome trug eine Mütze und Handschuhe, obwohl es gar nicht so kalt war, was ihn sanft und weihnachtlich aussehen ließ, als er die Treppen zu Tanjas Wohnung hinaufstieg. Er lächelte. In der linken Hand trug er einen kleinen Rollkoffer, in der anderen seinen neuen Rucksack von Dior. Vom Onlinekauf des gebrauchten Rucksacks hatte Jerome ausführlich berichtet. Nach Ankunft des Päckchens hatte er euphorische Rückenaufnahmen von sich mit dem Rucksack geschickt und dazu geschrieben: ›*Der ist ziemlich sicher gefälscht, aber übertrieben nice!* 👻 👻‹ Tanja konnte Jeromes Freude zu 100 % nachvollziehen. Auch sie mochte den Charme gut gefälschter Luxusprodukte. Die irritierten Blicke der Leute, die glaubten, dass man allen Ernstes so viel Geld für Kleidung oder Accessoires ausgab, deckten sich mit den irritierten Blicken der Leute, die fachkundig erkannten, dass man eine dreiste Fälschung trug. Unbeliebt machte man sich gewiss. Außer bei denjenigen, die ebenfalls einen Reiz darin sahen, Fälschungen zu tragen. Jerome stellte seinen Rollkoffer vor der Wohnungstür ab, fasste Tanja an den Armen und zog sie zu sich.

»Wie schlimm ist dein Kater?«, fragte er, nachdem sie sich geküsst hatten.

»Es ging mir schon mal besser.«

»Ach komm. Es ist zwischen den Jahren. Wer da nicht verkatert ist, hat mit seinem Leben abgeschlossen.«

Irgendwie war das ein Spruch, der nicht zu Jerome passte, dachte Tanja, während sie Wasser für grünen Tee aufsetzte. *»Bist du auch verkatert?«*, fragte sie.

»Kein bisschen«, sagte Jerome.

»Du siehst gut aus«, sagte Tanja. Sie mochte sein jetzt noch kürzeres Haar und fand, dass seine Haut für die Jahreszeit ungewöhnlich rosig wirkte, so als käme er gerade gut durchblutet vom Sport.

Jerome fragte: *»Wirst du nächstes Jahr wieder in Berlin Weihnachten feiern?«*

Tanja war dankbar für diese Frage. Sie sprach davon, welche Rhythmen und Phasen ein gutes Jahr ausmachten und welche Bedeutung sie den Weihnachtsferien unbewusst immer zugeschrieben hatte. Tanja hatte das Gefühl, dass Jerome sie verstand. Sie würden Tanjas Wohnung an diesem Abend nicht mehr verlassen. Bis in die Nacht hinein blieben sie in Gespräche vertieft, die im weitesten Sinne um selbst gebaute Strukturen kreisten. Jerome gab neuerlich zu, dass es ihm am besten ging, wenn er sich selbst zwar eine gewisse Flexibilität unterstellte, in Wahrheit aber streng an längst gemachten Plänen festhielt. Tanja erinnerte sich im

Gegenzug an Zeiten, in denen sie sich in der Lage gesehen hatte, extrem spontan auf äußere Anlässe zu reagieren und trotzdem produktiv zu bleiben. *»Vielleicht warst du damals auch einfach gut gelaunt«*, sagte Jerome. Tanja stimmte zu. Sie wusste, dass es falsche Erinnerungen an gute Laune gab. Gegen zwei gingen sie ins Bett. Auf eine körperliche Reunion verzichteten sie. Vielleicht wäre es ohnehin angemessen, diese auf den Neujahrstag zu verschieben, dachte Tanja im Halbschlaf, und passte sich Jeromes gleichmäßigen Atemgeräuschen an.

In der Nacht träumte sie schlecht, ohne sich morgens an die Inhalte der Träume erinnern zu können. Das Druckgefühl in den Kieferknochen ließ sie annehmen, dass sie mit den Zähnen geknirscht hatte. Sie fragte Jerome danach, dem in der Nacht kein malmendes Geräusch aufgefallen war. Er erzählte, dass eine Exfreundin von ihm eine Beißschiene getragen hätte, was Tanja schon wusste. Ihr Exfreund Ernesto hatte ebenfalls so ein Ding benutzt, und ihre Schwester Sarah tat es bis heute. Tanja sagte: *»Ich glaube, ich lege Wert darauf, niemals eine Beißschiene tragen zu müssen.«*

Während des Frühstücks, das aus einer Schale knusprigem Schokoladenmüsli bestand, erklärte Tanja, dass sie Lust habe, *tanja-arnheim.space* endlich online zu stellen. *»2019 ist ein Webseitenjahr«*, sagte sie.

»Okay.« Jerome klang jetzt sehr ernst, was Tanja nachvollziehen konnte, sein liebevoll gestalteter Entwurf hatte nun schließlich sieben Monate geruht. *»Dann lass sie uns an Neujahr online stellen ... Hast du noch Korrekturen?«*

Im Laufe des Sonntagnachmittags pflegte Jerome eine

Serie von Fotos in den Entwurf ein, die Tanja von sich selbst in farbiger Kleidung vor einer Raufasertapete gemacht hatte. Tanja fand, dass er während der Arbeit ein wenig angespannt wirkte.

»Ich wollte dich damit nicht stressen. Im Gegenteil. Ich würde das nur gerne auch endlich …«

»Schon klar«, sagte Jerome, *»wir schaffen das aus dem Weg. Aber hey, ich finde, die Seite ist in dem halben Jahr gut gealtert. Mir gefällt sie jetzt besser als damals.«* Er bereitete alles so vor, dass am Neujahrstag ein einziger Klick reichen würde, um die Homepage online zu stellen.

Am 31. Dezember war es fast schon Mittag, als Tanja von Jeromes Nasenspitze an ihrer Wange geweckt wurde. Sie waren am Vorabend früh zu Bett gegangen. Tanja hatte Jerome aus einem Essayband über bedingungsloses Grundeinkommen vorgelesen, den ihm seine Mutter als Weihnachtsgeschenk geschickt hatte, und später hatten sie noch die Kinodokumentation über den Modeschöpfer Alexander McQueen gestreamt, die beide ziemlich begeisterte.

»Wir haben fast elf Stunden geschlafen«, stellte Jerome fest und klang dabei nahezu stolz. Er lag auf der Seite, der Bereich rund um seine Augen wirkte leicht geschwollen, was ihm jedoch gut stand, Tanja mochte sein verschlafenes Gesicht, und sie dachte, dass sie Jerome jetzt gerne zwischen die Beine fassen würde, aber in diesem Moment stand er auf und ging zur Toilette. Tanja hatte eigentlich viel früher wach werden wollen. Sie würden für die Party noch einige Flaschen Crémant kaufen müssen, und am frühen Nachmittag wollte sie noch einen möglichst positiv gestimmten

Jahresrückblick sowie einen Vorausblick formulieren, um diesen ein Jahr später mit der neuen Gegenwart abgleichen zu können. Als Jerome die Badezimmertür öffnete, blieb er in Unterwäsche stehen und schaute Tanja an. Sie lag nur noch halb zugedeckt im Bett. Dass sie dann doch miteinander schliefen, noch im Jahr 2018, war wahrscheinlich genau richtig.

»Wie lange hat dieses Sektgeschäft offen?«, fragte Jerome im Anschluss.

»Ich hoffe, bis 16 Uhr«, sagte Tanja. Sie wusste, dass an Feiertagen auf die Öffnungszeiten, die man auf Google Maps nachlesen konnte, kein Verlass war. Angenommen, der Laden hätte an Silvester nur bis 13 Uhr auf, dann würden sie jetzt umsonst nach Mitte fahren, und während Jerome Spiegeleier ohne Speck in der Pfanne briet, bot er an, dass er den Einkauf alleine erledigen und Tanja in der Zwischenzeit ihren Jahresrückblick schreiben könne. *»Ich fahre gerne U8. Ich bin doch Tourist!«* Es war nicht unbedingt typisch, dass Jerome anbot, so etwas wie Einkäufe zu übernehmen. Es kam Tanja vor, als wollte er jetzt mehr richtig machen, als würde er stärker performen als früher, was ihn auf eine merkwürdige Weise weniger attraktiv machte. Der Sex hatte gutgetan, sich in Teilen aber auch wie eine Dienstleistung angefühlt. Eigentlich mochte Tanja es nicht besonders, wenn Jerome explizit nachfragte, was sie sich wünschte, zumindest nicht morgens, und doch war es mit ihm wärmer und persönlicher gewesen als mit Janis. Jerome servierte die Spiegeleier neben goldbraun angerösteten Toastbagels, dazu je ein Blatt Basilikum. Jerome aß

schnell und gab sich gut gelaunt. Er betonte, dass er sich auf die Party am Abend freue und dabei konsequent bei gutem Wodka und Red Bull bleiben wolle, der saubersten Option von allen. Er ließ sich die Crémant-Sorte nennen, die Tanja immer kaufte, Tanja wollte ihm Geld geben, aber Jerome meinte, er könne die vier Flaschen gerne sponsern. Ohne auf den Kaffee zu warten, den Tanja ihm noch anbot, verließ er die Wohnung in Richtung U-Bahn.

Beim Wiederlesen ihrer Jahresvorsätze für 2018 fiel Tanja ein, dass sie diese ebenfalls unter Zeitdruck formuliert hatte, vergangenes Silvester in Hamburg. Tanja erinnerte sich, dass Jerome mit im Zimmer gesessen hatte, am Tag nach dem Treffen mit ihrer Agentin Ellie Reinert, und dass Tanja zum allerersten Mal sauer auf ihn gewesen war. Sie las, dass sie für das Jahr 2018 einen neuen Buchvertrag anstrebte und im Sommer nach Kanada fliegen wollte. Beides war nicht passiert. Rückblickend auf 2017 erwähnte sie ihre Freundin Amelie als die Person, mit der sie am meisten Spaß gehabt hatte. Und für den Start in das Alter dreißig nahm sie sich einen Modus gesteigerter Ruhe vor. Tanja tippte einen ersten Satz: *›Strenggenommen ist 2018 ein Fail gewesen.‹*

Dreißig Minuten und zweieinhalb Seiten später fühlte sie sich so gut wie seit Tagen nicht mehr. Der Gedanke, dass sie im zurückliegenden Jahr auf mehreren Ebenen versagt hatte, erzeugte ein Gefühl der Befreiung. Es war anders gekommen als geplant. Und 2019 würde besser werden – davon war sie überzeugt. Als Jerome leicht genervt zurückkam, mit sechs mutmaßlich mäßigen Crémant-Flaschen von Rewe, weil der empfohlene Laden in Mitte am 31.12.

überhaupt nicht geöffnet hatte, fühlte sich Tanja so glücklich wie lange nicht mehr.

Eine Silvesterparty gemeinsam mit Celia und Ben sowie mit Alexander Keil und dessen Freundin Caro in der stilsicheren Hochhauswohnung einer losen Bekanntschaft auszurichten, war eine Idee, die Tanja Anfang November auf Alex' Initiative hin verheißungsvoll vorgekommen war, die sie zuletzt aber eher gestresst hatte. Die Vermischung der Freundeskreise war riskant, und die Co-Verantwortung für ein Fest zu tragen eigentlich gar nicht Tanjas Ding. Der österreichische Kurator, den nur Celia etwas besser kannte, hatte seine Wohnung für drei Tage zu einem Freundschaftspreis von 300 € vermietet. Tanja fand den Deal, geteilt durch fünf, durchaus gut, schließlich fühlte man sich an Silvester nirgendwo wohler als in halb leeren Hochhauswohnungen, in denen man nicht selbst wohnte. Man würde um zwölf noch nicht mal runter auf die Straße müssen, um das Feuerwerk anzuschauen.

Ursprünglich war auch ein gemeinsames Dinner in der Wohnung am Hansaplatz geplant gewesen, doch sowohl Tanja als auch Celia hatten sich dagegen ausgesprochen, um das Fest nicht unnötig zu verkomplizieren. Da Tanja und Jerome keine Ambition hatten, zu kochen, gingen sie am Silvesterabend spontan zu Ris-A, einem arabischen Imbiss für frittiertes Hähnchen auf der Sonnenallee. Dass das Ris-A am Silvesterabend um 20 Uhr 20 nahezu voll besetzt war, überraschte Tanja. Es fühlte sich an, als wohne man versehentlich einer Tradition bei, von der man nichts gewusst hatte. Überwiegend waren Familien mit Kindern anwesend, aber auch einige Männergruppen und Jugendliche. Paare um die dreißig sah man nicht. Tanja fand das extrem angenehm. Während Jerome sich in die Schlange einreihte, um zu bestellen, sicherte sie den letzten freien Platz, einen schmalen Tisch am Fenster mit Blick auf ein Baugerüst. Überall auf der Sonnenallee wurden Knallkörper gezündet. Tanja und Jerome teilten sich die Menüs 2 und 4, die jeweils aus frittiertem Huhn, Pommes und etwas Salat bestanden, und tranken je eine Cola Light. Gegen 21 Uhr leerte sich der Imbiss ziemlich abrupt. Auch dies ließ Tanja annehmen, dass sie etwas an Ris-A grundsätzlich nicht verstanden hatte. Mit einem leicht schmutzigen Völlegefühl auf die Straße tretend, wollte sie es nicht ausschließen, auch 2019 am Silvesterabend wieder bei Ris-A essen zu gehen. *»Das war schon lecker auf seine Art«*, sagte Jerome und legte einen Arm um ihre Hüfte. Auf der Straße explodierte ein Kanonenschlag. Jerome zuckte zusammen.

Um nach Tiergarten zu kommen, nutzten sie den Berl-König, eine neue Taxi-App – dunkle Kleinbusse, bedruckt mit dem BVG-Logo, fuhren kostengünstig durch Berlin. Jerome und Tanja setzten sich in dem Kleinbus ganz nach hinten, davon ausgehend, dass unterwegs noch jemand zusteigen würde, was aber gar nicht geschah. Der dunkle Bus fuhr nur für Tanja und Jerome quer durch die Stadt, und weil Tanja so nett und seriös fragte, erlaubte ihr der junge Fahrer, die erste Flasche Crémant schon im Wagen zu öffnen. Als im Radio *Sweet Dreams* von La Bouche gespielt wurde, bat Jerome den Fahrer, die Musik lauter zu drehen. Tanja hatte das Lied seit vielen Jahren nicht gehört, und wahrscheinlich wirkte es jetzt besser als je zuvor. Diese

Fahrt auf der Rückbank des BerlKönig-Minibusses, in den tiefen Westen Berlins hinein, machte wahnsinnig viel Spaß.

Um Punkt zwölf küsste Tanja Jerome auf den Mund. Sie konnte sich nicht erinnern, jemals einen so feierlichen und zugleich leicht morbiden Blick über das Berliner Feuerwerk gehabt zu haben. *»Das ist schon der optimale Ort für Silvester«*, stellte Jerome fest und wünschte Tanja das bestmögliche Jahr. Sie blickten Arm in Arm gen Osten. Tanja wollte wissen, wie Jerome das Feuerwerk beurteilte, verglichen mit anderen Feuerwerken in anderen Städten und Ländern. Vielleicht ließ sich der Charakter einer Stadt ja anhand ihres Feuerwerks bestimmen. Demnach hätte es Tanja gerne als etwas aggressiv und unzufrieden, aber zugleich als träge wahrgenommen, doch diese Zuschreibungen trafen auf das Feuerwerk, das sie sah, definitiv nicht zu. Jerome sagte, dass es schwer sei, ein Feuerwerk zu charakterisieren.

Tanja blickte auf Jeromes Handy, das in seiner Hosentasche leuchtete, erst dann zog er es hervor. *»Willst du nicht rangehen?«*, fragte sie, denn in seinem Blick stand geschrieben, dass er eigentlich unbedingt rangehen wollte. *»Da ruf ich morgen zurück«*, sagte er und steckte das Telefon wieder weg. Von den vierzig Gästen, die sich um Mitternacht in der Hochhauswohnung versammelt hatten, stand knapp die Hälfte unter Kokaineinfluss, was sich Tanjas Meinung nach darin bemerkbar machte, dass vergleichsweise wenig gelacht wurde. Als Jeromes Handy erneut klingelte, sagte sie: *»Jetzt geh mal ran.«* Jerome nickte und verschwand im Wohnzimmer. Tanja stützte sich mit beiden Händen auf das Balkongeländer.

»Kommt von dir eigentlich bald wieder ein Buch?«, fragte Fred, der ein dunkelgraues Satinhemd und die Haare frisch blondiert trug. Tanja sagte: *»Vielleicht 2020.«*

»Das klingt so future«, sagte Fred.

»Voll«, sagte Tanja, *»was machst du noch mal?«*

»Ich suche einen Job.«

»In welchem Bereich?«

»Blockchain. Leider stellt einen da keiner ein, wenn man keine Doktorarbeit darüber geschrieben hat. Dabei weiß ich echt mehr als die meisten.«

Tanja hatte sich zu keinem Zeitpunkt wirklich mit der Blockchain-Technologie befasst. Als es alle taten, wusste sie, dass es zu spät war, um einzusteigen, außerdem nervte es sie, mit anzusehen, wie Menschen, die sie eigentlich mochte, süchtig nach einer Art Glücksspiel wurden. *»Brauchst du auch was zu trinken?«*, fragte Tanja, obwohl Fred deutlich sichtbar ein fast volles Glas in der Hand hielt, und ging nach drinnen. Im Wohnzimmer kam ihr Jerome entgegen, er fragte: *»Alles cool?«*

»Ja. Bei dir? Wie war dein Telefonat?«

»Ganz lustig ...« Er schaute sie an. *»Julian war das.«*

»Warum sagst du nicht, wer wirklich angerufen hat?« Tanja merkte, dass sie schon ziemlich betrunken war.

Jerome schüttelt den Kopf. *»Sorry. Ich weiß nicht so richtig, wie ich damit umgehen soll.«* Er beugte sein rechtes Knie, als er sagte: *»Es war so ein Flirt aus Ffm ...«*

»Ist doch nicht schlimm. Erzähl mir halt davon.« Tanja ging in Richtung Küche, um sich aus dem Kühlschrank ein Bier zu holen. Dass sie nun, nach mehreren Gläsern Schaumwein, auf Bier wechseln wollte, fand sie komisch.

Weite Teile der Silvesternacht vergingen mit einem Gespräch darüber, wie man in Zukunft damit umgehen würde, wenn Jerome in Hessen und Tanja in Berlin andere Partnerinnen und Partner hätten. Und ob dadurch nicht etwas verloren ging. Während des Gesprächs, das sich großteils auf der Couch neben dem kaum genutzten Dancefloor abspielte, trank Jerome weitere Gläser Wodka Red Bull auf Eis und Tanja mehrere kleine Flaschenbiere. Zwischendurch kamen Ben und Celia vorbei und boten ihnen Kokain an. Bei der zweiten Nachfrage wollte Tanja beinahe nachgeben, in der Hoffnung, dass das Gespräch dadurch eine entspanntere Richtung nehmen würde, aber alle Erfahrungen, die sie je mit Kokain gemacht hatte, sprachen dagegen. Sie widerstand, und Jerome widerstand ebenfalls und erzählte, dass er zuletzt in Lissabon sehr schlechtes Kokain genommen habe, zusammen mit Marlene. Der Name Marlene war jetzt sehr präsent, und die Art und Weise, wie Jerome seine Geschichte mit ihr nicht zu hoch zu hängen versuchte, ließ Tanja glauben, dass sie sehr hoch hing. In ihr kündigte sich ein Schmerz an, der sich wahrscheinlich erst in den kommenden Tagen wirklich ausbreiten würde. Tanja dachte, dass es bei Verletzungen häufig so war. Eigentlich lagen alle Konflikte und Optionen sofort auf der Hand, eigentlich war die erste Intuition richtig, und dennoch würde die Thematik in den kommenden Tagen und Wochen wieder und wieder aufgerollt werden, vor allem spätnachts und morgens nach dem Wachwerden. Tanja stellte fest, dass sie gar nicht mehr darauf achtete, was Jerome genau sagte, denn sie merkte an seiner Sprechweise, die betrunken und durcheinander war, wie brutal er zu schwimmen begann. Er war nicht ehrlich, nicht zu sich selbst und natürlich auch nicht zu ihr. Jerome wusste nicht mehr, was er wollte. Tanja sagte: »*Vielleicht ist es am besten, wenn wir das Thema vorerst vergessen und versuchen, die gemeinsame Zeit zu genießen.*« Jerome hörte sofort auf zu reden. Er wirkte konsterniert, aber auch minimal erleichtert. »*Sollen wir doch noch was ziehen jetzt?*«, fragte er. »*Sollen wir nicht*«, sagte Tanja.

Gegen halb vier hatte sich die Party schon etwas geleert, weil einige noch Gästelistenplätze in Clubs nutzen oder im Jahr 2019 einfach früher ins Bett gehen wollten. Auch Celia und Ben waren trotz Co-Gastgeberschaft schon nachhause gefahren. Den Gesprächen nach zu urteilen, hatte sich etwa die Hälfte aller Gäste vorgenommen, den Januar komplett ohne Drogen und Alkohol zu gestalten, wobei Neujahr selbstredend ausgenommen war. Tanja hatte Lust auf Limonade, aber alle Limonadenflaschen waren leer. Auf dem Balkon unterhielt sie sich mit Max, dem Übersetzer, über Badminton. Das könnte sie durch den Januar tragen, dachte Tanja jetzt – ein fokussierteres Training, mehr Sessions, im Doppel wie im Einzel. »*Wann spielen wir mal wieder im TiB?*«, fragte sie, während sich Jerome im Wohnzimmer mit Alexander Keils Freundin unterhielt. Max erzählte, dass er mittlerweile Mitglied im TSV GutsMuths sei, einem Badmintonverein aus Tiergarten, da spiele er immer donnerstags, sie müsse unbedingt mal dazukommen.

Als es draußen hell wurde, waren nur noch zehn Leute in der Wohnung. Sechs davon standen auf dem Balkon, um zu rauchen, und einige stellten sich die Frage, wo man jetzt noch hingehen sollte. Favorisiert wurde eine angeblich charmante Afterhour des Clubs Sameheads, die im Wedding stattfand, allerdings erst ab elf Uhr vormittags. Es war ein grauer, vergleichsweise milder Morgen. Blockchain-Experte Fred hatte relativ gutes Gras – Hawaiian Haze –, das eher aufweckte als müde machte. Im Innenraum, wo jetzt Balladen gespielt wurden, fühlte sich Tanja wohler als auf dem Balkon. Jerome und sie waren die Einzigen, die noch anwesend waren, ohne Kokain genommen zu haben. Letztlich hatten sie wohl einfach Angst, den Silvesterabend zu beenden, da sie zuhause gezwungen wären, ihr Gespräch fortzusetzen. Verwunderlich, aber eigentlich auch erfreulich fand Tanja, wie gut sich Alex und dessen Freundin mit Jerome verstanden. Die drei unterhielten sich nun schon seit Stunden, Alex und Caro zogen zwischendurch Lines, Jerome trank weiterhin zuckerfreies Red Bull. Letztlich hatten alle, die geblieben waren, eine gute Zeit. Tanja genoss den Zustand kompletter Übermüdung. Die Vereinbarung mit dem Besitzer der Wohnung war, dass bis zum Abend des 2. Januar alles sauber geputzt und gut gelüftet sein sollte. Zwar waren die hellgrauen Böden nun sehr verschmutzt, aber sie würden sich leicht reinigen lassen, und es war nichts zu Schaden gekommen.

Caro kam gegen halb neun am Morgen mit glasigem und zugleich hochmotiviertem Blick auf Tanja zu. *»Wie geht's dir? Bist du noch fit?«* Sie berührte Tanja am Oberarm.

»Eigentlich überhaupt nicht«, sagte Tanja, obwohl sie sich nicht schlecht fühlte. Freds Joints hatten sie wieder ein wenig wacher gemacht.

»Schade. Ich hatte gerade überlegt, ob ihr beide nicht mit zu uns

kommen wollt, du und Jerome …« Caro, die eine Kurzhaarfrisur trug, zu der Tanja unweigerlich das Adjektiv *keck* einfiel, ergänzte: *»Ich dachte, vielleicht wollt ihr ja nicht alleine sein nach eurem Ärger. Und Alex wäre auch dafür.«*

Es fehlte nur, dass Caro nun demonstrativ zwinkerte, doch das Gegenteil war der Fall, sie blinzelte fast gar nicht mehr. Tanja suchte Augenkontakt mit Jerome, der mit Alex auf dem Balkon stand. In diesem Moment sah sie über Caros Schulter hinweg, wie Alex und Jerome einander umarmten. Die Umarmung dauerte ziemlich lang. Tanja fand, dass der Art und Weise, wie sie einander festhielten, etwas Großväterliches anhaftete. Es war anrührend, aber nicht sexy. *»Hey, ich muss da einen Moment drüber nachdenken«*, sagte sie zu Caro und schloss sich in der Toilette ein.

Es war wie meistens ein schönes Gefühl, von einer Frau begehrt zu werden, und Caro hatte eine gute Figur, ihr war anzusehen, dass sie regelmäßig boulderte, sie roch auch nicht schlecht, aber sie wirkte – das dachte Tanja nun im fensterlosen Badezimmer – auf eine bedrückende Weise erwachsen. Im Gegensatz zu Tanja sah Caro eindeutig wie über dreißig aus, und obwohl Tanja sich fest vorgenommen hatte, das Älterwerden auch bei Frauen zu akzeptieren, ihnen vor allem auch ihre Lust zuzugestehen, dachte sie, dass sie es Caro mit ihrer Kurzhaarfrisur nur bedingt gönnen würde, mit ihr rumzumachen. Wie entsetzlich eitel und lebensfeindlich dieser Gedanke war, gestand Tanja sich sofort ein, als sie, nachdem sie die Klospülung betätigt hatte, vor dem Waschbecken stand und sich im Spiegel anschaute. Klar, auch sie war jetzt über dreißig, auch sie war längst eine Frau, doch ihr Gesicht war der perfekte Mix aus zwei bis drei Lebensphasen, und dass sie gerade eine Nacht durchgemacht hatte, trübte diesen Eindruck nicht, im Gegenteil. Sie konnte nachvollziehen, dass Alex und Caro mit ihr und ihrem Boyfriend nachhause gehen wollten, dass Janis traurig war, weil sie ihn fallen gelassen hatte, dass Max und Ernesto mit Sicherheit noch immer viel an sie dachten. Sie konnte all diese Menschen verstehen. Jerome war es wohl einfach zu viel geworden mit ihr, denn es war ihm zu viel geworden mit sich selbst. Das Gras von Fred war wirklich gut, das Händewaschen machte mehr Spaß als sonst, und Tanjas Denken fühlte sich jetzt eher wie eine Fahr- als wie eine Laufbewegung an. Sich in verschiedene Situationen und andere Menschen hineinzufühlen, war jetzt selbstverständlich. Tanja musste nicht mal die Augen schließen, um sehr genau zu wissen, was das für ein Zustand sein würde, gleich nackt mit dieser gut riechenden Caro, dem ewig sympathischen Alex und ihrer Liebe Jerome das Jahr 2019 zu begrüßen. Hingabe war möglich. Im schlimmsten Fall würde die Situation irgendwann kippen und peinlich werden, aber dann würde man eben lachen, dann hätte man etwas ausprobiert, an das man später zurückdenken könnte. Es war eine merkwürdige Woche gewesen, doch 2019 würde ein gutes Jahr. Tanja trocknete ihre Hände eine ganze Weile lang ab, an einem kleinen Frotteehandtuch, das feucht war, da sich daran über zehn Stunden hinweg Partygäste die Hände abgetrocknet hatten – dann ging sie nach draußen, bereit für Caro, bereit für Jerome, fast bereit für Alex.

Jerome wartete inmitten des Wohnzimmers auf sie. Er sah jetzt richtig betrunken aus. *»Ich glaube, ich muss mal langsam nachhause. Soll ich Mytaxi rufen oder rufst du BerlKönig?«* Wenige Meter hinter ihm, am Fenster vor mittlerweile fast blauem Himmel, knutschten Caro und Alex mit fest geschlossenen Augen. »*Ich hab schon tschüss gesagt*«, sagte Jerome. Er lallte, ohne dass dies süß gewirkt hätte. Tanja ging zu Alex und Caro. Sie berührte Caro an der Schulter, um die intensive Knutscherei zu unterbrechen, dann ließ Tanja sich von beiden warm auf den Mund küssen und verabschiedete sich. Man war offiziell zum Putzen der Wohnung am Vormittag des 2. verabredet, doch Alex bot Tanja nun an, dass sie nicht unbedingt mitputzen müsse, sie habe vermutlich Wichtigeres zu tun und schließlich sehr viele Getränke mitgebracht. Tanja hatte in Wahrheit weniger Getränke mitgebracht als die meisten anderen, war aber einverstanden. Sie umarmte zum Abschied alle sechs noch verbliebenen Gäste, auch Jule und Paul, mit denen sie die ganze Nacht über kein Wort gewechselt hatte, dann verschwand sie mit Jerome ins Treppenhaus.

»Eigentlich ist es doch prätentiös und unnötig, als Autorin eine eigene Webseite zu haben. Tut mir leid, dass mir das so spät klar geworden ist. Es enttäuscht mich selbst, dass ich verletzt bin. Ich möchte dir keine Vorwürfe machen. Denn ich war nicht besser. Aber ich brauche eine Pause. Mindestens das.«

∗ Tanja Arnheim

»We rip out so much of ourselves to be cured of things faster than we should that we go bankrupt by the age of thirty and have less to offer each time we start with someone new.«

∗ Professor Perlman

Phase Neu

18

›Du irrst dich ein bisschen, lieber Jerome, ich freue mich keinesfalls über euren Kollaps. Sorry, aber ich bin nicht ganz der kühle Vamp, den du gerne in mir siehst. Ich glaube zu wissen, wie du dich jetzt fühlst, habe vor einem knappen Jahr schließlich Ähnliches durchgemacht. Ich wünsch dir Kraft. Gib ein Zeichen, falls ich dir helfen kann. Aber ich verstehe völlig, wenn du erstmal alleine sein willst. Nimm dir Zeit für dich, so viel du brauchst. Ich werde nicht so schnell wieder verschwinden. 2019 wird gut. Hab dich lieb. Marlene‹

Für diese Telegram-Nachricht hatte sich Marlene am 4. Januar nicht mehr als fünfundzwanzig Minuten Zeit gelassen. Während dieser fünfundzwanzig Minuten war Jerome davon ausgegangen, dass er nach seiner eigenen Nachricht, in der er sich als *verwirrt, heartbroken* und *gelähmt* bezeichnet hatte, mindestens einen ganzen Tag lang auf eine Antwort von Marlene warten müsste. Wie sollte sie auch damit umgehen, dass er tief unglücklich war, obwohl doch zwischen ihnen beiden alles einen guten Verlauf nahm? Und dann das: Verständnis, Fürsorge und ein Hauch von Humor.

Jerome würde vorläufig wohl gut damit fahren, wenn er einfach tat, was Marlene vorschlug.

Also nahm er sich Zeit zum Alleinsein. Er schlief nicht besonders gut, knirschte wahrscheinlich mit den Zähnen, wachte vergleichsweise früh auf, spürte aber an jedem Morgen nach dem ersten Kaffee eine Art trotziges Motivationsgefühl, das ihn in die Arbeit trieb. Bis zum 20. Januar, und damit zwei Wochen vor der avisierten Deadline, brachte er die Webseite für das Basler Institut für Performative Künste zu einem gelungenen Abschluss, was einen warmen Geldregen und zwei Folgeaufträge von Schweizer Institutionen nach sich zog. Ein Museum in Bern wollte online mehr Partizipation ermöglichen, und eine Zürcher Privatakademie wollte in Zukunft transparenter und freundlicher wirken. Eigentlich wollten also beide einen möglichst exakten Nachbau der Basler Webseite, mit kuratiertem Besucher*innen-Forum und Social-Highlight-Feed.

Noch vor Anbruch des Frühlingsmonats März hatte Jerome sein Kalenderjahr 2019 weitgehend finanziert, und Teile des Jahres 2020 gleich mit. Als Julian ihn an einem der ersten milderen Abende vor einem Offenbacher Kiosk fragte, ob ihn das irgendwie auch deprimiere, antwortete Jerome: *»An schlechten Tagen schon. Aber ich habe in letzter Zeit wenige schlechte Tage.«* Eine Midlife-Crisis fing vermutlich damit an, dass sich alles so anfühlte, als wäre es schon mehrfach da gewesen, bei gleichzeitig sinkender Intensität. Als würde man zwar nicht die Kontrolle verlieren, aber die Begeisterung. Jerome konnte nicht behaupten, dass er schon so weit war. Er hatte nicht den Eindruck, dass er sich verschlechterte, nicht im Entwerfen von Webseiten, nicht im Sport, nicht im Umgang mit Menschen. Vieles war nie zuvor besser gewesen, vieles hatte nie besser funktioniert, und von dem Glauben daran, dass die aktuelle Lebensphase die bislang schönste war, wollte er nicht ablassen, ganz gleich, ob Tanja nun womöglich vorhatte, sich für immer vor ihm zu schützen. Auf dem Plastikstuhl vor dem Offenbacher Kiosk, eine Flasche milden Possmann-Apfelwein in der Hand, sagte Jerome zu Julian: »*Man darf sich nie abhängig machen von Einzelpersonen.*« Und er meinte das gar nicht so abweisend und kühl, wie es in Julians Ohren geklungen haben mochte.

Mitte Februar hatten sich Jerome und Marlene erstmals wiedergesehen, zunächst auf ein Stück Kuchen im Café des Palmengartens und zwei Tage später auf der Fertighausausstellung bei Bad Vilbel, da ihnen aufgefallen war, dass sie beide an dieser Ausstellung zwar schon zeit ihres Lebens auf dem Weg in die City vorbeigefahren waren, sie aber nie besucht hatten. Im Palmengarten hatte Marlene zudem gesagt, dass sie wohl Architektur studieren würde, wenn sie noch mal studieren könnte, und dass es in dieser Ausstellung von Fertighäusern neben der Friedberger Landstraße ja letztlich darum ging, wie sich ein fiktiver deutscher Mainstream praktikables Wohnen vorstelle. In der Ausstellung waren sie sich wiederum schnell einig, dass keines der gezeigten Häuser so charmant war wie der Bungalow, in dem Jerome momentan wohnte. Von den wenigen anderen Menschen, die an diesem frühen Donnerstagabend die Ausstellung besuchten, wurden sie sehr wahrscheinlich für ein nicht mehr ganz junges Ehepaar gehalten, das sich nach einigen Jahren im Business nun endlich ein Fertighaus für die Kleinfamilie leisten wollte. *»Du leidest bestimmt krass darunter, so gesehen zu werden, oder?«*, fragte Marlene lächelnd, und Jerome antwortete wahrheitsgemäß: *»Nein, ich find's eher lustig.«*

Dass sein noch namenloser, quasi spiritueller Rückzugsort im Netz in den ersten Monaten und Jahren wahrscheinlich nur eine winzige Zielgruppe erreichen würde, empfand Jerome im Frühjahr 2019 nicht mehr als störend. Er entwarf die Webseite nun einfach so, als wäre er selbst sein erster, einziger und bester Kunde. Beruflich ausschließlich nach Reichweite zu streben, war ebenso naiv, wie privat nur auf Genügsamkeit und Einkehr Wert zu legen. Das Internet als schönen und praktikablen Raum begreifen, nutzen und gestalten – es gab an dieser Maßgabe nichts auszusetzen, Jeromes Tätigkeit würde auch in Zukunft noch einen Sinn haben, er musste nicht zwingend vieles ändern, er musste nur fortfahren.

Die erste Person, der er an einem fast winterlich kalten Apriltag von seinem Lavalampen-Webprojekt erzählte, war Marlene. Und auch wenn er es nicht zu sehr aufladen wollte, so war Marlenes umsichtige Reaktion auf seinen seriös vorgetragenen Pitch eventuell noch wichtiger als ihr Krisenmanagement im Januar. Schlimmer als Menschen, die seine Arbeit überhaupt nicht ernst nahmen, waren eigentlich nur Menschen, die sie viel zu ernst nahmen. Jerome fand, dass man immer in der Lage bleiben musste, ein Projekt so weit zu relativieren, bis es scheinbar egal war und nichts mehr davon abhing. Dass man im Zweifel jederzeit alles hinter sich lassen konnte, um ein sinnvolleres Leben zu beginnen, war eine Idee, die Jerome sehr mochte.

Und eine potenzielle Partnerin sollte zumindest von sich behaupten können, ähnliche Ideen zu mögen.

Jeromes Lavalampen-Pitch dauerte knapp fünf Minuten. Er zeigte einige Animationen und Bildabfolgen, spielte dazu Musik ein und ließ Farbverläufe generieren. Es kam ihm jetzt wieder so vor, als hätte er nicht viel mehr als einen Bildschirmschoner programmiert, der an ein anderes, mystischeres Computerzeitalter erinnerte. Er war nicht unzufrieden damit. Vielleicht war ein schöner Bildschirmschoner insgeheim das, was ihm am meisten fehlte. Am Ende seines Vortrages nickte Marlene. Und dann nannte sie drei Namen von Freundinnen, die mit Sicherheit Interesse hätten, an der Webseite mitzuarbeiten. *»Solltest du das Projekt irgendwann öffnen wollen, sag Bescheid.«* Dieser Vorschlag, der Marlenes Mitdenken verdeutlichte, aber noch keinen Übergriff darstellte, gefiel Jerome gut. Er sagte: *»Cool, danke.«*

Anfang Mai flogen sie gemeinsam nach Italien, in ein vergleichsweise günstiges Airbnb in Como. Jerome hatte sich für diesen Ausflug einen leichten Sommeranzug auf *kleiderkreisel.de* gekauft und trug den pastellfarbenen Zweiteiler am Comer See mit einer Selbstverständlichkeit, die ihn überraschte. Es war ihm auch fast nicht zu warm. In den fünf gemeinsamen Tagen schliefen Marlene und Jerome sechsmal miteinander, an zwei Tagen gar nicht, dafür am Ankunftstag dreimal und am vorletzten zweimal. Jerome empfand ihren gemeinsamen Sexflow als leicht und natürlich. Am vierten Tag nahmen sie auf Marlenes Initiative hin während eines Spaziergangs psychedelische Pilze. Die Portion war klein, Marlene nahm eine etwas höhere Dosis als Jerome, und der Rausch nahm sich überraschend freundlich aus. Jerome fielen Adjektive wie *knollig* und *ulkig* dazu ein, er genoss den neuen Fremdheitszustand, und er lachte, während sich die Wirkung ganz in ihm entfaltete, sehr stark über die Art und Weise, wie Marlene lachte. Wer war diese Frau, die ihm schon seit der Grundschule gefiel? Sie sah gut aus, sie wusste, was sie wollte, und ihr Lachen klang eigenwillig am Comer See. Jerome fand es denkbar, sich vollends an sie zu gewöhnen.

19

ABSENDER: Konstantin Arnheim
BETREFF: Meldung aus Kiel 18.01.2019, 13:42 Uhr

Liebe Tanja, ich habe dich am Telefon leider nicht erreicht, deshalb schreibe ich jetzt mal. Weihnachten ist ja schon wieder einige Wochen her. Es hat mir gut gefallen in Berlin, du warst eine tolle Gastgeberin. Ich hoffe, du hattest einen schönen Start ins neue Jahr und bist guter Dinge!

Wahrscheinlich hast du schon von Ulla gehört, dass sich bei uns in Kiel gerade manches verändert. Ich habe mich entschieden, die Stadt zu verlassen und zu meiner Freundin Katharina nach Bremen zu ziehen. Wir haben uns im Oktober kennengelernt und es ging alles sehr schnell. Sie ist wirklich eine Bereicherung für mich! Ich hoffe, dass du sie bald kennenlernen wirst, sie ist auch eine große Leserin und mochte dein erstes Buch sehr (ich weiß, du hörst das gar nicht so gern, aber vielleicht freut es dich ja doch).

Dass ich nach achtundzwanzig Jahren die Klinik verlasse, hat Ulla die größten Sorgen bereitet, vor allem in Hinblick auf euch. Aber glaube mir, ich würde diesen Schritt gar nicht erst erwägen, wenn ich euch nicht versorgt wüsste. Ulla und ich kennen uns nun schon wirklich eine ganze Weile, wir kamen immer gut aus, und wir werden uns auch weiterhin nicht in die Haare kriegen.

Du kannst nach wie vor voll auf mich zählen. Ich bin stolz auf dich.

Melde dich bitte bald. Und komm nach Bremen! Ich freue mich schon auf unser nächstes Duell an der Konsole.

Dein Paps Konstantin

ABSENDER: Ellie Reinert
BETREFF: RE: auszug, matilda soon **25.01.2019, 19:27 Uhr**

Tanja Arnheim!

Tausend Dank für deine Mail! Ich sichte selbstverständlich gerne auch dein Rohmaterial. Ich werde dir ehrlich sagen, was ich denke – dafür bin ich da!

Und ja, ich sehe es definitiv so – es ist nie ratsam, ein Projekt vorschnell fallen zu lassen. Bisher sind noch alle meine Autor*innen mal durch triste Tage gegangen. Aber normalerweise geht es kurz danach wieder dynamisch bergauf.

Melde mich im Laufe der Woche mit einem ersten Eindruck, voraussichtlich am Mittwoch. Bis dahin schöne Tage –

Ellie

ABSENDER: Ellie Reinert
BETREFF: RE: auszug, matilda soon 30.01.2019, 19:13 Uhr

Liebe Tanja,

ich habe dein Fragment insgesamt dreimal gelesen. Beim ersten Mal saß ich mit dem eReader auf der Couch und las so, als läge bereits ein fertiger Roman vor mir.

Beim zweiten Durchgang habe ich am Computer gesessen und Stellen markiert, die mir gut gefielen.

Mit einem Tag Abstand habe ich das Dokument noch einmal geöffnet und Kommentare geschrieben, um zu definieren, was es sein könnte, das mich als Leserin noch etwas außen vor lässt.

Das kommentierte Dokument hänge ich dir mit an. Ich habe da wirklich alles reingeschrieben, was mir in den Kopf kam. Ich hoffe, das überfährt dich nicht. Autor*innen, die mir weniger am Herzen liegen, würde ich das alles weit verklausulierter sagen. Aber ich denke, dass der Matilda-Text noch auf der Suche ist. Mir scheint, du bist noch nicht richtig drin.

Sehr gut gefallen haben mir die Dialoge im dritten Teil des Fragments! Ich musste dabei an die Anfrage vom Schauspielhaus Mannheim im letzten Sommer denken. Stehst du dem Theater noch immer so kritisch gegenüber? Sonst ließe sich aus der Ausgangslage auf Seite 24ff womöglich ein szenisches Fragment destillieren.

Wenn du möchtest, können wir dazu auch gerne telefonieren. Jederzeit.

Ellie

iMessage von Alexander Keil **09.02.2019, 17:00 Uhr**

Liebe Tanja, wie ist es dir in den letzten Wochen ergangen? Jetzt, da der Silvesterkater inklusive dry january überstanden ist, wollte ich mich mal wieder melden, weil unsere letzte Begegnung ja durchaus etwas awkward gewesen ist. Weiß nicht, ob du vielleicht auch sauer bist? Finde die Aktion von Caro und mir im Nachhinein ein bisschen übergriffig. Hoffe, du hattest einen erträglichen Jahresstart und es geht dir gut. Lass uns sehr gern bald mal wieder ins Kino gehen. Würd mich mega freuen. A.

Instagram-Message von Teddy Garner **14.02.2019, 19:20 Uhr**

That's your first visit @ Decathlon in 2019 ???
Nice bandana though!
Valentine's-Day-Present for Jerome?

Instagram-Message von Teddy Garner **14.02.2019, 19:26 Uhr**

Argh! Sorry to hear ... I guess there's a chance of a revival?
Are you willing to fight?

Instagram-Message von Teddy Garner 14.02.2019, 19:29 Uhr

Okay. I feel you. Pardon me!
And yes. I might go there, too. Would be lovely to see you!

Telegram-Nachricht von Amelie Siebold 05.03.2019, 21:15 Uhr

es ist fast ein jahr her, seit wir nicht mehr sprechen, und ich kann mich nicht erinnern, dass jemals ein jahr schneller vergangen ist. der zustand, im jahr 2019 zu leben, ist so flüchtig, ich bin nicht sicher, ob ich mich überhaupt noch darauf einlassen möchte. bald werden die zwanzigerjahre beginnen. und als ich mich fragte, ob ich die ohne Tanja Arnheim verbringen will, dachte ich: no fucking way!!

ich weiß schon noch immer, was du letzten sommer getan hast 😝 😝 😝 aber bin auf eine perverse weise froh darüber. hab janis nach eurem breakup ein paarmal gesehen, er hat viel gejammert und mich superschnell genervt. er mag schon daddy sein, ein opfer ist er trotzdem. nach janis gab es für mich noch michel. das war okay, aber aktuell fahre ich sehr gut ohne hook-ups. es geht weit besser, als ich dachte.

ich fände es gut, wenn wir uns mal wieder sehen würden. hab gestern einen artikel zum thema wechseljahre gelesen. die warten auch schon in zwanzig jahren auf uns 😱 😱 😱 ich dachte, wenn eine person gut davon erzählen wird, dann du. the future is on 🔥 🔥 🔥

du findest mich auf den dir vertrauten kanälen: threema, telegram, instagram und seit neuestem auch wieder auf snapchat 🤦‍♀️ 🤦‍♀️ 🤦‍♀️ ... hab jetzt außerdem eine posteo-e-mail-adresse ☑️ aber die gmail läuft stabiler.

talk to you soon, AMELIE.

Telegram-Nachricht von Amelie Siebold 08.04.2019, 05:35 Uhr

it's been a blast, Tanja, it's been a BLAST 💥 💥 💥 merke erst jetzt, wie sehr ich diese art des ausgehens vermisst hab ... angenehmer modus ... infinite 🔥

Telegram-Nachricht von Amelie Siebold 08.04.2019, 05:38 Uhr

kento und tom sind ziemliche bauern eigentlich 😂 kento fragt gerade schon, ob wir uns morgen zum *frühstück* sehen 🤦‍♀️

Telegram-Nachricht von Amelie Siebold 08.04.2019, 05:38 Uhr

schlaf gut!! 🐬

iMessage von Sarah Arnheim 28.04.2019, 12:12 Uhr

Es ist cool, dass du dich meldest. Aber mach das bitte nicht in diesen ultraberechenbaren 10-Tages-Abständen. Kommt mir vor, als hättest du dir einen Sarah-Wecker gestellt. Das gibt mir dann nicht so viel, wenn es die pure Pflichterfüllung ist ... aber danke, ja, mir geht es ziemlich gut. Wie geht es dir? Was ist eigentlich aus Jerome geworden??

iMessage von Sarah Arnheim **28.04.2019, 15:02 Uhr**

Meinst du nicht, dass ihr dafür eine Regelung finden könntet? Du willst doch eigentlich auch keine Beziehung-Beziehung, oder doch?

iMessage von Sarah Arnheim **28.04.2019, 15:09 Uhr**

Ich drück dir die Daumen. Ist mein Ernst. Und feier schön rein!

ABSENDER: Ellie Reinert
BETREFF: RE: Artengo **15.05.2019, 10:45 Uhr**

Liebe Tanja – oops, you did it again!

Da ist es wieder, das Arnheim-Gefühl, in einem Ausmaß, wie ich es seit *Panoptikum* nie wieder hatte. Nach *Matilda* ist das ein echter Gamechanger. Willkommen zuhause!

Schon das Setting ist großartig. Ich bin gerne bereit, noch viel mehr Zeit in diesem Senior*innenstift zu verbringen. »Das Jahr vor der vierten Finanzkrise. Ein Altenheim in Norddeutschland. Erzählt aus der Perspektive einer adligen Pflegerin« ... Das ist ein Tanja-Arnheim-Pitch!

Das, was du als ›groben Entwurf‹ bezeichnest, habe ich ab dem zweiten Kapitel so genossen wie einen bereits gebundenen Roman.

–› Du bist sowas von auf dem richtigen Weg!

Weiter! Weiter!
Weiter! Weiter!

Ich freue mich maßlos für dich. Die nächsten Schritte – wann du erscheinen willst / wann wir Jonathan etwas schicken / ob wir das Manuskript auch anderen Häusern zeigen – können wir vielleicht bei einem Tee besprechen? Ich bin Ende des Monats ein paar Tage in Berlin, 27.–30., hast du Zeit?

ABSENDER: Konstantin Arnheim
BETREFF: Bremer Stadtfotografen **20.05.2019, 11:09 Uhr**

Liebe Tanja, vielen Dank für deinen Besuch in Bremen! Uns hat das viel Spaß gemacht mit dir. Katharina war ganz begeistert, dass du in ihrem Büro so gut arbeiten konntest.

Sollte es dir in Berlin mal zu laut werden, komm gern wieder vorbei. Wir stellen dir eine Wochenendresidenz in Aussicht. Mit Fischbrötchen!

Das Foto hängt an. Ich muss jedes Mal lachen.

Hab eine gute (Schreib-)Woche!

Dein Paps Konstantin

20

Dass elektrische Scooter ziemlich gefährlich waren, stand für Tanja außer Frage. Ihre erste Fahrt unternahm sie am 17. Juni, einem Montagabend, über den Columbiadamm in Richtung Tempelhof, mit einem Quechua-Rucksack auf dem Rücken, aus dem der Griff ihres Badmintonschlägers ragte. Während ihrer Fahrt stellte Tanja sich vor, dass sie ein Kamerateam live begleitete, sie versuchte also, ungebrochen ernst geradeaus zu schauen. Ihre schulterlangen Haare hatte sie zu einem kurzen Zopf gebunden und eine weiße Artengo-Kappe aufgesetzt. Vom Platz der Luftbrücke aus fuhr sie weiter über die Duden- und die Kolonnenstraße, immer auf dem Radweg, so wie es vorgeschrieben war, und sie fühlte sich auf dem Scooter sehr albern und sehr gefährdet zugleich. So gesehen machte es Spaß, viel Spaß sogar. Ihr Ziel war die Allegro-Grundschule auf der Lützowstraße in Tiergarten, weil dort das Badmintontraining des TSV GutsMuths stattfand. Sie hatte die Halle Mitte Januar zum ersten Mal betreten, um sich davon zu überzeugen, wie viel besser ihr Übersetzerfreund Max, ein insgeheim ehrgeiziger Typ, in jenem Verein geworden war. Seither spielte sie dort einmal pro Woche, manchmal sogar zweimal, mit Echtfederbällen von Perfly, die sie bei Decathlon kaufte. Max und Tanja hatten gemeinsam mit drei anderen Vereinsmitgliedern eine Telegram-Gruppe zum Abstimmen ihrer Spielzeiten gegründet. Tanja gab der Gruppe den Namen *Allegro Kalenji*, wegen ihrer Kalenji-Shirts und weil das eine klangvolle Wortkombination war. Ungeachtet des eigenen, bestenfalls mediokren Spielniveaus verließ Tanja die Halle der Allegro-Grundschule jedes Mal in beschwingter Stimmung und spazierte bestgelaunt über die Potsdamer Straße, die mit ihren Prostituierten, Strichern, Restaurants, Boutiquen und Galerien ohnehin eine der interessantesten Straßen Berlins war. Tanja konnte ohne jeden Zweifel sagen, dass die erste Mitgliedschaft in einem Sportverein ihren Alltag maßgeblich verbessert hatte.

Zu ihrem einunddreißigsten Geburtstag hatten ihr Teddy, Ben und Celia einen Angriffsschläger von Yonex mit mittelharter Bespannung und neongelbem Griffband geschenkt. Tanja brauchte gut zwanzig Minuten, um sich an die kopflastigere Gewichtung des Schlägers zu gewöhnen, aber nach diesen zwanzig Minuten war sie überzeugt, von nun an die offensivere und bessere Spielerin zu sein. In ihren Einzeln zeigte sie mehr Aggressivität und im Doppel schlug sie oft passgenaue Drops ganz knapp hinter die Netzkante. Ende Mai hatte sie das Gefühl, um 80 % besser zu spielen als noch im Dezember, woraufhin sie die Telegram-Gruppe von *Allegro Kalenji* in *Allegro Dropshots* umbenannte. Zumindest auf sportlicher Ebene empfand sie das erste Halbjahr 2019 als Aufbruch und Neubeginn.

Das zutiefst flaue Gefühl, das sie im Januar wegen Jerome und seiner Co-Beziehung zu Marlene begleitet hatte, war ab März nur noch punktuell wiedergekehrt. Ihr Schweigen ihm gegenüber hatte sie Ende Februar gebrochen, er hatte sich via E-Mail nach ihrem Empfinden erkundigt, und anhand seiner Nachricht war spürbar geworden, dass auch er weiterhin an Tanja dachte. Sie antwortete ihm vergleichsweise ausführlich, an einem späten Montagabend, direkt nach dem Badminton, aus einer Haltung heraus, in der ihr alles leicht und weniger dramatisch vorkam. Sie erzählte von den Badmintonmatches, von dem frühlingshaften Wetter, das sich erstaunlicherweise Ende Februar bereits Bahn brach, und davon, dass sie ihr Prosaprojekt verworfen und seither wieder richtig Spaß am Schreiben hatte. Von ihrem wiedererstarkenden Flirt mit Teddy erzählte sie ebenso wenig wie von ihrem Affären-Wochenende mit Niklas. Für Tanja hatten beide Dinge keine große Bedeutung, sie waren schlicht unterhaltsam – warum sollte sie Jerome damit provozieren? Ebenfalls sparte sie sich eine Frage nach Marlene. Tanja konnte sich gut vorstellen, dass Jerome und Marlene nun eine Beziehung führten. Sie konnte sich aber ebenso gut vorstellen, dass sie mittlerweile keinen Kontakt mehr hatten. Einige Flirts verloren schließlich ihren Reiz, sobald die Kontrastfläche der eigentlichen Beziehung verschwand. Was tatsächlich war, wollte sie nicht wissen. Es ging sie strenggenommen nichts mehr an, und das war ziemlich traurig, aber auch ziemlich befreiend.

Anfang März begann sie aus der Perspektive einer jungen Pflegerin für alte Menschen zu schreiben. Die Geschichte spielte in einem leicht futuristischen Senior*innenstift, für das sie sich an der Residenz orientierte, in der ihre Großmutter 2015 gestorben war. Tanja hatte an diesen Ort, der sich in Kiel-Wellingdorf befand, erstaunlich warme und positive Erinnerungen, so wie alles warm und positiv besetzt war, was sie mit ihrer Großmutter väterlicherseits verknüpfte. Die ungebrochen liebevolle Allianz, die Großeltern und Enkel im Normalfall eingingen, empfand sie als eines von mehreren Argumenten dafür, dass es für sie besser war, keine eigenen Kinder zu kriegen. Wenn sie sich vorstellte, dass eines Tages ihre Tochter oder ihr Sohn mit ihrer Mutter gemeinsame Sache machte und eventuell hinter ihrem Rücken kritisch über sie redete, so wie Tanja sich ja auch mit ihrer Großmutter oft über ihre Eltern ausgelassen hatte, überkam sie unmittelbar ein beklemmendes Gefühl. Stilistisch präzise gearbeitete Texte über ein schwer zu greifendes Lebensgefühl waren für Kinder zudem vollkommen uninteressant, es würde Jahrzehnte dauern, bis ihre eigenen Nachkommen verstehen könnten, was Tanja beschäftigt hatte, als sie Ende zwanzig gewesen war, wenn sie es überhaupt je verstünden. Tanjas Kinder wären neue Menschen mit neuen Lebensgefühlen, auf die Tanja nur zu einem gewissen Prozentsatz Einfluss hätte, während ihre Rolle als Mutter viele ihrer anderen Rollen ersticken würde. Lieber als mit Kindern, dachte Tanja, würde sie in Zukunft mehr Zeit mit alten Menschen verbringen. Sie fand Seniorinnen und Senioren mit ihrer staunenden Rückblicks-Melancholie weit anrührender als Kinder mit ihren idiotischen Dauerdramen aus hellster Freude und grässlichstem Schmerz. Seit Tanja entschieden hatte, sich in ihrem Buchprojekt *Artengo* auf alte Menschen zu fokussieren, schrieb sie an fast jedem Tag der Monate März und April zwei bis zehn Seiten, die sie am Folgetag meist deutlich kürzte, bevor sie erneut zwei bis zehn Seiten schrieb. Es war die beste Arbeitsphase seit langem.

Bei ihrem Wiedersehen mit Amelie, das wenige Tage nach ihrem Schreibstart auf einem Konzert von Conan Osíris in der Traumabar am Hauptbahnhof stattfand, erzählte Tanja angetrunken alles über das Projekt, was ungewöhnlich für sie war, da sie sonst ungern vorab über Texte sprach. Auf diese Weise baute sie neues Vertrauen zu Amelie auf, zumal sie sich nicht aus Kalkül öffnete, sondern weil ihr intuitiv danach war. In Amelies Gegenwart fiel es ihr leicht, laut nachzudenken, und Amelie hörte ihr genau zu. Ende März veränderte Tanja das Alter der Pflegerin in ihrem Manuskript von Mitte zwanzig auf Anfang vierzig, was sich zunächst künstlich anfühlte, aber nur erstaunlich wenige Korrekturen erforderte, da die kinderlose Pflegerin ohnehin nur erzählte, was sie sah, und nur indirekt von sich selbst. Wie sehr sie Amelie vermisst hatte, bemerkte Tanja spätestens, als sie am 7. April nach über einem Jahr Pause wieder neben ihr am Tresen ihrer Lieblingsdiskothek wartete, um Ananasschorlen und Amaretto-Shots zu bestellen. Tanja war dreimal ohne Amelie bei der Klubnacht gewesen, mit Janis im August, mit Teddy im November und dann noch einmal mit Celia und Ben im Januar – alle drei Besuche hatten ungleich weniger Spaß gemacht. Tanja sagte *»mit dir macht hier alles wieder Sinn«* und umarmte Amelie. Sie hielten einander eine ganze Weile fest, setzten sich dann auf die Barhocker und blickten zu den Tanzenden.

The Black Madonna spielte enthusiastische House-Musik, von draußen fielen Streifen warmer Frühlingssonne in den Saal, das Licht schien zu glühen, und auch zwei Monate später galt dieser Nachmittag an Amelies Seite für Tanja noch immer als der bislang makelloseste des Jahres.

Die Fahrt mit dem Elektroscooter bis zur Allegro-Grundschule kostete Tanja 6,80 €. Auf den letzten Metern hatte sie ein anspruchsvoll zu filmendes Handyvideo von sich auf dem Roller gedreht und kurz danach entschieden, es niemandem zu schicken. Sie würde nie wieder den ganzen Weg von Neukölln bis Tiergarten auf einem Elektroscooter zurücklegen. Die Halle war an diesem Montagabend nur mäßig besucht, was am schönen Wetter liegen mochte, aber Max und Khalil waren da, so wie sie es im *Allegro-Dropshots*-Chat angekündigt hatten, und mit den beiden Jungs spielte Tanja ohnehin am liebsten. Tanja erzählte, dass sie mit einem Scooter gekommen war, den ganzen Weg, was niemanden sonderlich interessierte, und dann absolvierte sie ein zweiminütiges Set von Dehnübungen, bevor sie sich mit Max einspielte. Die Gruppe spielte ganze zwei Stunden. Manchmal kam es vor, dass Tanja den Absprung nicht schaffte und sich überanstrengte, die letzten dreißig Minuten herrschte ein vergleichsweise hohes Verletzungsrisiko, aber auch ein Rauschgefühl, das im Idealfall noch einige Stunden nach dem Training anhielt und Tanja mitunter den Schlaf kostete. Am 17. Juni war ihr der Schlaf egal. Sie verließ die Halle zu gleichen Teilen erschöpft und aufgekratzt und ging davon aus, dass sie nach einem kleinen Imbiss und einer Schwarzfahrt mit der U1 und U8 zuhause noch an *Artengo* arbeiten würde. Max hatte es eilig an diesem Abend, da er noch mit seiner Freundin verabredet war, und Khalil kam ohnehin nie mit zum Essen. Daher ging Tanja alleine zu Kaplan-Döner und bestellte eine große Portion Pommes mit Salat. Am Tresen wartend skippte sie sich durch sieben Instagram-Stories und formulierte eine Nachricht an Jerome. Ihr Impuls war, zu fragen, ob er nicht Lust hätte, im Oktober mit ihr für eine Woche auf eine kanarische Insel zu fliegen. Tanja betrachtete ihren Text im Eingabefenster und fragte sich, ob sich Jerome davon nicht vielleicht provoziert fühlen könnte oder ob er sie für grenzwertig high halten würde, denn das war sie so direkt nach dem Sport ja irgendwie auch. Sollte sie eine Nacht darüber schlafen? Tanja nahm eine frisch frittierte Portion Pommes und Salat mit zu viel rotem Kraut entgegen. Sie war hungrig und fühlte sich kristallklar, nahm einen Ayran aus dem Kühlschrank und schickte ihre Nachricht an Jerome dann einfach ab. Es war 22 Uhr 10. Tanja war zu diesem Zeitpunkt die einzige Kundin bei Kaplan auf der Potsdamer Straße. An den Wänden hingen Fotografien von den Skylines internationaler Metropolen, Tanja setzte sich unter das Bild von Manhattan. Selten hatten ihr mittelmäßige Pommes besser geschmeckt als heute. Ihr Handy lag auf dem Tisch. Wenn sie Jerome wäre, dachte sie, würde sie mit einer Antwort wahrscheinlich einen ganzen Tag warten.

Um 22 Uhr 19 rief er an. Tanja ließ das Telefon dreimal vibrieren, dann hob sie ab. Sie war nervös. Das Gespräch dauerte insgesamt vierzehn Minuten. Tanja hatte nicht das Gefühl, dass ihr die Mitarbeiter des Kaplan-Döner zuhörten. Sie beklagten sich auch nicht darüber, dass sie so lange sitzen blieb und telefonierte. Jerome erzählte ihr, in einem Moment den Tränen nah, dass er, wenn nichts Tragisches mehr geschah, sehr wahrscheinlich im März 2020 Vater würde und dass eine Reise mit ihr auf die Kanaren im Oktober 2019 für ihn daher nur schwer vorstellbar sei.

21

Beim Frühstück sagte Marlene, dass sie schon einmal über ein ganzes Jahr lang abstinent gewesen sei, zwischen Januar 2016 und März 2017. *»Ich sah jünger aus und hatte mehr Zeit. Vielleicht war ich auch klarer. Aber es ging mir nicht entscheidend besser als sonst.«* Jerome hatte Rührei gemacht. Marlene besaß eine optimalere Pfanne als Tanja, und ihre Küche fühlte sich urbaner an, weil hinter den Fensterscheiben nicht der Volkspark Hasenheide, sondern die Münchener Straße des Frankfurter Bahnhofsviertels zu sehen war. Marlenes Wohnung war für eine Person luxuriös, für zwei in Ordnung, für eine Familie zu klein. Aufgeben würde sie die Räume vorläufig nicht. Jerome und Marlene waren sich einig, dass eine Kombination aus Dorf und City nur gut sein konnte für ein Kind. Da sie beide vergleichsweise glückliche Menschen waren, konnte das Aufwachsen in Maintal nicht völlig falsch gewesen sein, dennoch war der Anspruch klar, dem eigenen Kind eine komplexere Realität bieten zu wollen. Im Nachhinein hätte sich Jerome von seinen Eltern gewünscht, dass sie ihm zu einem früheren Zeitpunkt widersprüchlichere Lebenswelten präsentiert hätten. Reisen in die ehemaligen Sowjetstaaten wären in den Neunzigerjahren möglich und aufregend gewesen. Stattdessen machte man Skiurlaube. Und Jerome hatte dann, als das Fliegen billig war, die Welt auf eigene Faust erkunden müssen. In die ehemalige Sowjetunion hatte er es trotzdem nicht geschafft, dafür nach Japan und Kalifornien. Dem eigenen Kind sollte man früher erfahrbar machen, dass alles mit allem zusammenhing und dass viele verschiedene Dinge als schön empfunden werden konnten, dachte Jerome. Diverse, heute noch unbekannte Simulationstechniken würden ihm dabei helfen. Sobald er zu detailliert in die Konzeption der eigenen Elternschaft einsteigen wollte, verbot ihm Marlene den Mund, da sie noch nicht mal im dritten Monat war.

Noch immer bestand die Möglichkeit, dass sich alles als falscher Alarm erweisen, dass Jerome doch niemals Vater werden würde. Marlene und er hatten sich nach nur zwei Tagen Bedenkzeit klar für das Kind entschieden, Jerome hatte eine Pro-und-Contra-PowerPoint-Präsentation erstellt, in einigen Folien war er auf die Thematik der *gesamtgesellschaftlichen Verantwortung* eingegangen. Ihr Kind würde auf jeden Fall CO_2 erzeugen, und durch den neuen Erziehungsjob würden Jerome und Marlene viel Zeit verlieren, die sie unter anderen Umständen sinnvoller für die Allgemeinheit einsetzen könnten. Im Umkehrschluss würde man sich durch einen Schwangerschaftsabbruch indirekt dazu verpflichten, die viele freie Zeit von nun an engagierter zu nutzen, was sich unmittelbar neurotisch anfühlte. Unter dem riesig gesetzten Schriftzug ›*Sorry – heute wieder busy*‹ listete Jerome unbehagliche Einladungen und Situationen auf, die man in Zukunft absagen könnte, da man ja die beste aller Ausreden haben würde. Auf einer Folie stand *Creating A Future Personality*, darunter die Spiegelstriche *Humor*, *Sport* und *Güte*, gefolgt von einer Folie, auf der sich Jerome selbst zitierte: *›Unser Kind könnte zum Beispiel eine sinnvolle Religion erlernen.‹* In ein Bild vom Comer See, auf dem Jerome und Marlene unter dem Einfluss psychedelischer Pilze Arm in Arm dem Sonnenuntergang entgegenblickten, hatte Jerome ein dreijähriges Kind in Latzhosen gephotoshopt, das zu ihnen aufblickte. Die Erinnerung an das ulkige High stand überraschenderweise nicht im Widerspruch zu der Vorstellung, sich an einem vergleichbaren Nachmittag auch um ein Kind zu kümmern. Viel eher hatte Jerome das Gefühl, dass sich beides gut kombinieren ließe. Marlene gefiel die gesamte PowerPoint-Präsentation ausgesprochen gut, sie lachte oft, und am Ende hatte sie Tränen in den Augen, als Jerome sagte: *»Vielleicht sollten wir das einfach machen.«*

Neu im Angebot bei Jenny Köhler's Electric Rental waren drei mächtige SUV-Modelle. Man konnte das als charmante Erweiterung der Produktpalette empfinden. Jerome und Marlene entschieden sich dafür, dem Angebot eine Chance zu geben und den ersten Rheingau-Ausflug ihres Lebens mit einem dezidiert großen Auto zu unternehmen. Wichtig war Jerome in diesem Zusammenhang auch die Hi-Fi-Anlage, und die an diesem Samstag zuständige Mitarbeiterin – eine jüngere Frau, die von Jerome nun automatisch für eine Lesbierin gehalten wurde – bestätigte, dass insbesondere die neue SUV-Reihe mit den besten Soundsystemen ausgestattet sei. Da die erste Hitzewelle des Sommers in Hessen gerade auf ihren Höhepunkt zusteuerte – für Sonntag waren Temperaturen von bis zu 37 Grad angekündigt –, war eine Klimaanlage ebenfalls unverzichtbar. Jerome trug kurze Hosen, Marlene ein Trägertop. Der Wagen glänzte in der Sommersonne, und Marlene bat darum, Jerome vor diesem fotografieren zu dürfen. Jerome war das zunächst unangenehm, doch als die Mitarbeiterin anbot, dass sie die beiden auch gern zusammen vor dem Auto fotografieren könne, und sie sichtlich Freude daran hatte, fand Jerome es sogar richtig gut, unter den vielfarbigen Wimpeln der Jenny-Köhler-Autovermietung vor einem stabilen SUV fotografiert zu werden. Marlene und er würden nun in den Rheingau fahren, als werdende Eltern, um mit Blick über die Weinberge Spargel zu essen. So weit war es gekommen.

Die Fahrt über die A 66 dauerte eine gute Stunde. Marlene saß am Steuer, Jerome spielte Musik von seinem Handy. Da er sich auf kein Album festlegen wollte, musste er nach jedem Lied eine neue Entscheidung treffen, was ihn durchaus unter Druck setzte. Er wusste von Marlene, dass sie Post Malone und Taylor Swift mochte, wollte sie aber auch mit Tracks überraschen, die sie noch nicht kannte. Im zweiten Studienjahr in Düsseldorf war Jerome im Vorfeld einer WG-Party gefragt worden, ob er auch mal eine Stunde auflegen wolle, er hatte leichtfertig zugesagt, was letztlich dazu geführt hatte, dass er sich am Tag der Party krank abmeldete. Die Angst davor, mit seiner Musikauswahl nicht positiv aufzufallen, war zu groß geworden, und wenn er ehrlich zu sich war, hatte ihn diese Angst bis heute nicht verlassen. Ständig schlossen sich Kreise. Die DJ-Angst aus dem Herbstsemester 2004 war zurück, und Jerome trug jetzt wieder ähnliche Hemdgrößen wie am Ende der Neunzigerjahre. Es war schon wieder Sommer, schon wieder sehr heiß, und Fortschritt bestand vor allem darin, dass man sich selbst eventuell besser zu verstehen lernte. Alles veränderte sich ständig, niemand veränderte sich jemals – Jerome hatte gute Argumente für beides. Die Frau, die neben ihm am Steuer saß, hatte er schon immer gemocht, und dennoch war sie neu für ihn. Am Comer See hatte sie gesagt: *»Seit mein Vater an Krebs gestorben ist, glaube ich an Willkür. Man sollte die Realität akzeptieren und genießen.«* Jerome hatte dieser Perspektive einiges abgewinnen können. Marlene war höchstwahrscheinlich die gesündeste Liebe seines Lebens. Sie würde immer Geld verdienen, da sie fähig und pragmatisch genug war, sie neigte – ausgehend von ihrem Erfahrungsschatz mit Pilzen und LSD – sehr wahrscheinlich nicht zu Psychosen, sie war emotional stabil, hatte bereits schwere Verluste verarbeitet und sich dennoch eine gewisse Leichtigkeit bewahrt. Als sechsten Track spielte Jerome ein Lied der russischen Musikerin Kedr Livanskiy, die er kurz zuvor von Bruno empfohlen bekommen hatte. Marlene sagte, dass ihr die Musik gut gefalle. Jerome fragte sich, ob ihr die Lieder, die er vorher gespielt hatte, wohl alle nicht gefallen hatten. Immerhin war sie geschickt genug, ihm das auf diese subtile Weise mitzuteilen.

Das traditionelle Ausflugslokal, das Jerome und Marlene angesteuert hatten, war am Samstagnachmittag so gut besucht, dass sie einige Minuten auf einen Tisch warten mussten. Jerome schaute sich unter den Gästen um. Er sah Familien mit Großeltern, Gruppen von Seniorinnen und Senioren, zudem Paare mittleren Alters. Die meisten waren sommerlich gekleidet, auch andere trugen kurze Hosen. Als Jerome und Marlene einen Platz zugewiesen bekamen, fragte Jerome: *»Wollen wir wirklich hier essen oder lieber spazieren gehen und später noch zu einem Imbiss fahren?«* Er erklärte, dass er die Stimmung auf dieser Terrasse mit ihren zahllosen Sonnenschirmen gerade nicht so gut ertragen konnte. *»Und schau, es sind nicht mal Asiaten hier.«* Jerome war davon ausgegangen, dass der Rheingau ein Magnet für Touristen aus Japan und China war, ohne sich zu erinnern, warum er davon ausgegangen war. Er sagte: *»Dieser Ort wird ausschließlich von weißen Heterosexuellen besucht.«* Marlene schaute sich ebenfalls um. Wahrscheinlich dachte sie das einzig Richtige, nämlich, dass niemand hier so wirkte, als wollte er anderen etwas Schlechtes. Das waren einfach friedliche Menschen, die Wein tranken, die Fleisch und Gemüse und Kroketten aßen. Marlene runzelte die Stirn, sie sagte: *»Ich find's auch ziemlich spießig. Lass gern woanders essen. Bin eh nicht so hungrig.«*

In der Folge absolvierten sie bei großer Hitze einen siebzigminütigen Spaziergang mit Blick auf den Rhein. Marlene setzte sich dafür eine Kappe auf, Jerome eine Sonnenbrille, und im Anschluss stiegen sie wieder in ihren überdimensionierten Mietwagen und fuhren, navigiert von Google Maps, zu einem Imbiss, der in der Rüdesheimer Innenstadt Pizza und Döner anbot. Sie bestellten zwei kleine Pizzen zum Mitnehmen, Peperoni und Funghi, dazu einen Salat, der über und über mit rohen Zwiebeln bedeckt war. Auf einer schattigen Bank neben einer Bushaltestelle aßen sie.

»Angenehme Standard-Imbiss-Pizza«, sagte Jerome und musste dabei an Tanja denken, denn sie hätte sicher Ähnliches gesagt. Tanjas Freude daran, sich mittelmäßig oder sogar schlecht zu ernähren, hatte Jerome immer charmant gefunden.

Mit einem Stück Pizza in der Hand fragte Marlene plötzlich, wie oft er schon kurz davor gestanden habe, nach Berlin zu ziehen, was Jerome mit *»maximal zweimal«* beantwortete. Er sagte, er habe nichts gegen die Stadt und ihre Menschen, sei nur immer auch ein wenig stolz gewesen, nicht dort zu wohnen. Marlene erzählte, dass ihr Chef eine Filiale in Schöneberg eröffnen wolle. *»Das ist aber alles andere als spruchreif. Und ob ich ernsthaft nach Berlin gehen würde, hängt auch vom Angebot ab. Büroleitung klingt gut, kann aber auch schwer belasten.«* Jerome konnte dazu beim besten Willen nichts sagen, mit Bürosituationen hatte er keine Erfahrung, und Berlin war ein Thema, auf das er ungern weiter eingehen wollte. Er fand es sympathisch, dass sich Marlene beim Essen der Pizza wenig Zeit ließ.

Zurück im Bahnhofsviertel spürte Jerome einen Sonnenbrand im Nacken. Obwohl die heiße Luft des Tages drückend zwischen den Häusern stand, fand er es schön, wieder in Frankfurt zu sein. Bei der Rückgabe des Wagens waren sie wie willkommene Stammkunden behandelt worden, eine weitere neue Mitarbeiterin hatte Marlene einen Rabattgutschein für die nächste Leihe ausgehändigt. Jerome war es fast peinlich, wie sehr er sich darüber gefreut hatte. Auf dem Fußweg vom Hauptbahnhof zu ihrer Wohnung sagte Marlene mit Blick auf ein dunkles Ladenlokal: *»Hier macht bald die Terminus Klause wieder auf.«* Jerome blieb sofort stehen. Warum erzählte Marlene ihm das erst jetzt? An dem Ort waren sie schließlich schon oft vorbeigegangen. Die ehemaligen Besitzer der Terminus Klause hatten laut Bruno zwar behauptet, auf der Suche nach einer neuen Location zu sein, wirklich daran geglaubt hatte jedoch niemand. Jerome blickte durch die Scheibe. Noch war das intakte Interieur eines Burger-Restaurants zu erkennen, bis zur Neueröffnung würde es vermutlich noch eine Weile dauern.

»Warst du viel in der Terminus Klause früher?«, fragte Marlene.

»Gar nicht mal so oft. Aber manchmal ziemlich gern.«

»Das war die Stammbar von Matthias und mir. Irgendwie fand ich es passend, dass sie nach unserer Trennung bald zugemacht hat«, sagte Marlene. Jerome schwieg.

Vor dem Schlafen streamten sie auf Amazon Prime den Film *Mid90s*, in dem es um eine Gruppe junger Skater in Los Angeles ging. Marlenes MacBook Air stand zwischen ihnen im Bett auf den dünnen Sommerlaken und war die einzige Lichtquelle im Raum. Eigentlich hätte ein Beamer gut zu Marlene gepasst, doch sie besaß keinen. Zwei Ventilatoren rauschten, die Zimmertemperatur lag bei gut 25 Grad. Jerome hatte *Mid90s* erst im Februar im Kino angeschaut und war seither ein noch größerer Fan von Jonah Hill, der nur ein Jahr jünger war als Jerome und der bei dem Film Regie geführt hatte. *»Mein erster fester Freund war auch*

Skater«, sagte Marlene, *»der hatte einen Meniskusschaden.«* Die Verhaltensweisen der Teenagergruppe im Film deckten sich mit denen von Jeromes Freundeskreis aus den frühen Zweitausendern nahezu komplett, obwohl seine Jugend in Maintal stattgefunden hatte und nicht in Kalifornien. Jerome fragte sich, ob der Film ihn so sehr aufwühlte, weil er ihn daran erinnerte, dass selbst sein Leben einmal anstrengend gewesen war, oder weil er ihm die Austauschbarkeit seiner Erfahrungen vor Augen führte. Als der Abspann lief, fragte Marlene, den Kopf an Jeromes Schulter gelehnt, ob irgendwas los sei. Jerome wunderte sich, dass sie das fragte. *»Alles gut«*, sagte er, *»lass uns mal schlafen jetzt.«* Jerome versuchte das Gefühl zu fassen, das sich aktuell in ihm ausbreitete. Zuerst dachte er an das Ende der Sommerferien in einem Alter von unter sechzehn. Passender erschien ihm dann jedoch das Ende der Herbstferien in noch jüngeren Jahren, der Tag, an dem die Uhr zurückgestellt und es plötzlich sehr viel früher dunkel wurde. *»Schlaf gut«*, sagte Marlene. *»Du auch«*, sagte Jerome. Er klemmte sich das Laken zwischen die Beine und drehte seinen Körper in Richtung Wand.

22

ABSENDER: Tanja Arnheim
BETREFF: us **04.08.2019, 23:21 Uhr**

Lieber Jerome, seit deinem Anruf sind jetzt fast sieben Wochen vergangen, die ich als besondere Sommerwochen in Erinnerung behalten werde. Der Grad des Leids war okay. Oft konnte ich nicht einschlafen, manchmal habe ich schlecht geträumt, und die ersten zwanzig Minuten nach dem Aufwachen waren meist die schwierigsten. Mir selbst zu sagen, dass ich es unbewusst wohl nie anders gewollt habe, hat nur bedingt geholfen. Ich habe Vorwurfsmonologe an dich mit mir herumgetragen. Immer wieder derselbe Text. Das hat mich irgendwann schrecklich genervt ... Dass ich auf deine News so apathisch reagiert habe, tut mir leid. Aber wir waren nie besonders gut im Telefonieren. Es wäre skurril gewesen, wäre dieses Gespräch viel einfacher gewesen. Ich möchte dir keine Vorwürfe machen. Viel lieber möchte ich dir danken. In gewisser Weise haben wir alles erlebt. Hard feelings, mediocre feelings, revival feelings – und wie auch immer der Stand gerade war, verliebt war ich letztlich die ganze Zeit. Ein bisschen anstrengend war das auch.

Was hätte noch werden sollen? Schleichende Entfremdung? Ein Baby, das keiner von uns wirklich will? Eine gemeinsame Wohnung in Berlin, in Wolfsburg, in Kopenhagen? Oder doch für immer pendeln zwischen Hessen und Berlin? Vielleicht am ehesten das. Zwei alternde Menschen im ICE. Dann im FlixTrain. Dann wieder im ICE.

#

Ich möchte nicht anfangen, in Dekaden zu denken. Ich bin einunddreißig Jahre alt. In dreißig Jahren könnte ich noch immer voll berufstätig sein. WTF? Über diese Einsicht haben wir schon mal zusammen gelacht. Wir saßen im Wirtshaus Mitterhofer und es war Winter. Wir hatten Weißwein getrunken. Diesen Moment habe ich sehr gemocht. Wie die meisten Momente, die wir ernsthaft geteilt haben. Wir sind noch immer unsinnig jung, und wir wissen, dass wir uns verdammt gut verstehen, wenn wir wollen. Das ist ein Wert an sich. Den würde ich gerne schützen.

#

Mein Verhalten von letztem Frühsommer tut mir abgrundtief leid. Sollte mir Vergleichbares noch mal passieren, werde ich eine Analyse beginnen. Vorausgesetzt, der Leidensdruck ist dann groß genug. ==› Es wird also letztlich nie passieren.

Die Wahrheit ist ja, dass ich nicht unglücklich bin, wenn ich alleine bin. Und doch besteht diese vage Sehnsucht danach, dass etwas passiert, das sich der eigenen Kontrolle entzieht. Mit dir ist es ein bisschen so gewesen. Und du warst trotzdem immer weit genug weg.

#

Wären wir beide ungebunden geblieben, hätte es interessant sein können, gleichzeitig in verschiedene Städte zu ziehen, auf verschiedene Kontinente, zum Beispiel nach Vancouver und Seoul. Über die jeweiligen Erlebnisse hätten wir im stetigen Austausch bleiben können, und alle sechs Monate hätten wir uns in Europa getroffen, um in liberalen Diskotheken zu feiern und in Hotelzimmern miteinander zu schlafen. Wir hätten punktuell die beste Zeit erlebt. Konsequente Verbundenheit bei großer Entfernung – ich glaube, das hätte uns entsprochen. Zwei Menschen, die sich schätzen und begehren und nur selten sehen.

#

Ich möchte dir gratulieren. Das habe ich am Telefon im Kaplan-Döner nicht über die Lippen gebracht. Du beginnst ein neues Leben, und das ist doch in erster Linie interessant. Mit 37 Vater werden. Man könnte es für den normalen, quasi-reaktionären Verlauf halten, aber in deinem Fall ist es das nicht. Was wäre akzeptierter als ein narzisstischer Webdesigner, der sein Leben lang kinderlos bleibt? Ich empfinde es fast als subversiv, dass du Vater wirst. Und cute ist es sowieso. Ich bin sicher, du wirst das gut machen. Dein Kind wird schrullig und hinreißend sein. Dich selbst dabei zu beobachten, wie du dich veränderst, wird dich am meisten faszinieren. Vieles, das du nie verstanden hast, wirst du plötzlich verstehen ... So erzählen es all die Mums und Dads. Es interessiert mich fast nie. Bei dir wird es mich interessieren.

#

Und eines Tages, wenn ich zu 96 % über unsere Sache hinweg bin – denn ganz hinweg will ich nie darüber sein –, werde ich dich und dein Kind besuchen, und ich werde euch beide befragen. Dem Klischee nach wird es mich dann zerreißen. In der Realität werde ich erstaunlich gut damit klarkommen. Dein Kind wird mich erst ein bisschen unheimlich finden, und ein bisschen später wird es mich zu mögen anfangen. Wir werden einen guten Vibe haben, dein Kind mit dem lustigen Namen und ich. Dich wird es freuen.

#

Ich wünsche dir, dass Marlene einigermaßen cool bleibt. Ich wünsche dir, dass du deine neue Rolle umarmen lernst. Tut mir den Gefallen und zieht, wenn ihr irgendwann doch nach Berlin kommt, nicht direkt vor meine Haustür, aber da findet ihr ja sowieso keine Wohnung, jetzt nicht und in fünf Jahren schon gar nicht.

#

Natürlich bist du nun, da du kaum mehr erreichbar bist, enorm attraktiv für mich – dieser Mechanismus ist so fad und deprimierend, so pathologisch lahm, es ist mir unangenehm, das hier überhaupt zu erwähnen. Dass ich es dennoch tue, hängt sicher damit zusammen, dass ein Teil von mir dich ganz offensichtlich warmhalten will. Warum also nicht gleich dazu stehen? Wenn ich meine letzten zehn Jahre betrachte, auf all meine Affären, Kurzbeziehungen und Flirts blicke, muss ich mir eingestehen, dass du die Nummer Eins bist. Du bist der Mann, den ich auch noch kennen möchte, wenn er geschrumpft, kahlköpfig und senil ist.

#

Stand jetzt habe ich kein Interesse, mich neu zu verlieben. Das Interesse wird irgendwann wieder wachsen, aber vorläufig mache ich Pause. Vielleicht date ich für zwei Jahre niemanden. Mit 33 feiere ich dann mein Comeback, auf dem Zenit meiner Attraktivität. Vorher schreibe ich meinen Text (+ einen fürs Theater), spiele Badminton (im Verein!) und fliege nach Vancouver (in zwei Wochen). Ich freue mich eigentlich auf alles, was da kommt.

#

Ich vermute, unsere Leben sind noch lang. Lass uns das als Chance begreifen.

Ich liebe dich –

Tanja

Zitate

S. 7 Eckhart Tolle: Jetzt! Die Kraft der Gegenwart
J. Kamphausen Verlag, Bielefeld, 2010

Leif Randt: Schimmernder Dunst über CobyCounty
Roman. Berlin Verlag, Berlin, 2011

S. 105 Yung Lean x MONTREALITY ⌁ Interview
https://youtu.be/Wbf-Q6d8uNI

S. 243 André Aciman: Call Me by Your Name
Farrar, Straus and Giroux, New York, 2007

FSC www.fsc.org
MIX
Papier | Fördert gute Waldnutzung
FSC® C083411

4. Auflage 2026

Covergestaltung Rothfos & Gabler, Hamburg
Covermotive © Blue Collectors/Stocksy United;
© Plasteed/Shutterstock.com
Emojis unverändert von googlefonts/noto-emoji (https://github.com/googlefonts/noto-emoji/), © 2019, Google Inc. Licensed under the Apache License, Version 2.0 (http://www.apache.org/licenses/LICENSE-2.0)
Gesetzt aus der Proforma von Petr van Blokland
Satz Buch-Werkstatt GmbH, Bad Aibling
Druck und Bindung CPI books GmbH, Leck
ISBN 978-3-462-00178-5

Kontaktadresse nach EU-Produktsicherheitsverordnung:
produktsicherheit@kiwi-verlag.de